JN335786

小松の本

KOMATSU NO HON 1943—

はじめに

これまで本という言葉を漠然と当たり前のように使っていましたが、あらためて辞書で調べてみました。

① 木の下の部分。もと。「根本（こんぽん）・本源・基本」　末。
② もとで。「資本・元本（がんぽん）」
③ もとからあるもの。「本質・本能」
④ 中心となるもの。また、もととなるもの。主。狂、鱸包丁「四季折々の御遊び、中にも御狩を—とされ」。「本家・本職・本国・本籍」
⑤ もととしてみならうべきもの。てほん。かがみ。源氏物語（若紫）「やがて—にとおぼすにや、手習・絵などさまざまに書きつつ」。源氏物語（藤袴）「この君をなむ—にすべき」。「見本・標本」
⑥ 書籍。書物。源氏物語（梅ヶ枝）「さまざまの継紙（つぎがみ）の—ども、古き新しき取りいで給えるついでに」。「読本・絵本・脚本」
⑦ まこと。正しい、正式のもの。浄、曾根崎心中「たんとぶたれさんしたと聞いたが—か」。「本当・本名」
⑧ （接頭語的に用いて）今問題にしているそのものの意。自分の側に属している意に用いることが多い。「本日・本官・本校」
⑨ 草木。植物。「本草・木本」
⑩ 棒状の長いものを数える語。「鉛筆5本」
⑪ 芝居・映画などの作品の数を数える語。
⑫ 柔剣道などの勝負を数える語。
⑬ 調子笛の管の順番の数え方から転じて、三味線音楽の音の高さの名称。　　　広辞苑より

こんなにいろいろな、深い意味があるとは知りませんでした。本という言葉に感心してしまいましたので、作品集というより、本という言葉を使うことにしました。作品集ではありますが、作品が肖像写真のようにど真ん中に直立不動で立っていてほしくないと思っています。

作品は作者がつくるものですが、それは実は半分の価値でしかなく、後の半分は使い手がつくるものではないでしょうか。どんなに良い作品も、桐箱に入れられて倉庫の奥に眠っていては何の価値もありません。作品はどんな時に、どんな所で、どのように置かれて、どのように使われるかによって、生きたり、死んだりするものです。

小松 誠

3	はじめに
6	あな
36	しわしわ
78	はえる
102	線と丸
128	プラスα
154	エトセトラ
186	小松のひとりごと
230	略年譜
234	作品年表
254	あとがき

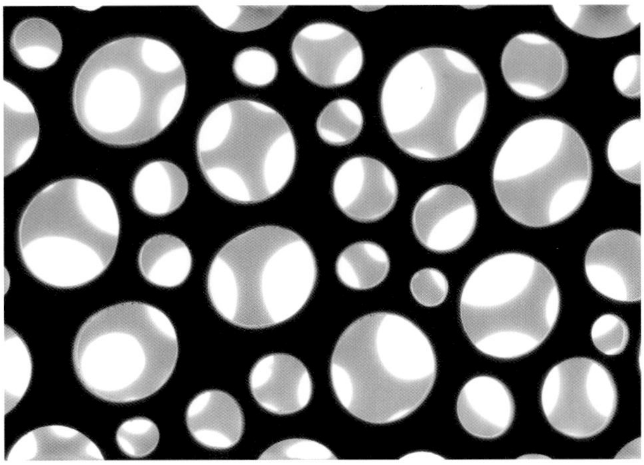

あな

　焼きものは人がつくる化石だ。何億年もかけ、地熱でじっくり焼かれて石化した恐竜の化石に対し、焼きものは人間が岩石を砕いて粘性を与えて形をつくり、瞬間的に高温で焼いた石とも言えるだろう。しかも焼きものは火山が爆発して流れ出す溶岩よりも硬い。理論上は粉々に壊さない限り、地球がなくなるまでずっと残っていくことになる。

　つまり、焼きものをつくるということは現代の化石をつくっているようなものだ。やわらかいスポンジに粘土を染み込ませて焼けばスポンジの「化石」になるし、布に染み込ませて焼けば布本体は消滅してそのままの姿で「化石」となる。何億年も先の人類が発見すれば、現代人がティラノサウルスの化石に驚いたように「なんだこれは!?」と思うかもしれない。さすがにそれはないかもしれないが、つくり続けているうちに作品がだんだん化石に近づいてきたような気がしている。

　＜空シリーズ＞は、器としての穴を開けることが発展して生まれた作品群だ。穴というのは面白い。コーヒーカップに穴が開いていたら役に立たないが、壺は穴がないと成り立たない。器は上部に穴が必要だが、植木鉢のように下に穴がないと困るものもある。穴を広げれば鉢になり、さらに広げると皿になる。穴はとても奥深い。

　このシリーズも、初めは器としての「穴」だったものが一つ、二つと増えていくうちに、どんどん穴が増えてきて、穴を開けるための原形をつくるようになっていった。「今度はこういう形に穴を開けよう」「細長い長方形に無数に穴を開けてみたらどうなるだろう」とのめり込んでいくうちに、器としての機能が消え、形すらも徐々になくなってきた時に「空」という名前を思いついた。

　空間の「空」、空っぽの「空」。仏教用語には色即是空の「空」もある。形を発展させていこうとすると「加える」方向に行くことが多いが、どうやらこの仕事はどんどん形をなくしていく方向に向かっている。しまいには「無になる」というのは、どこか人生のようでもある。

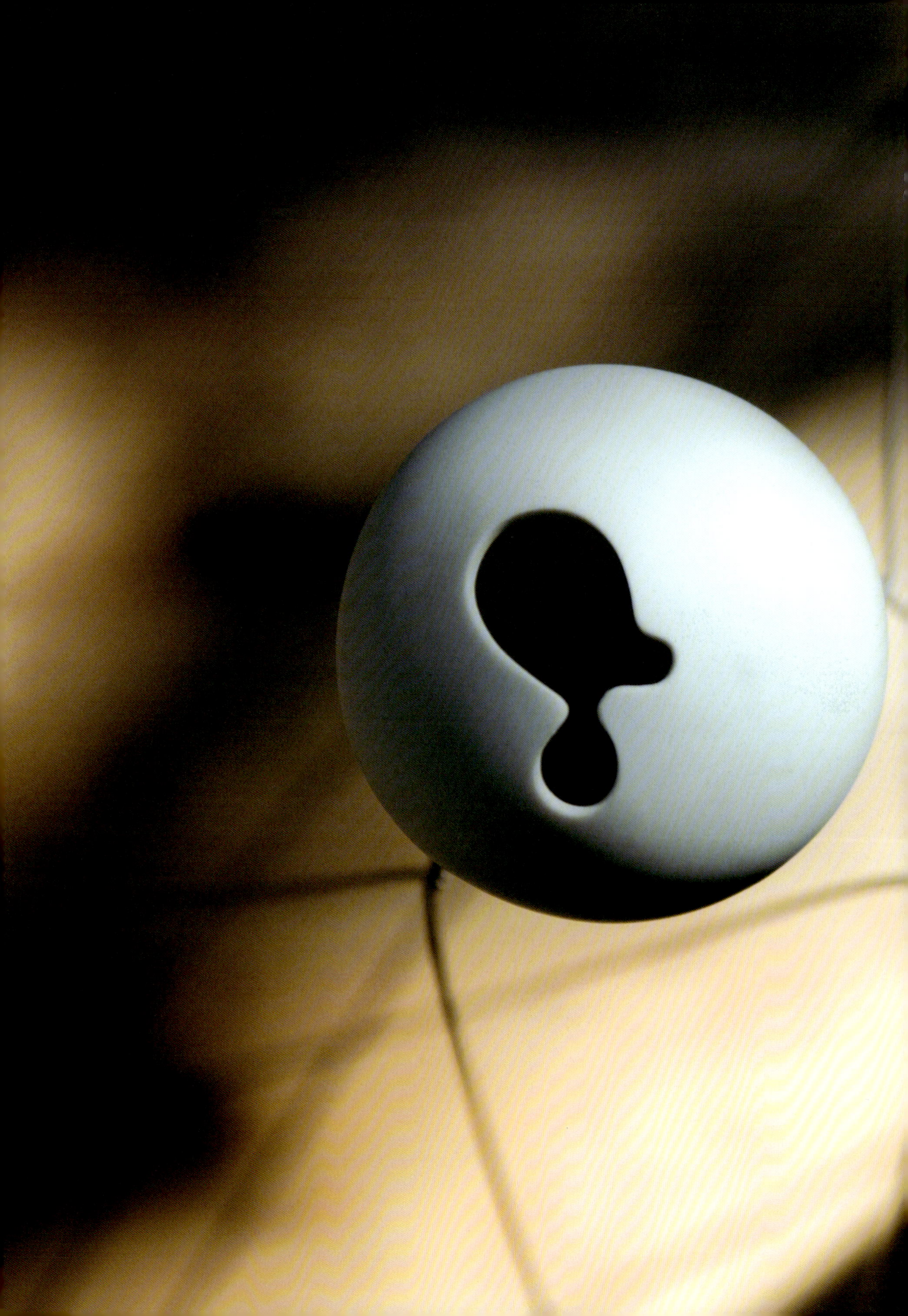

花器　1995年
「穴」の始まり。最初は器の穴だった。

Q 花器　1987年

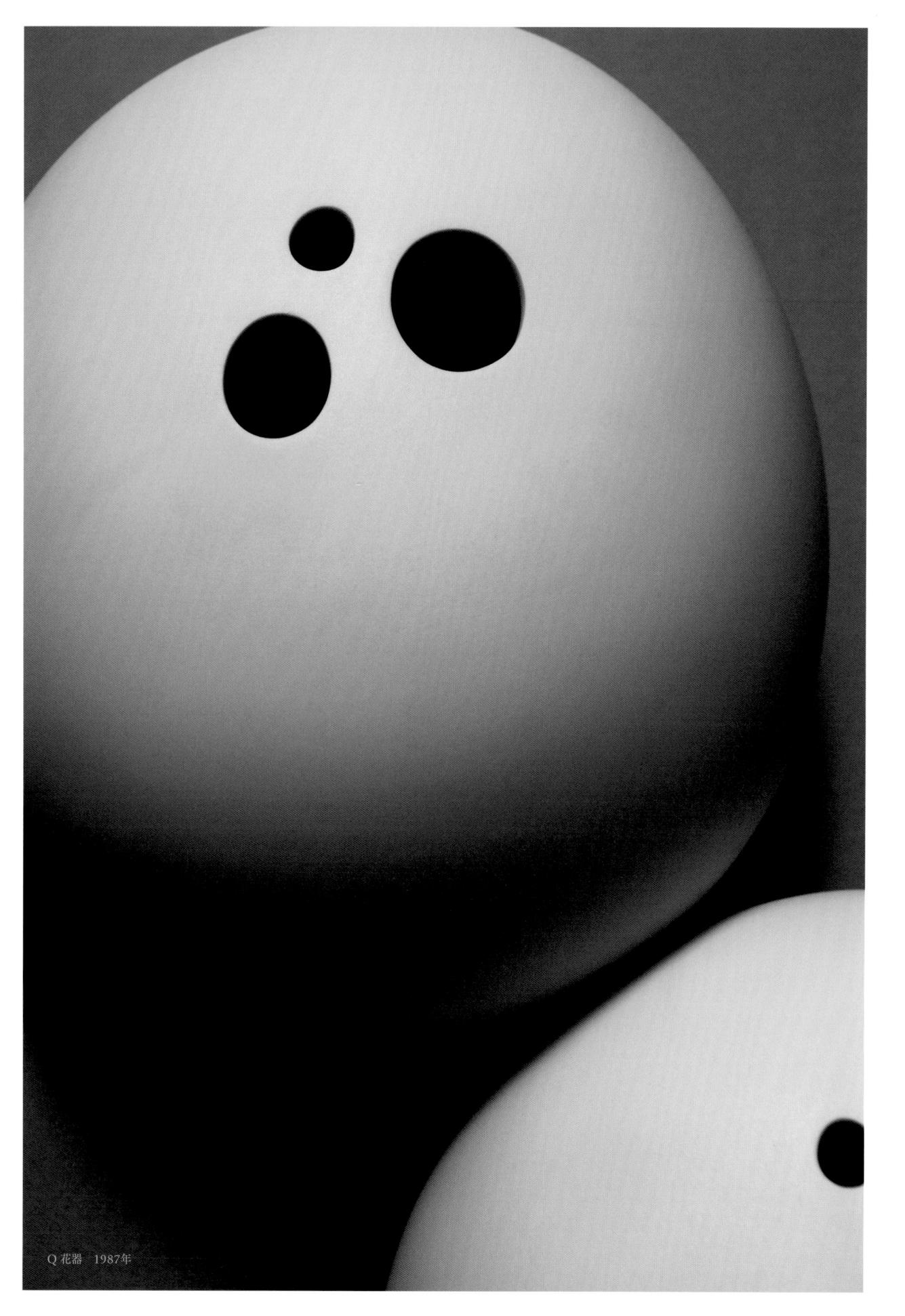

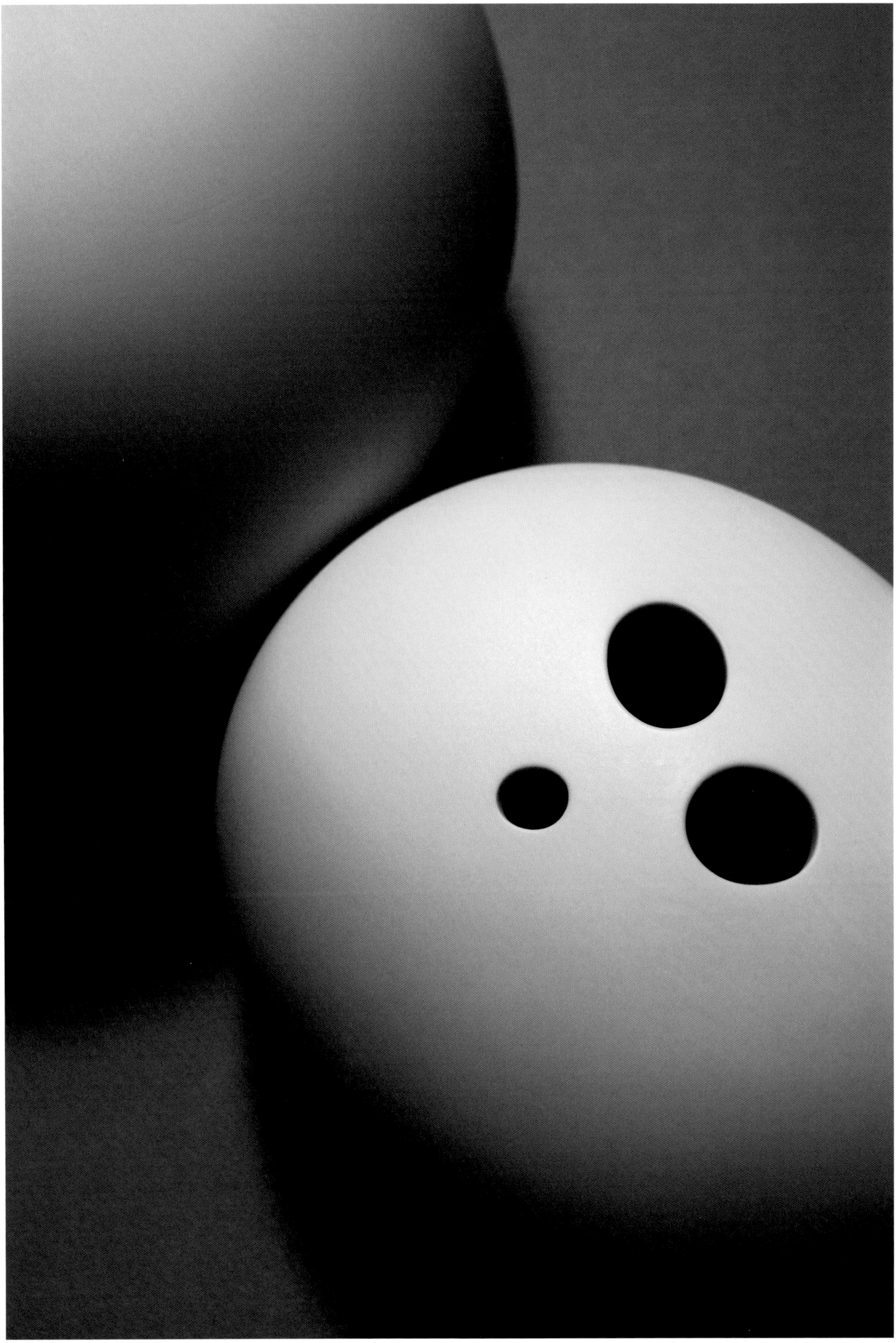

空シリーズ　2002年
いつも「まだこれくらいじゃ面白くないな」「もっと面白くならないかな」と思いながらつくっている。

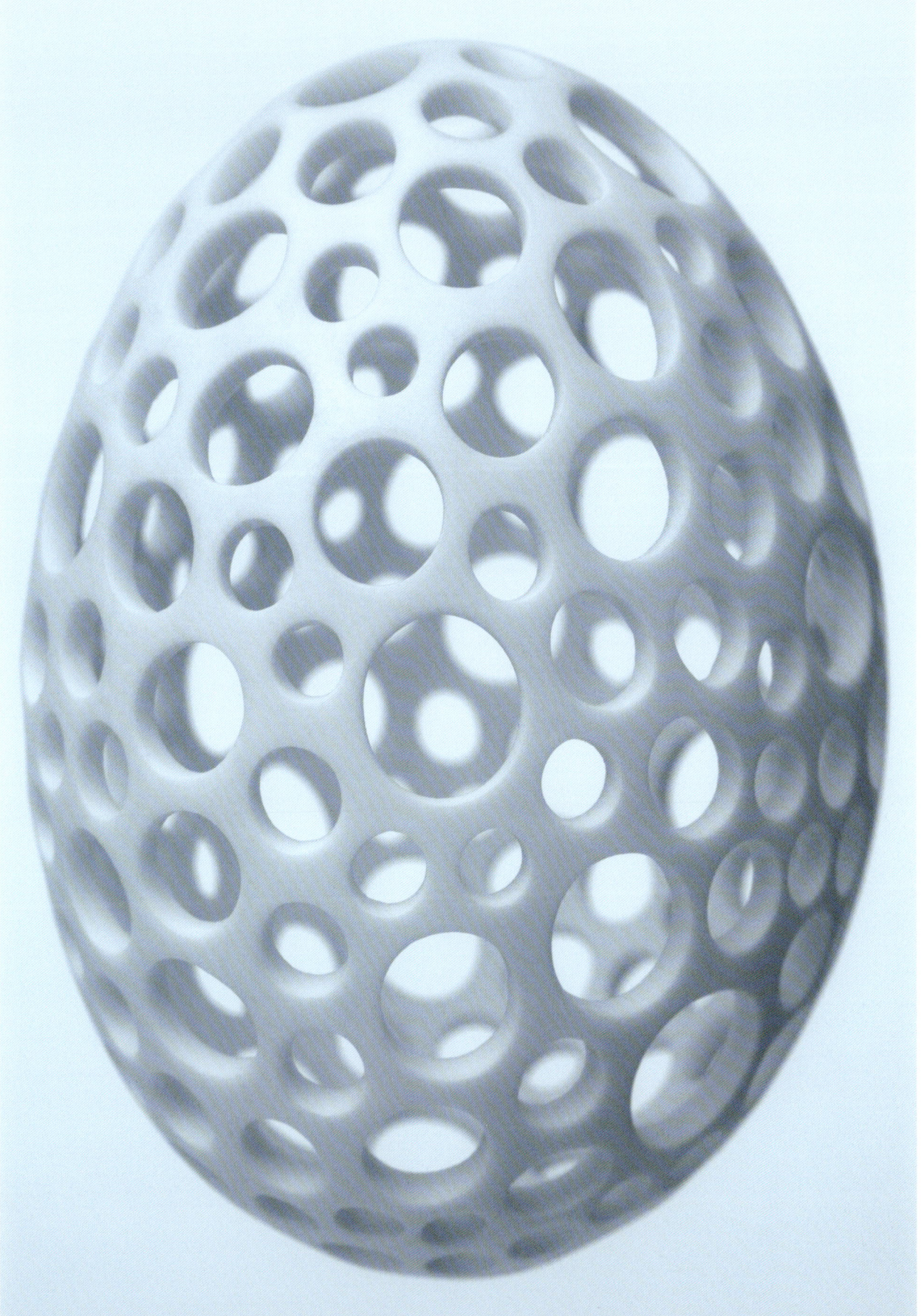

空シリーズ 2003年

空シリーズ　2003年
焼きものは歪みとの戦いだ。重力の作用で平らな場所に置いて焼けば底は必ず平らになり、収縮によって形は必ず変形する。
そこで丸い底をつくるために「受け」となる台座をつくって履かせている。実はこれがけっこう神経を使う。
そのうえ、近ごろはますます「穴」が面白くなって、もっと無に近くしようと挑戦しているために、焼成中に形を保たせるのがどんどん難しくなっている。
いつか、重力のない宇宙空間で焼いてみたい。そうすれば望みの形がそのまま焼きものになるかもしれない。

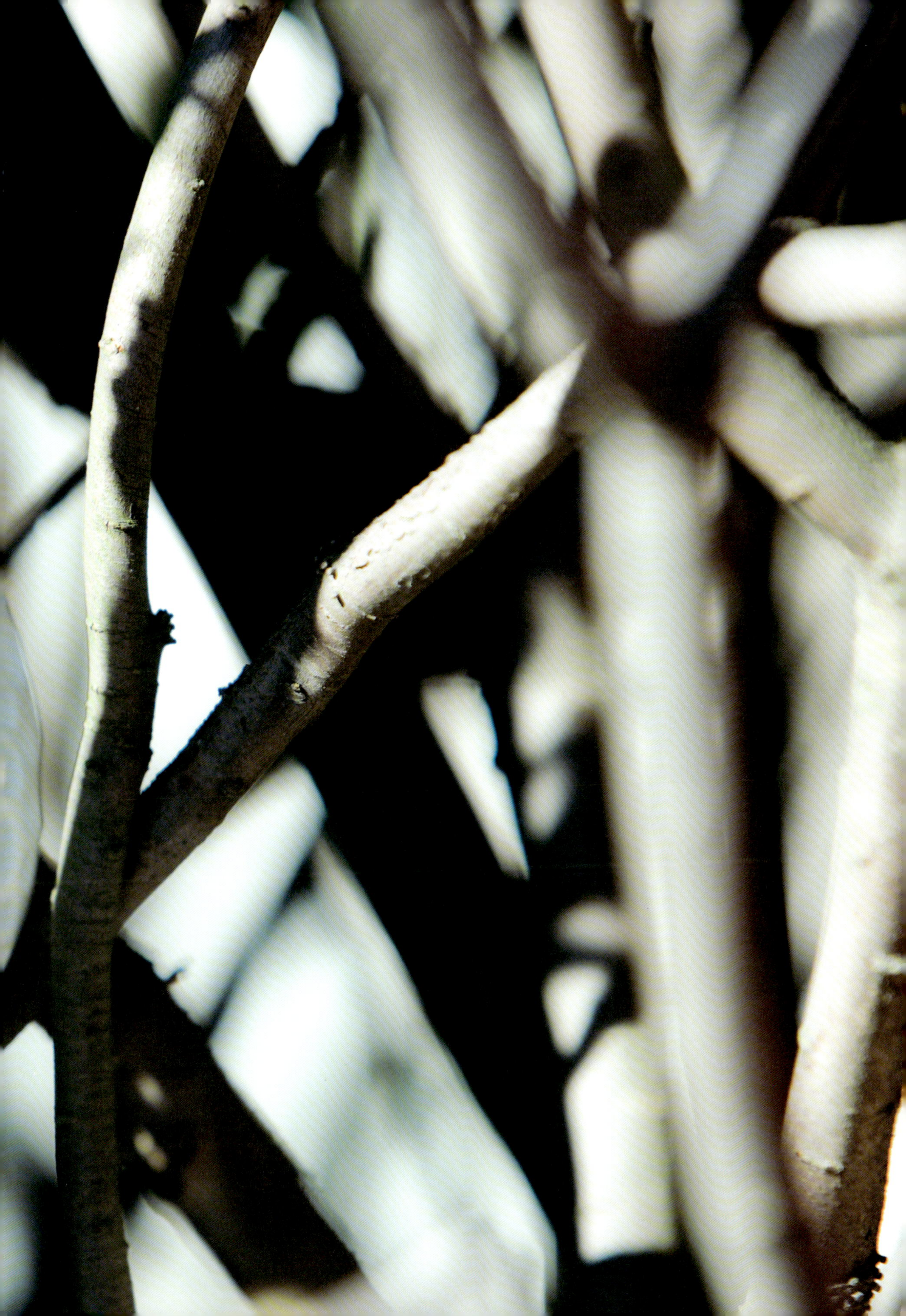

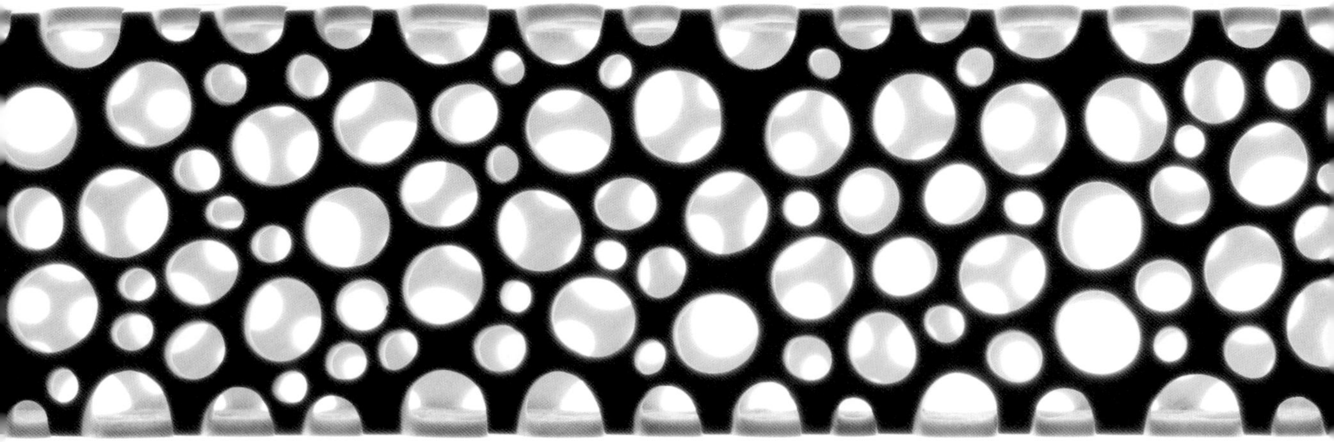

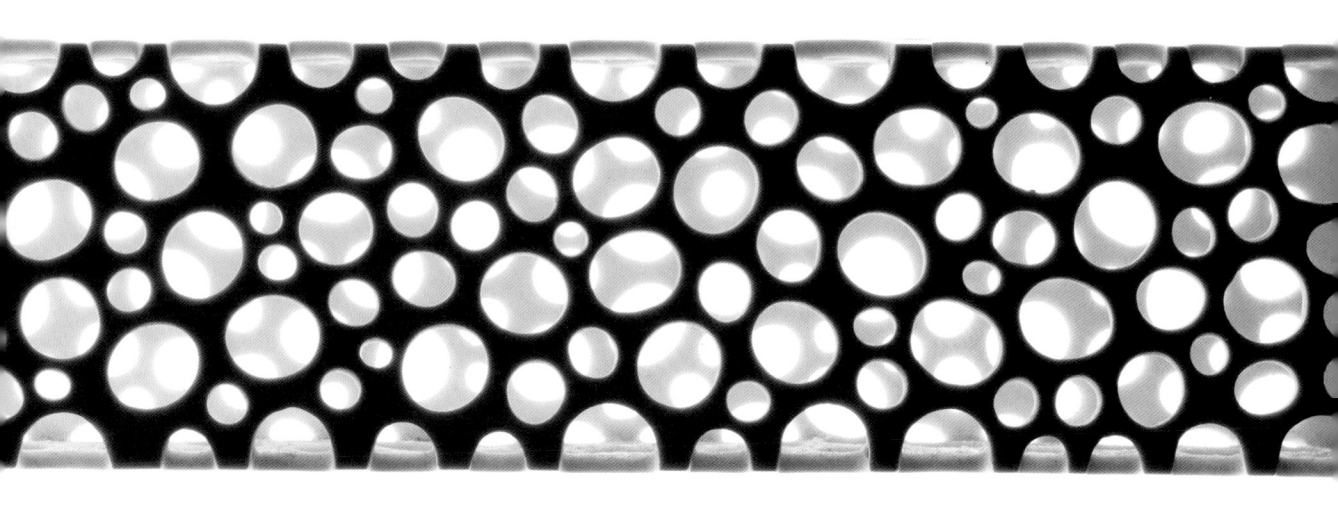

空シリーズ　2002年
機能からフリーになるにつれ、形の面白さへと向かい始めた。

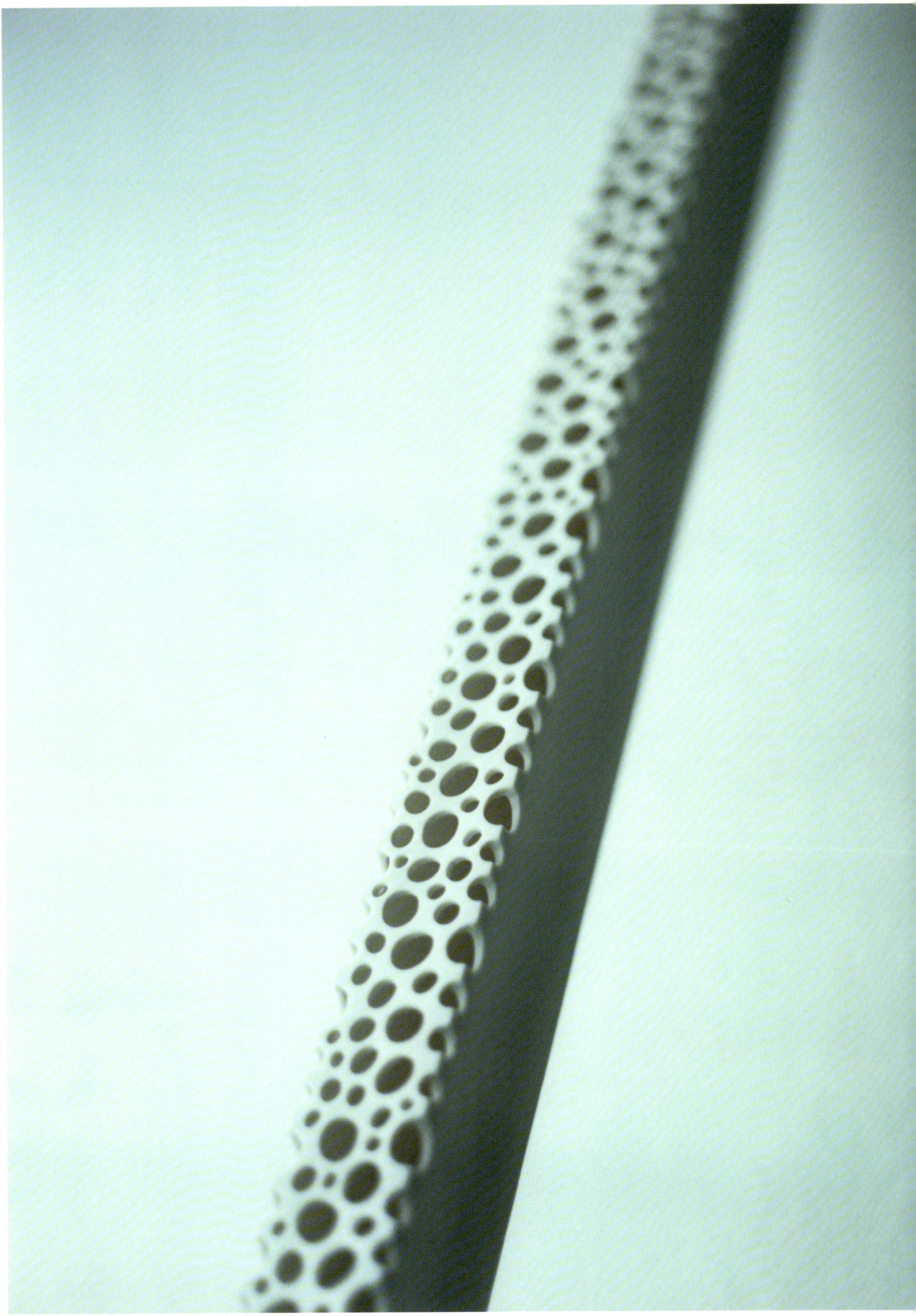

空シリーズ　2002年
アメリカの作家には、まず作品をつくってから周りに窯をつくる人もいる。そうすれば窯の大きさに縛られないで済むから、どんな巨大なものでもできることになる。いつも工房の窯のサイズに縛られて80センチがせいぜいの身からすると、彼らのダイナミックさはやはりすごいと思う。
でも、それって粘土も燃料もものすごく使いますよね？　排出するCO_2だって半端じゃないですよね？人間の労力も時間もかかりますよね？
地球の負荷を考えれば、要するにエコからは程遠いわけで、個人的には心のどこかで「そんなことしていいのかな」という疑問にひっかかっている。そんな思いが、少ない材料、少ない燃焼エネルギーで焼ける＜空シリーズ＞の奥底に潜んでいる。
これまで人間は次々と物をつくっては廃棄物を放出してきた。その溜まりに溜まったつけを払う時を迎えている今、創造活動に携わる一人として、エコという問題にしっかりと向き合っていきたいと思う。

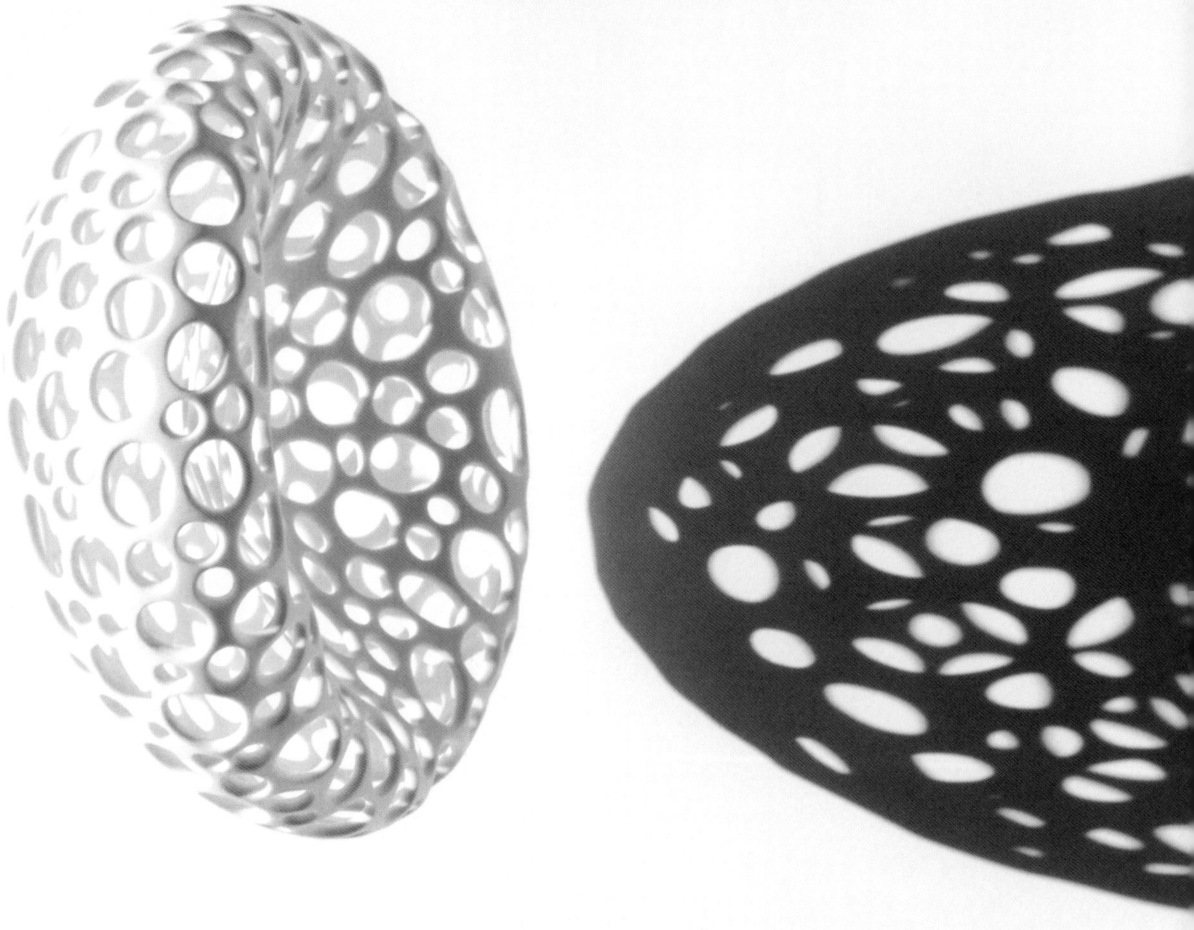

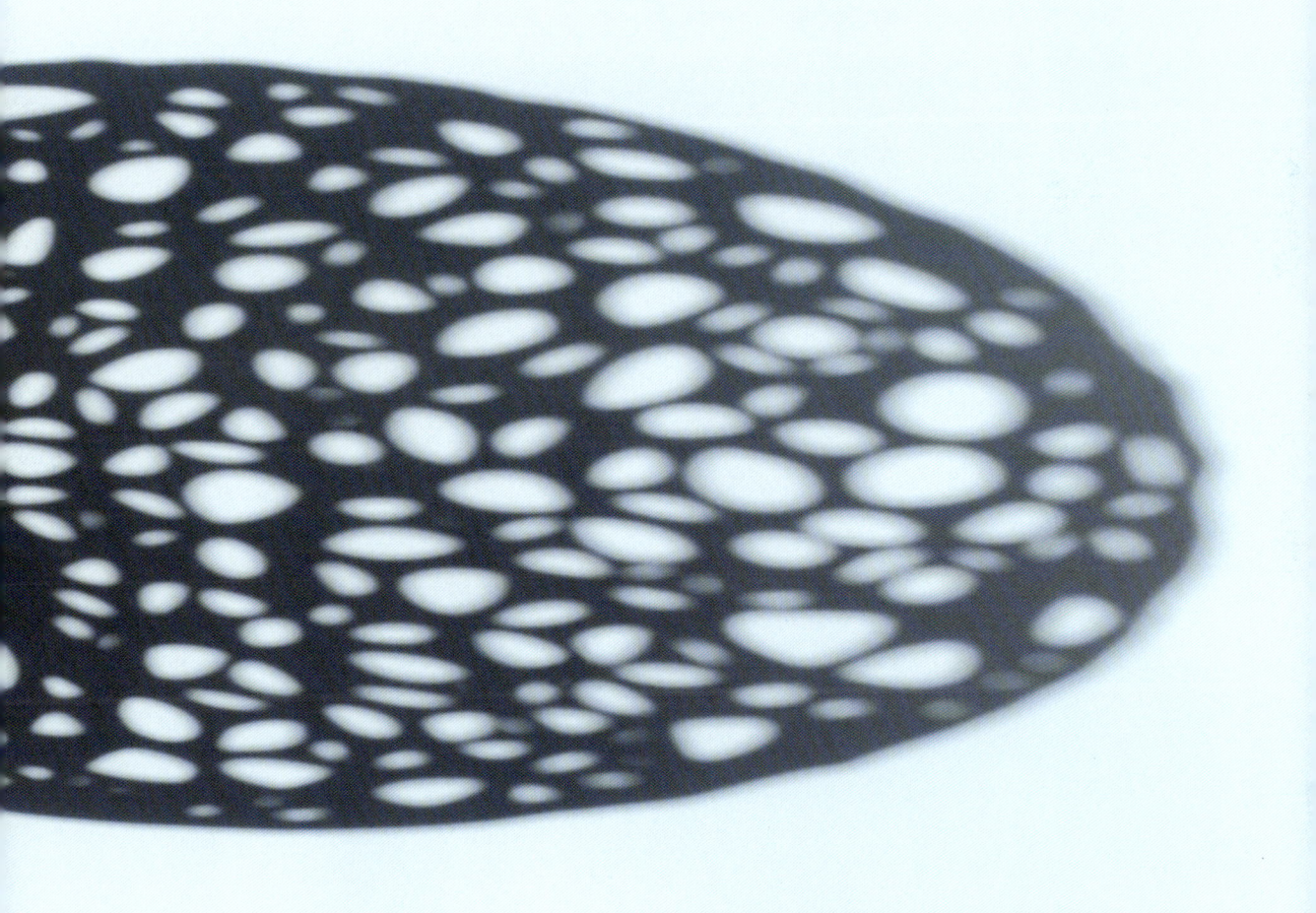

空シリーズ　2009年

空シリーズ　2002年

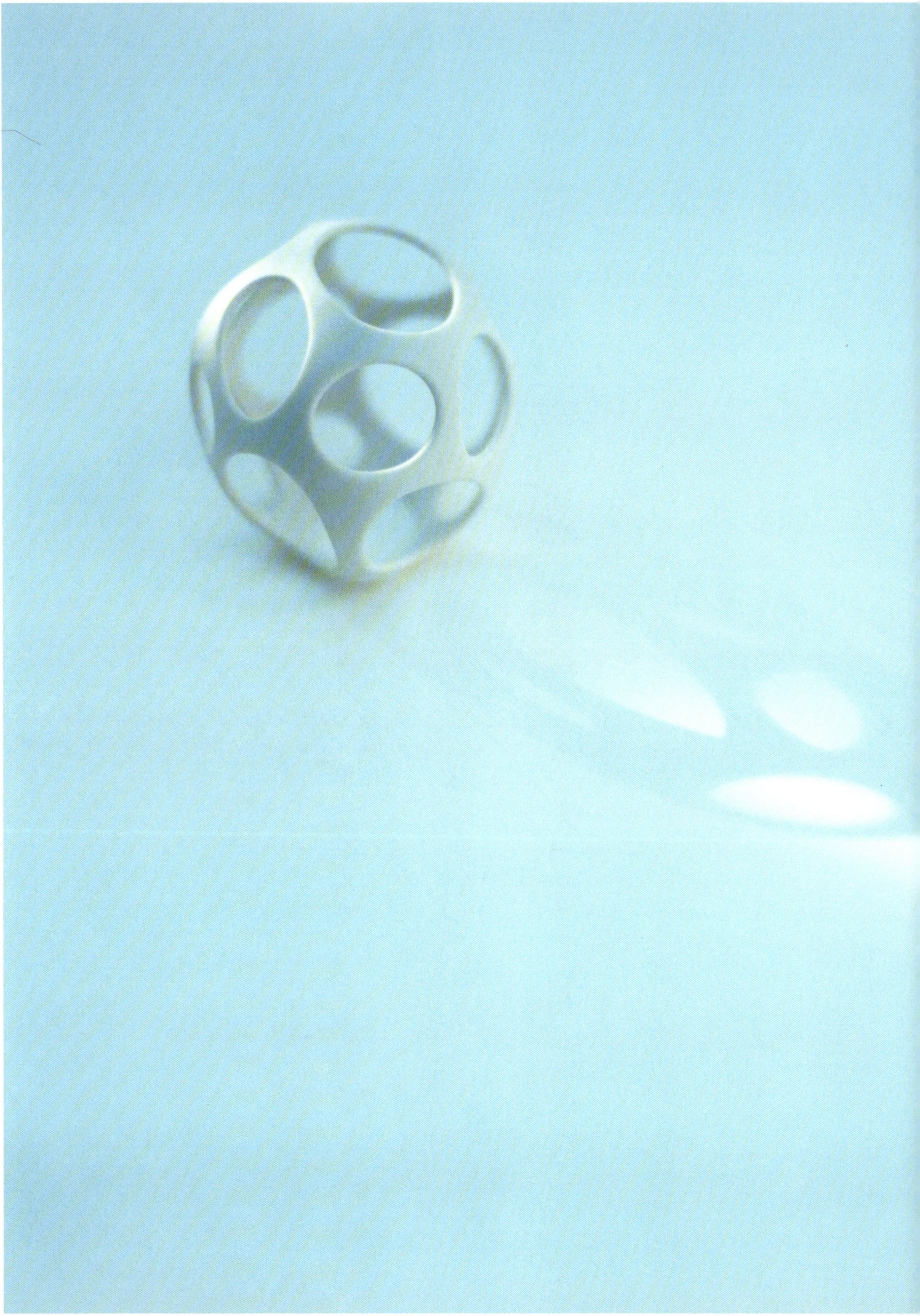

空シリーズ　2010年
やっているうちに面白さに気づいて前に進むことが多い。頭で考えてつくりあげていくというよりも、粘土をこねまわしながら何かを探し、発見していく。紙の上ではなく、現物によるエスキース。

空シリーズ 2002年

空シリーズ　2011年

空シリーズ　2010年

空シリーズ　2010年

空シリーズ　2010年
「面白い」ってなんだろう。
軽い、重い、わくわく、ドキドキ。いろいろ形はあるものの、欠かせないのが「ビックリ」の要素ではないだろうか。「え？ なんだろう」と思えるような新しい表現が必要なのだと思う。そういうものを探している。「え？ これ？ 焼きものなの？」と言われるような要素を。

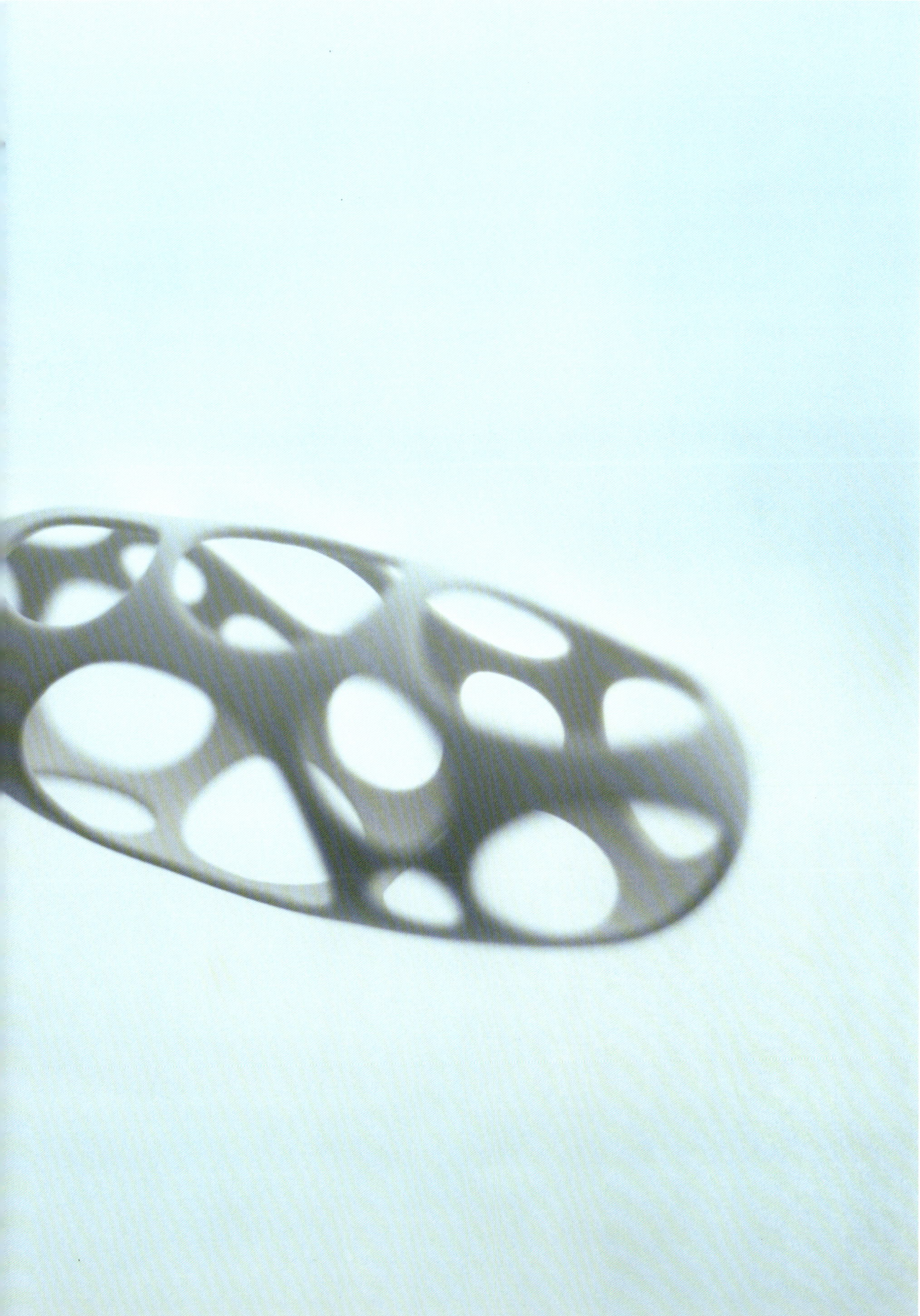

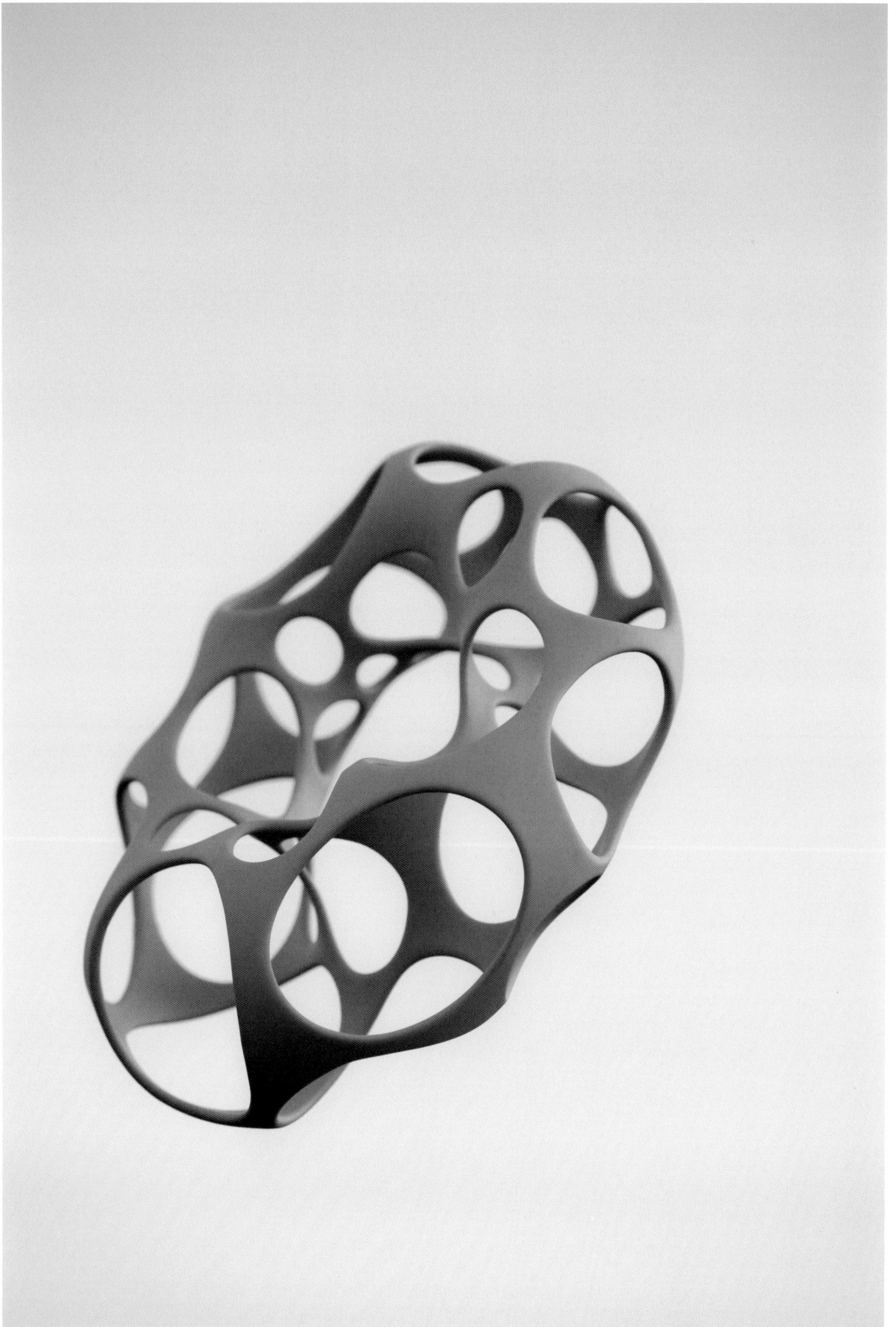

空シリーズ　2011年

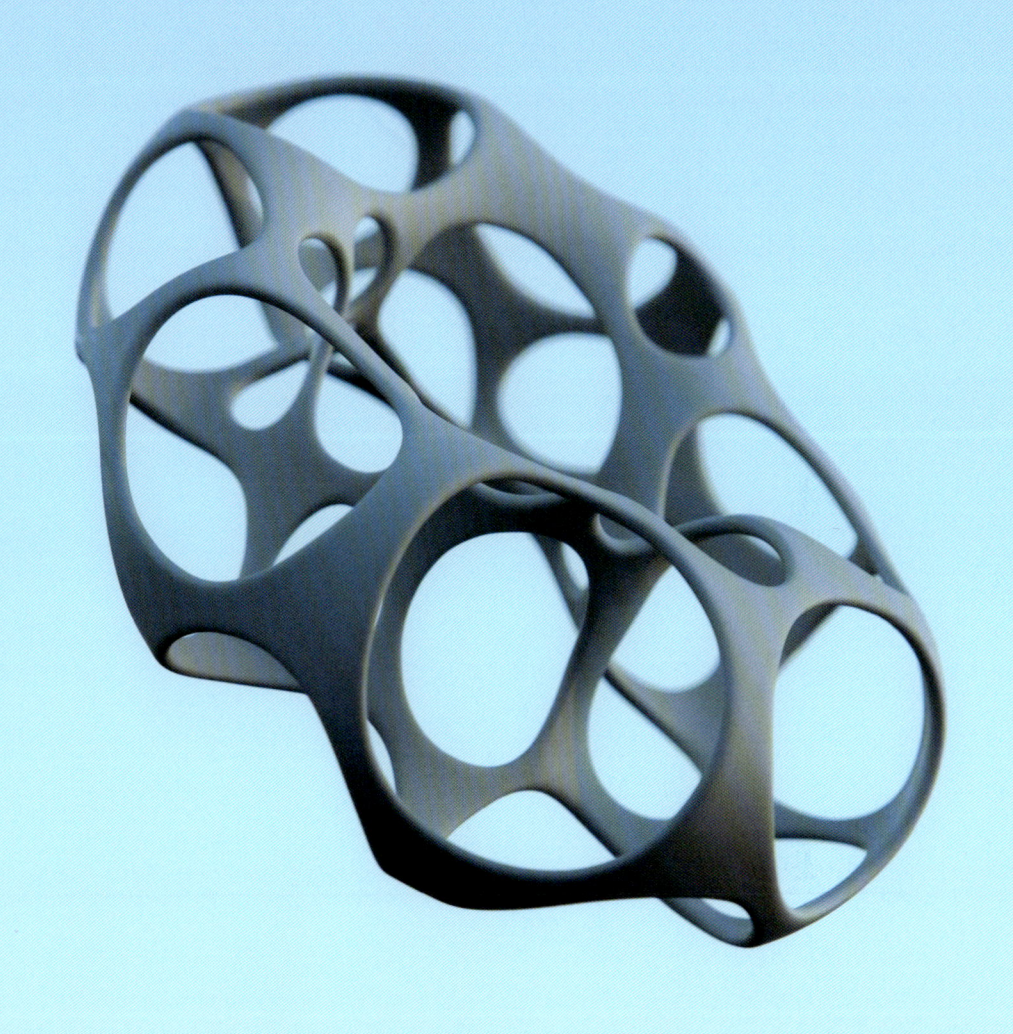

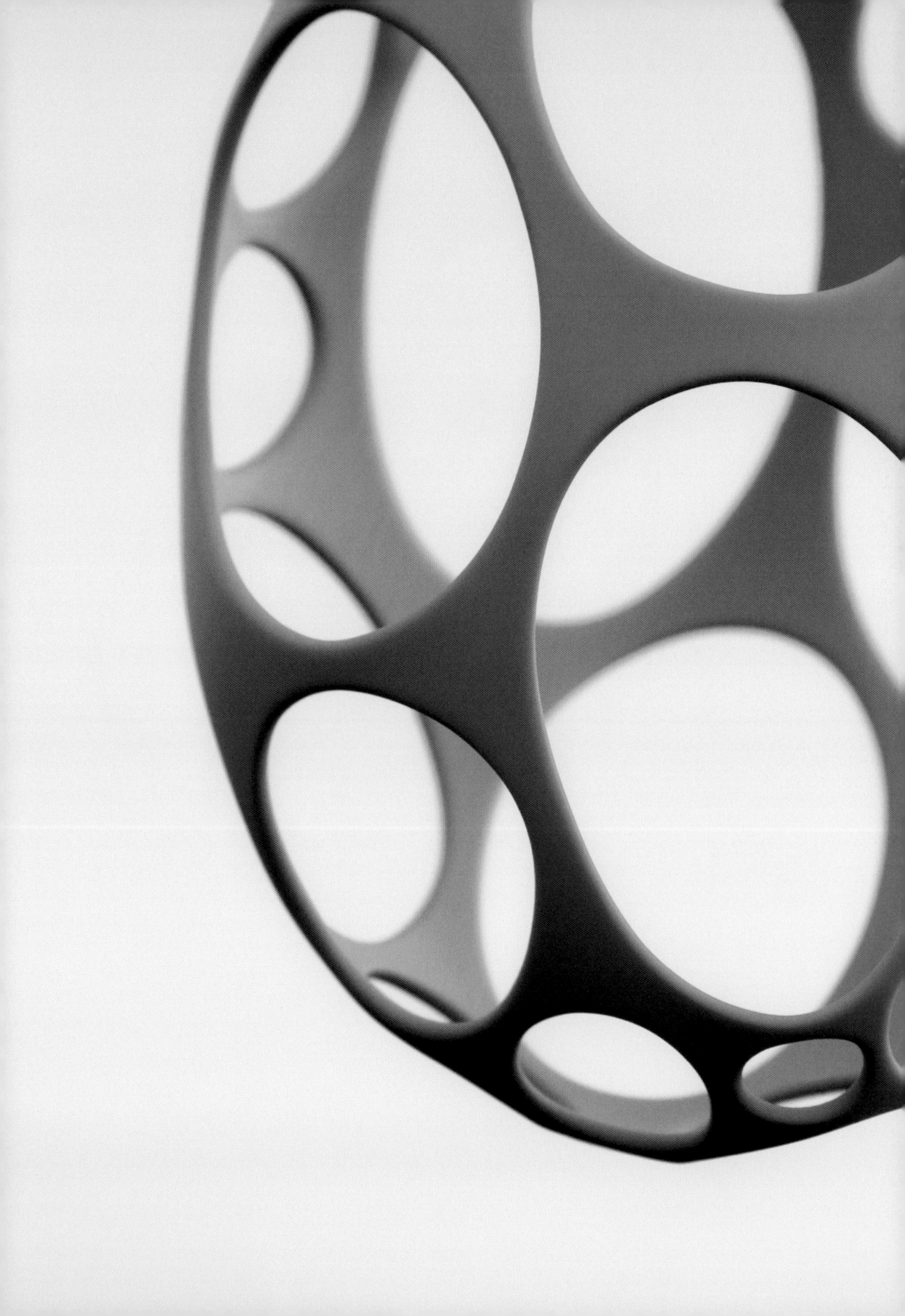

空シリーズ　2011年

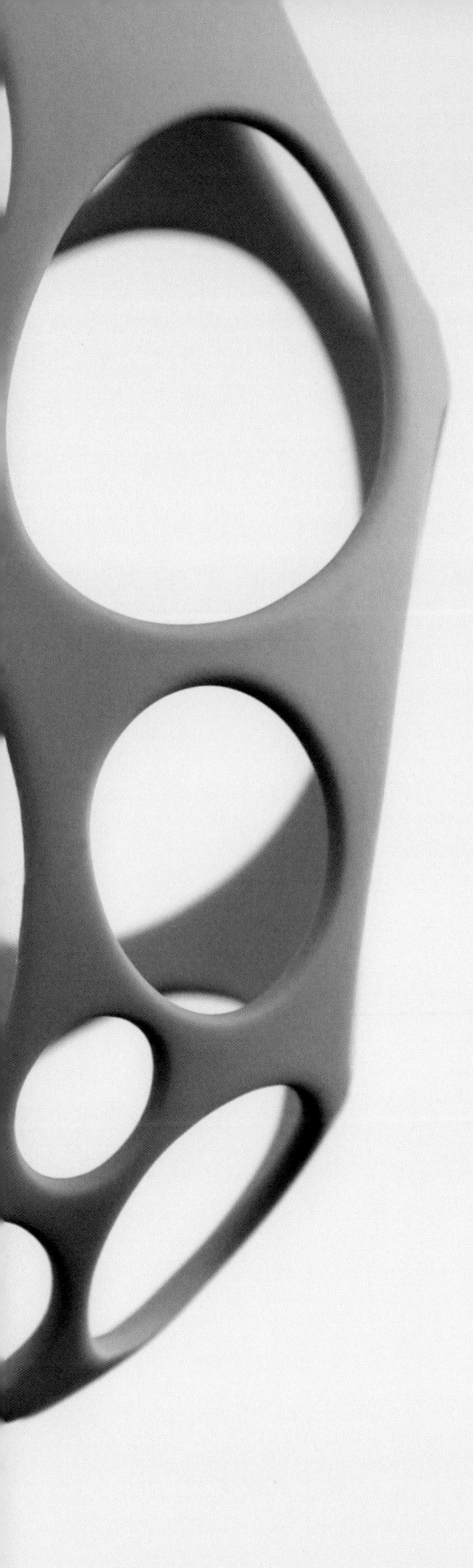

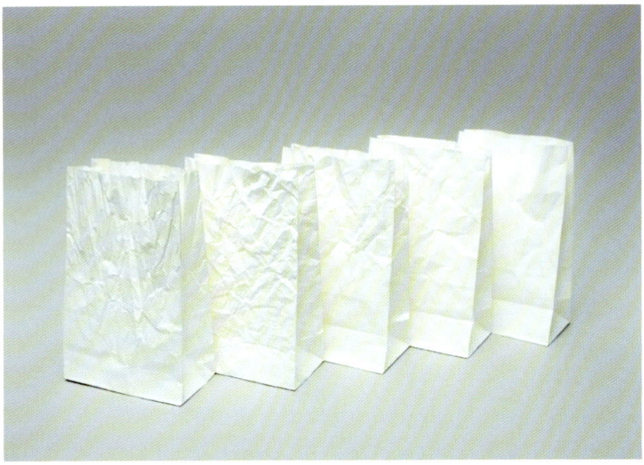

しわしわ

　ある時、使い残しの石膏の底に、置いた場所の表情が写し取られているのに気がついた。ふと「これを焼きものにしたら面白いぞ」と思いつき、いろいろな物の表面を写し取り始めた。段ボール、ゴム、布… しわや襞をつくって試し、「そうか、ここが転機なんだ」と思った。石膏が表情を写し取ることなんて、焼きものをやっている人なら皆気づいているのだろうが、それを「形」にしたことが「分かれ道」になったのだと思う。
　そこからは一気に広げていった。最初がコンポート、次がタンブラー、そして3番目が紙袋だった。たぶん家の中で何気なく紙袋を目にしたのだと思う。「あ、これも器だな」と閃いてとても嬉しかったことだけは覚えている。目にする対象を何かにしてやろうと思い続けていたことが発見に繋がったのかもしれない。こうして誕生した＜クリンクルシリーズ＞の＜スーパーバッグ＞は『家庭画報』に取り上げられたのを契機に、ものすごい反響を呼んだ。専門家だけでなく、嬉しいことに自宅近所のおばさんたちまでが「面白いね」と言ってくれて、「譲ってくれ」「欲しい」とあちらこちらから声がかかった。自分で製造するのが追いつかないほど、注文が相次いだ。

　＜クリンクルシリーズ＞の面白さは、立体を「写し取る」ことにあると思う。本当の襞やしわをそのまま粘土に写し取って焼きものにするという意味では「化石」だし、概念的には現代を化石化しているとも言える。時代の流れを振りかえれば、当時アート界で注目されていたスーパーリアリズムの立体への展開ということにもなるのかもしれない。
　その後、ガラスや金属など焼きもの以外の展開も加えながら、「写し取り」は私の創作活動で一つの大きな幹となっていった。今もって見る人、使う人に変わらず受け入れられているのは、それが本当に自然にできたものだからなのだろう。意図的なものがないから古くならないのかもしれない。

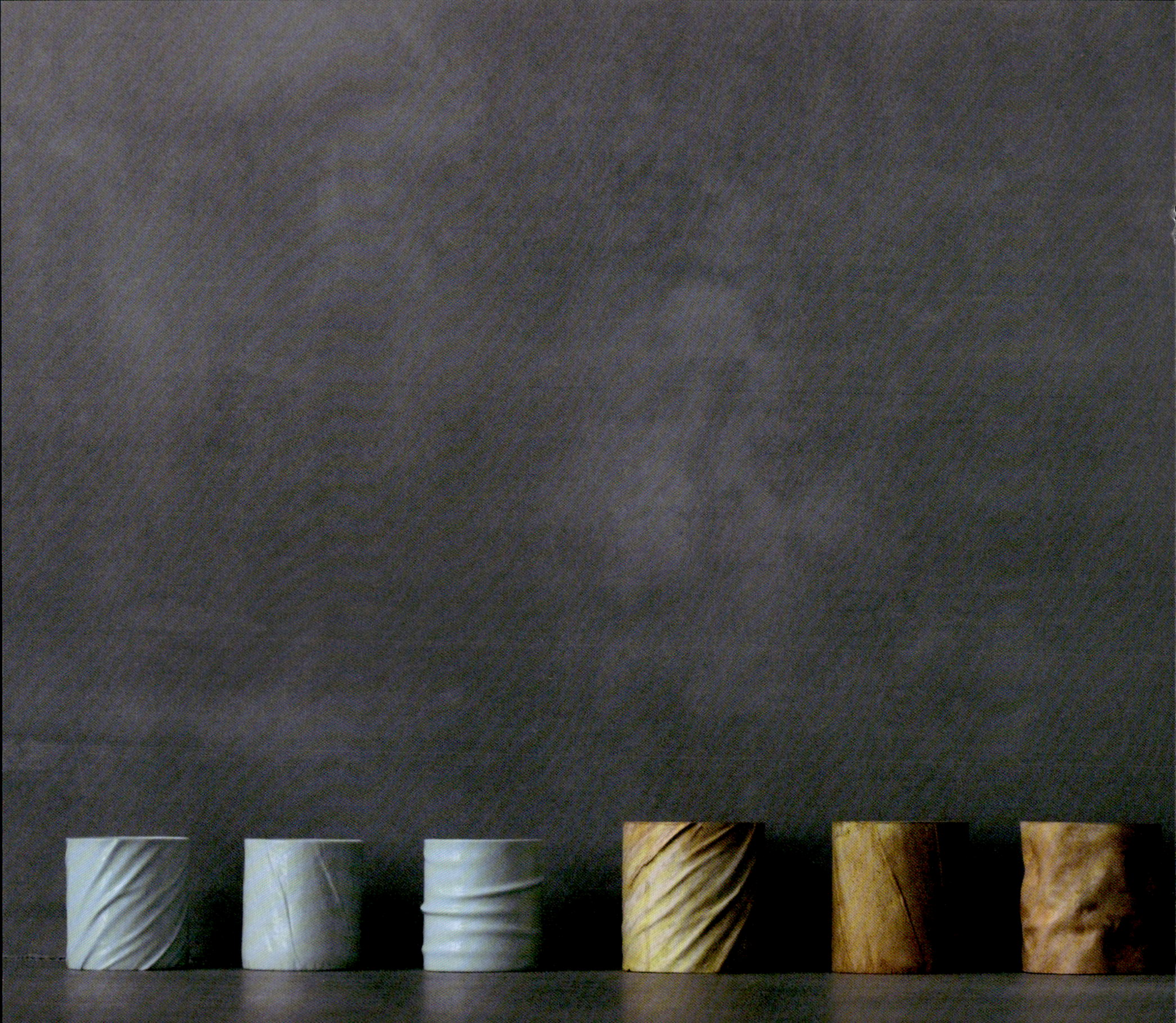

クリンクルシリーズ タンブラー　1975年
工房を立ち上げ、子どもも生まれ、しゃかりきになって働いていたころ、工房の最初の製品として発表した作品。『ジャパン・インテリア』で取り上げられ、世の中の反響も大きくて注文もたくさんもらい、おかげで「これで何とか食べていけるぞ」と思わせてくれた。ただ、肉薄の磁器はけっこう手間ひまがかかるので、夕食後も深夜まで工房で作業をするはめになり、身体はしんどかった。いろいろな意味で思い出深い作品だ。当時制作したのは10種類だったが、現在は4種しか手元に残っていない。(右側の9個は現存している石膏原形)

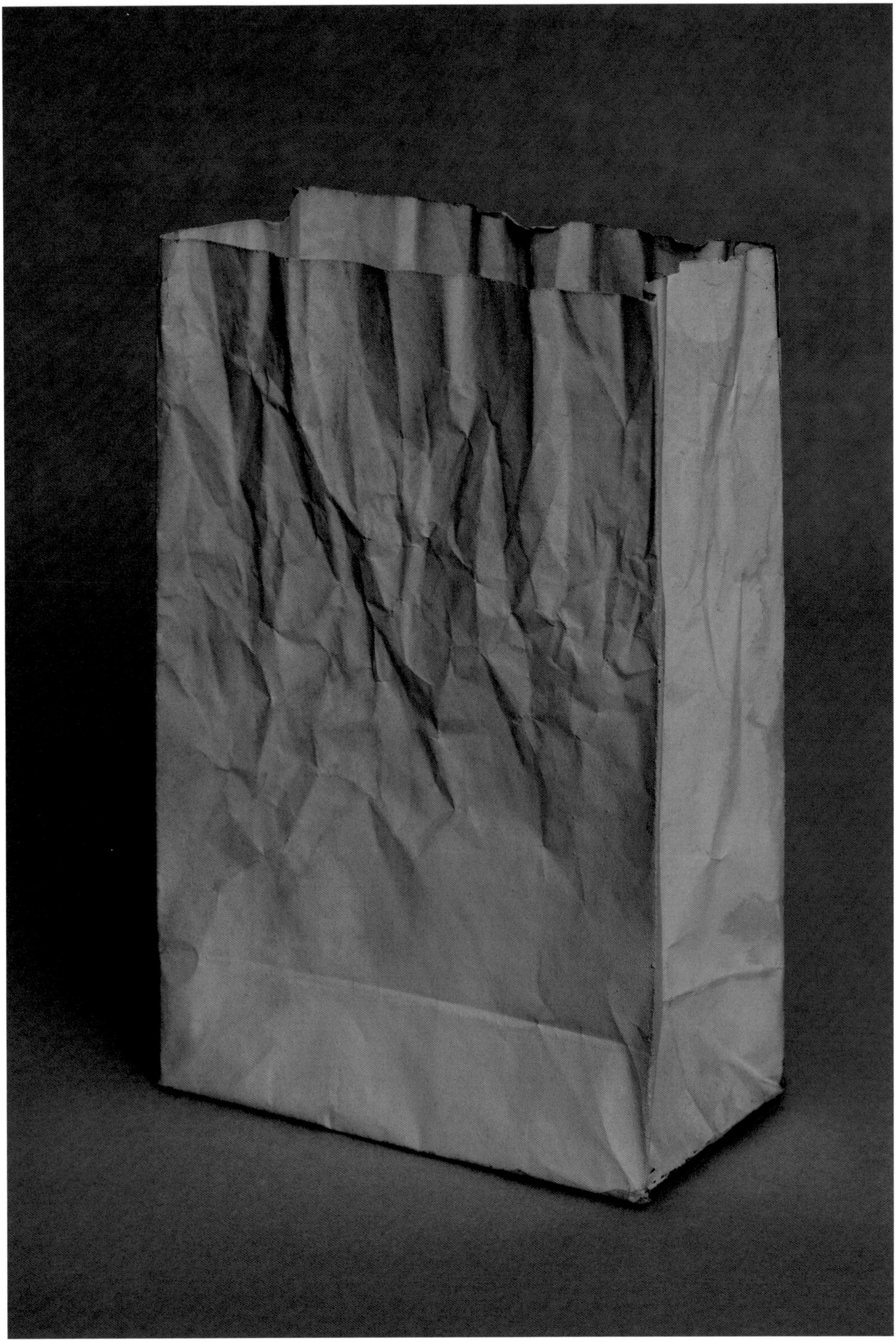

クリンクルシリーズ スーパーバッグ COM　1981年　（左ページは原形）

クリンクルシリーズ スーパーバッグ NSB1　1980年
紙袋の形を写し取った＜クリンクルシリーズ＞のスーパーバッグは、焼きものの形をしていない焼きものだ。
焼きものらしからぬ形をさせるというタブーに挑戦したとも言えるし、素材のもつ表情を異素材に転化した
「素材遊び」の作品でもある。ガラスや金属へと展開したのも自然の成り行きだった。

クリンクルシリーズ スーパーバッグ K2　1975年
紙袋はすごい。物として理想的なのだ。必要な時にぱっと現れて器の用をなし、使わない時は畳んでしまい、いらなくなったら頓着なく捨てられる。畳めばほとんど無に近い状態になり、必要な時にわっと広がって容器になる。しかも惜しげもなく捨てられるのだから、これは見事なデザインだ。今もなお、私の紙袋礼賛は続いている。

クリンクルシリーズ スーパーバッグ メッシュランプ　1982年
日本デザインコミッティーの企画展のためにつくった照明器具。金網の袋が大中小と重なり合って視点を
ずらすとモアレ現象を引き起こす。イタリアの建築雑誌『アビターレ』に投稿したら掲載され、海外から
の反響も大きかった。

クリンクル シリーズ 紙袋「線」 1979年
ワシリー・カンディンスキーの＜点・線・面＞に次元を一つプラスして＜線・面・量＞と名づけ、3点組で
「デザインフォーラム'79」（日本デザインコミッティー主催）に出品、銀賞を受賞したうちの一つ。針金で
「線」、磁器製で「面」、鋳物で「量」を表した。

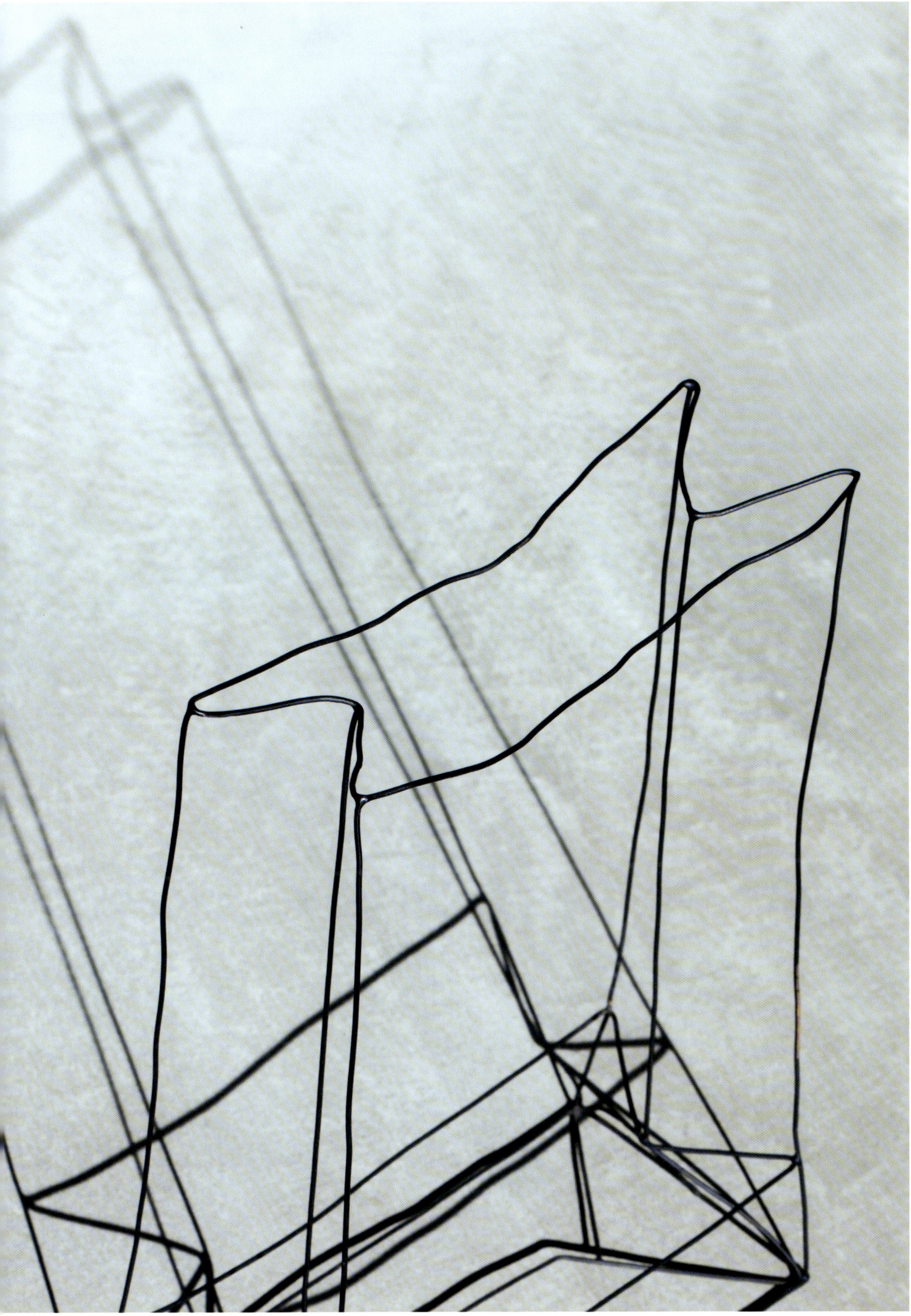

クリンクルシリーズ スーパーパッケージPB 1　1981年
焼きものは焼成時に縮小し、歪みやひずみを引き起こす。この現象を逆手にとれば、同形でも窯の中の置き
方次第で違った形になる。

クリンクル シリーズ スーパーバッグ KNS-2、KNS-3　1979年
先日、知人がMOMAを訪れたら、＜クリンクルシリーズ＞の紙袋が陳列されているのを目撃して知らせて
くれた。コレクションに収蔵された時も同シリーズのコーヒーカップとともに10年以上並べられていたが、
発表当時から40年近く経ってからまた展示されていると知り、本当に勇気づけられた。ちなみに私が憧れ
るエットレ・ソットサスの隣にあるらしく、早いうちにぜひとも見に行かなければと思っている。

クリンクルシリーズ 壁の花器　1983年
私の仕事は、いわばデザインとアートがオーバーラップする境界線上にあるように思う。どちらにも収まり
きれないポジションが気に入っている。

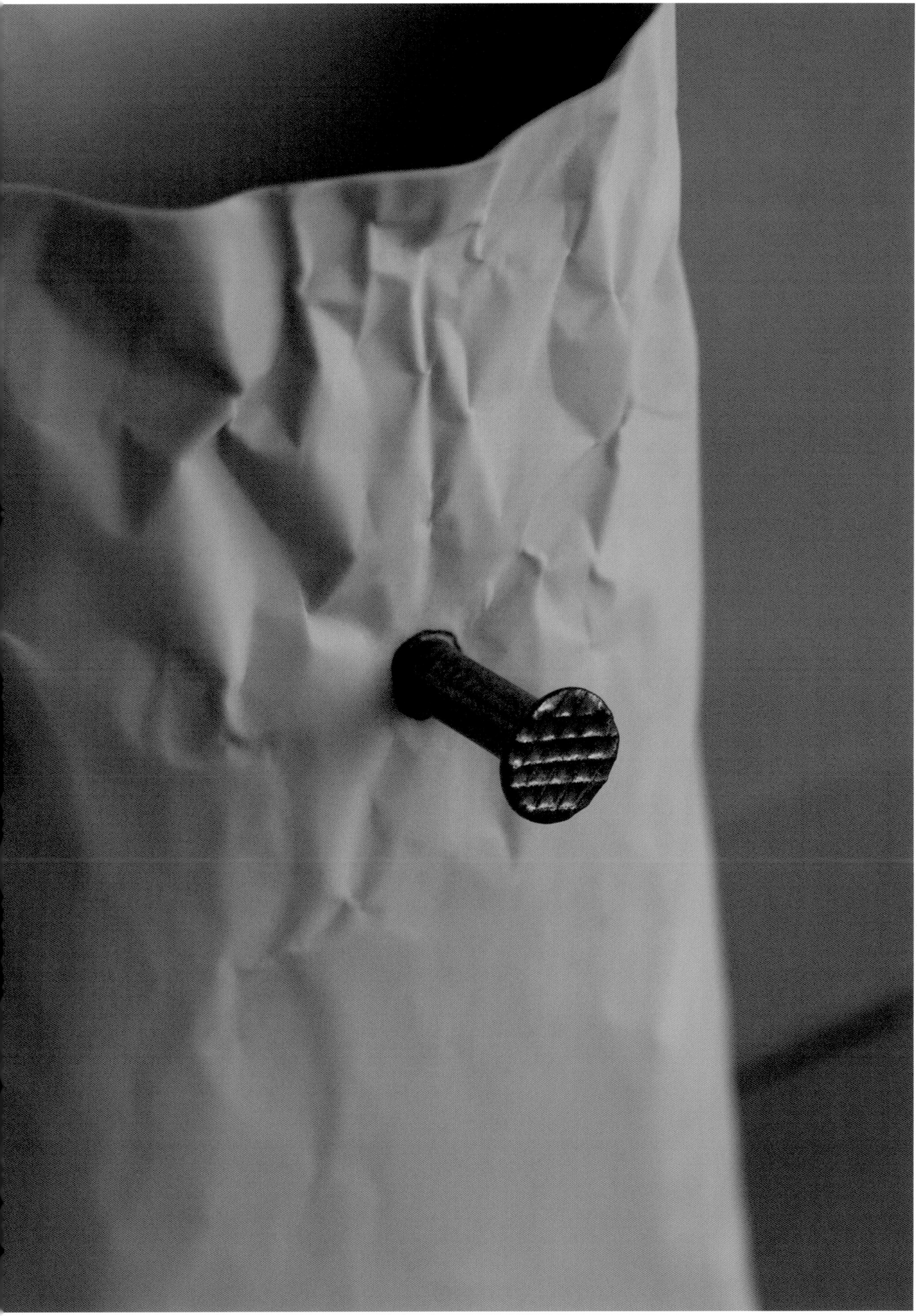

クリンクルシリーズ スーパーバッグ1997　1997年
しわの表情も見慣れてくると、だんだん過激にしたくなってくる。
原形はホームセンターで道具を購入した時に使われた紙袋。(右ページは原形)

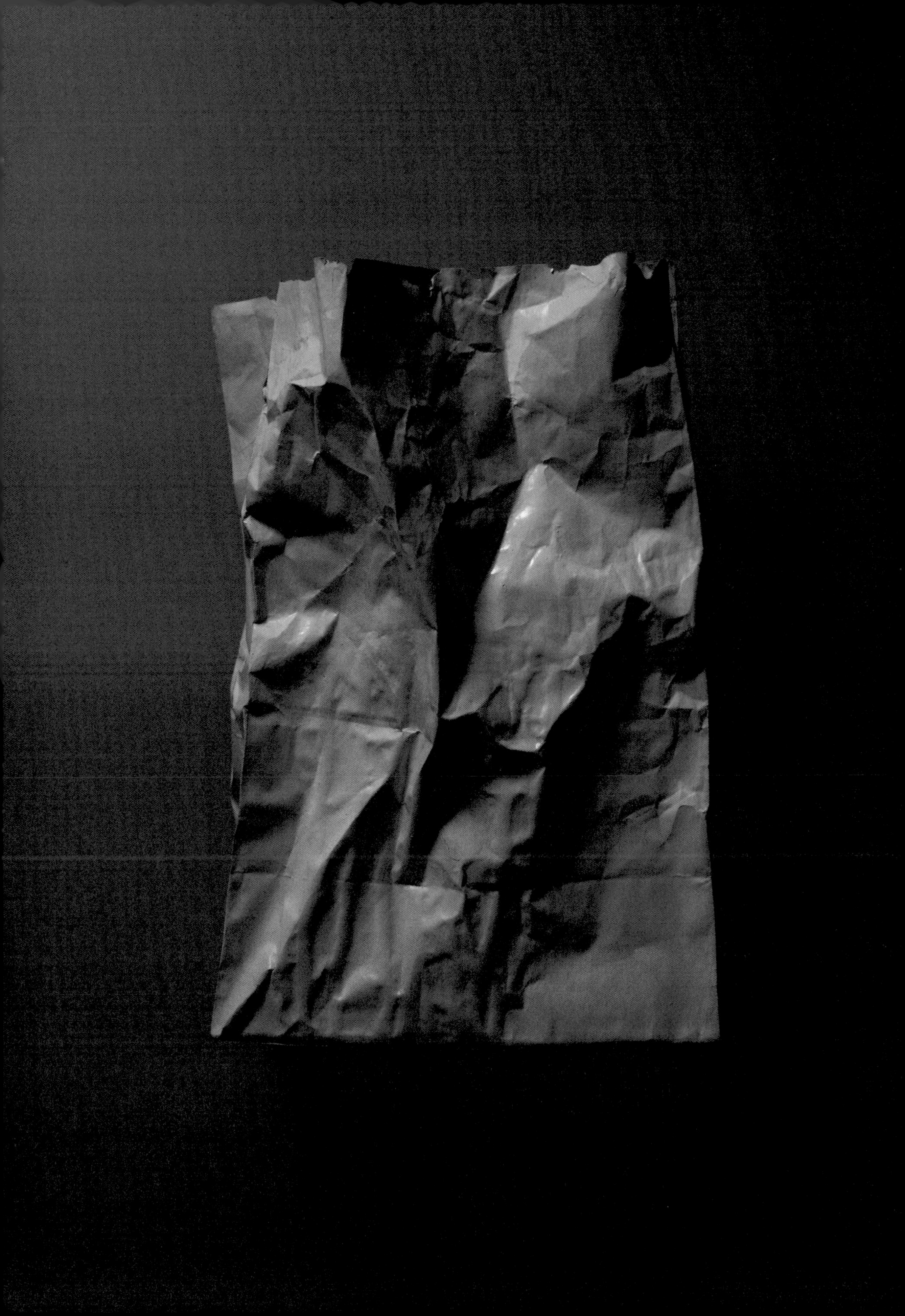

オブジェ　1983年
クッションに釘が刺さっているという、ちょっとしたブラックユーモア。

クリンクルシリーズ レリーフ　1985年
本当に道端で拾ったビニール袋を写し取った作品。ゴミのように転がっているものも、扱いようで観る対象物になる。

クランプルシリーズ タンブラー　1980年
＜クリンクルシリーズ＞の初めてのガラス製品で、＜クランプルシリーズ＞と名づけた。そのタンブラーは、お酒の好きな男性には特に好評のようで、氷とウイスキーを入れて揺らすとカラカラという音とともに、なんともいえない振動が伝わってくるのがいいらしい。発売後は順調に売れ続け、ロングセラーとなって今も製造されている。MOMAのコレクションにもなった。

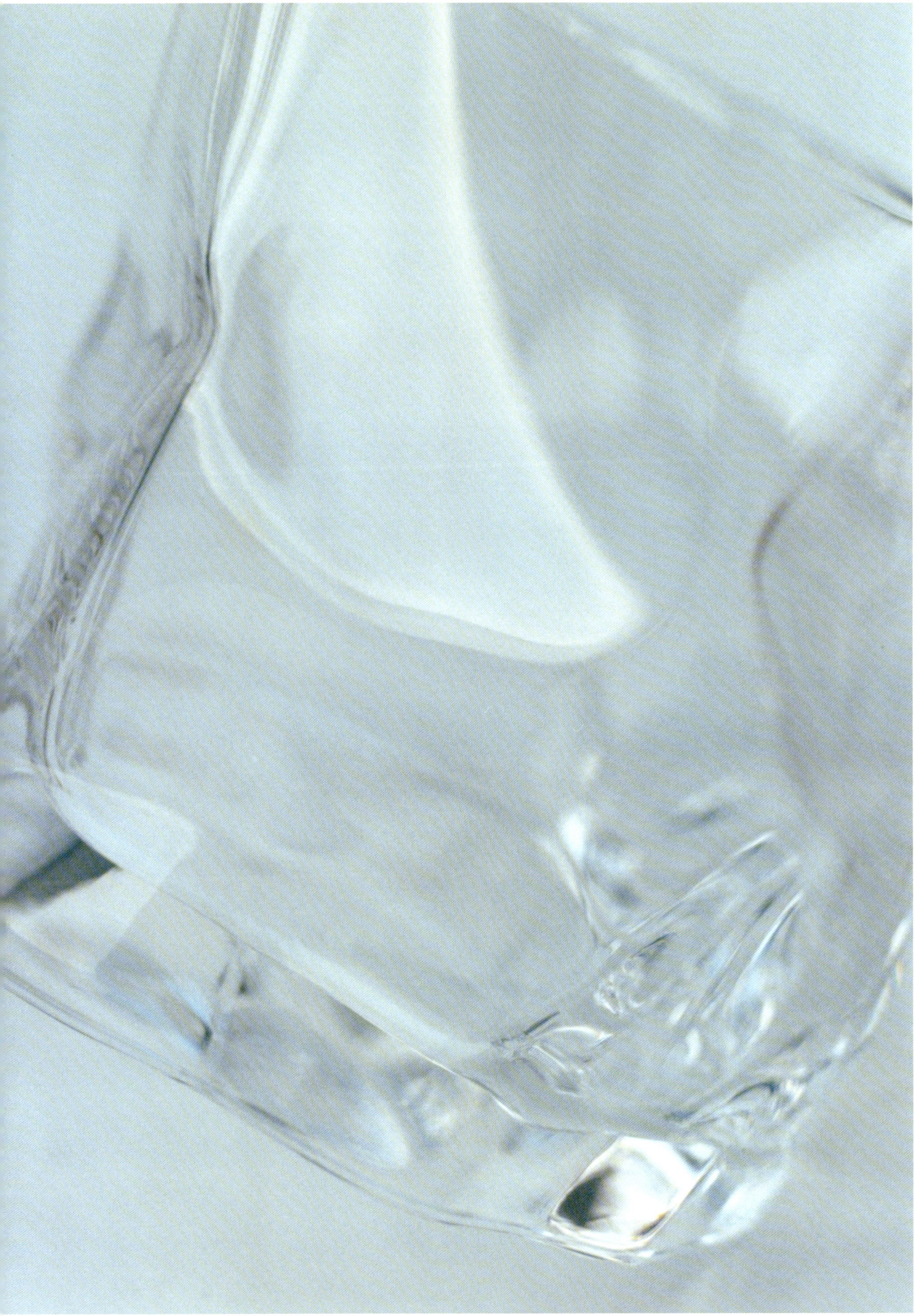

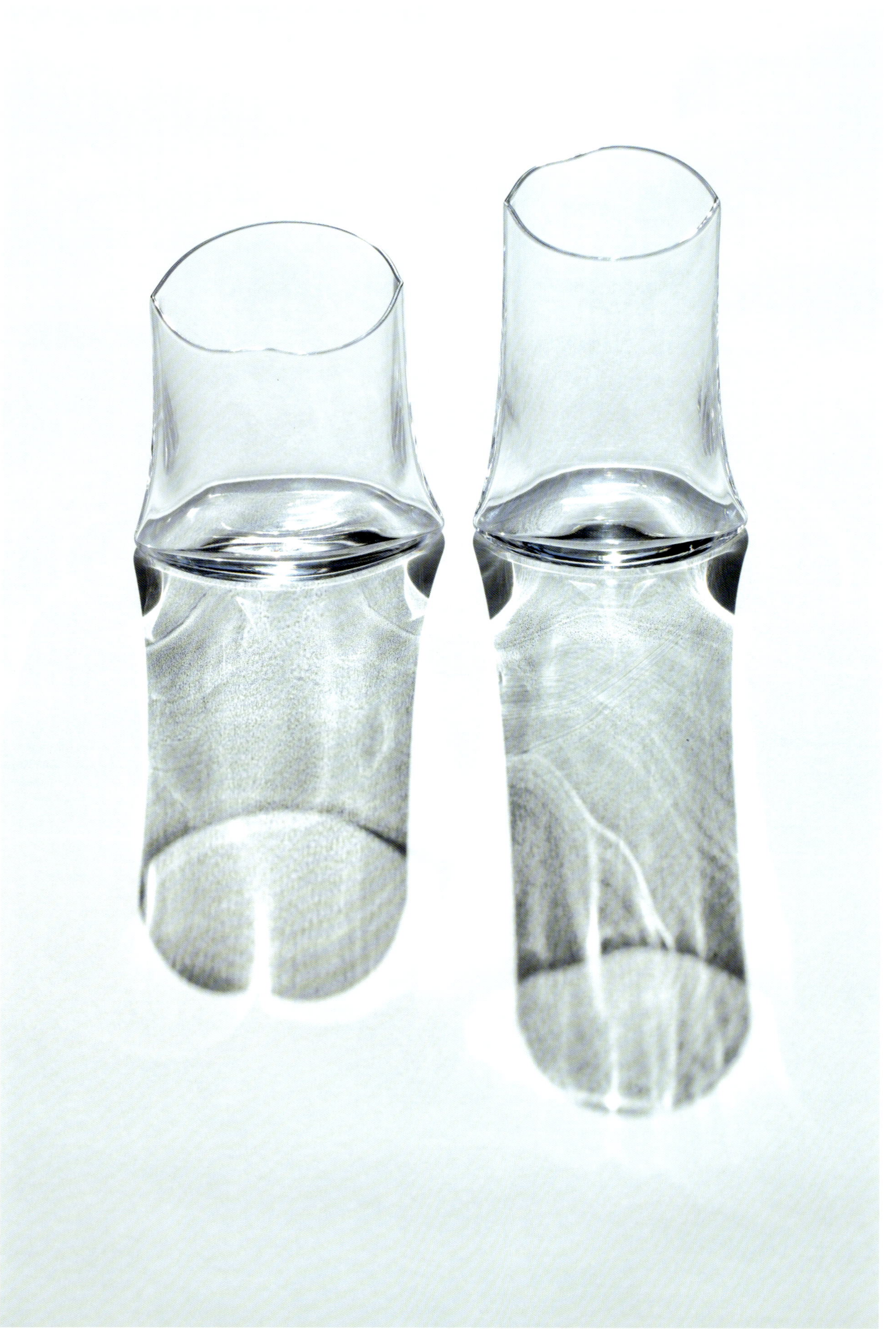

柳宗理さんにも褒めていただいた作品で、MOMAのコレクションにもなっている。

クランプルシリーズ ポーセ　1979年
ビニール袋は畳むと平面だが、液体を入れるとふわっと膨らむ。その形をいただいて液体の器にしつらえた。
柳宗理さんにも褒めていただいた作品で、MOMAのコレクションにもなっている。

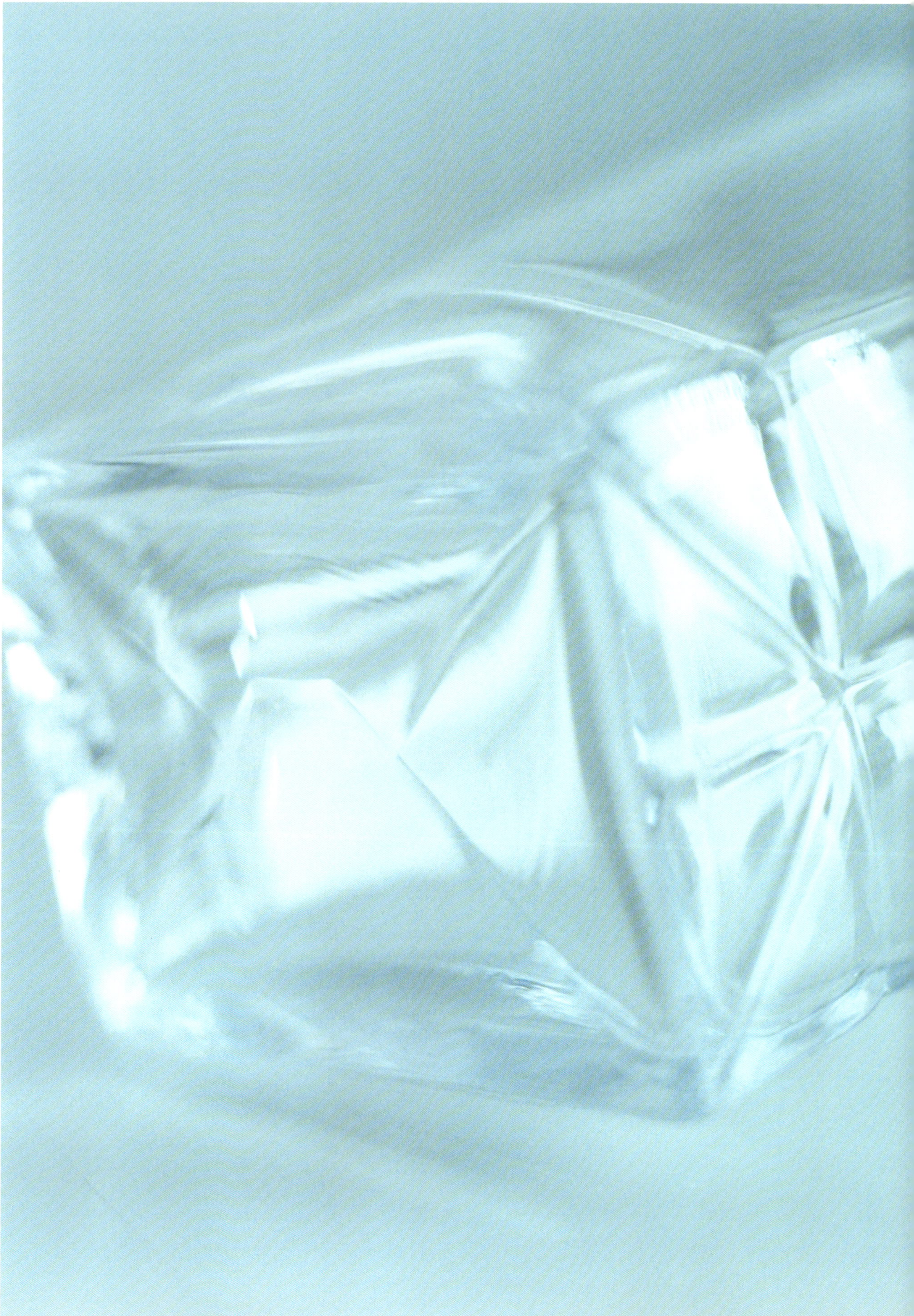

クランプルシリーズ パッペル　1980年

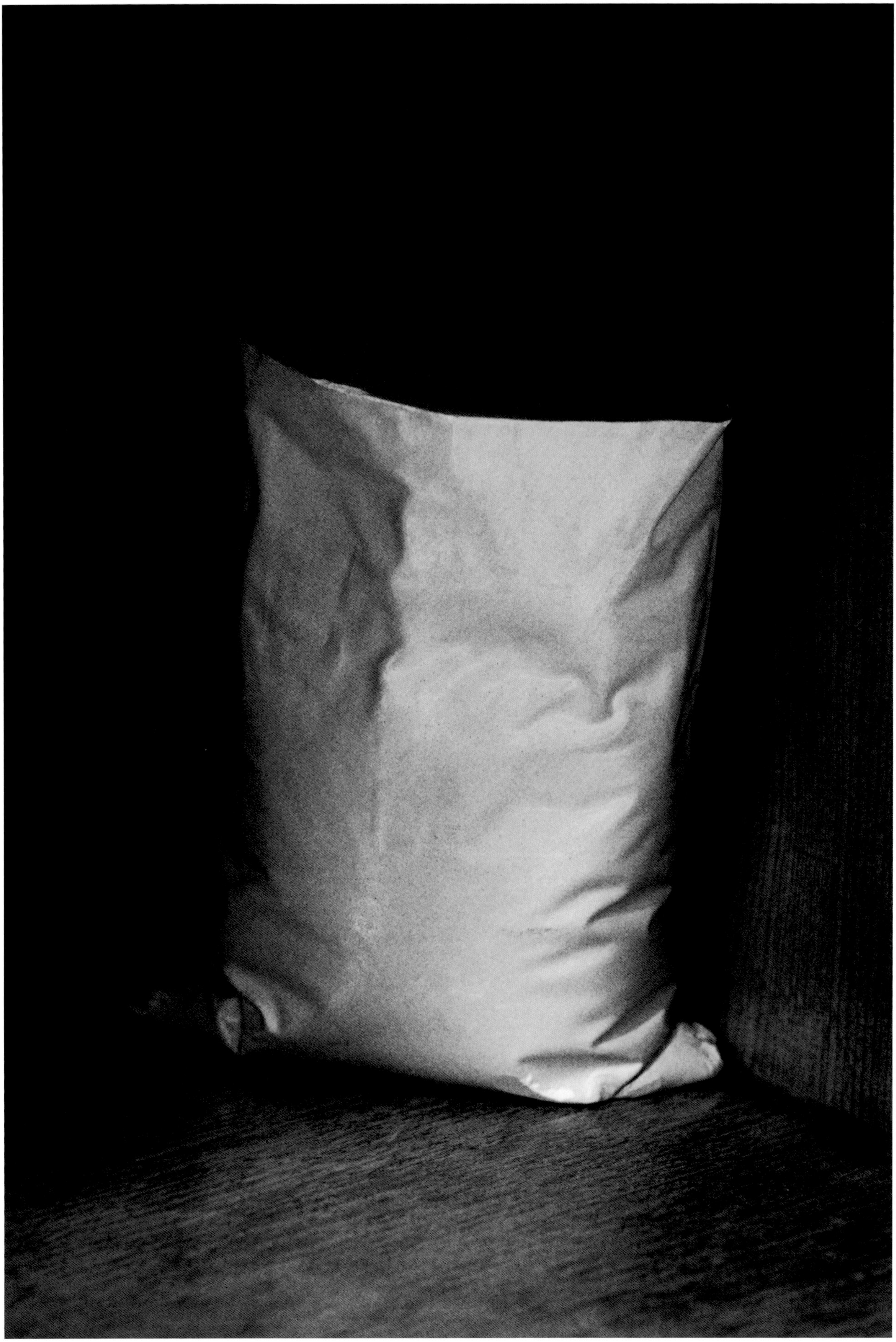

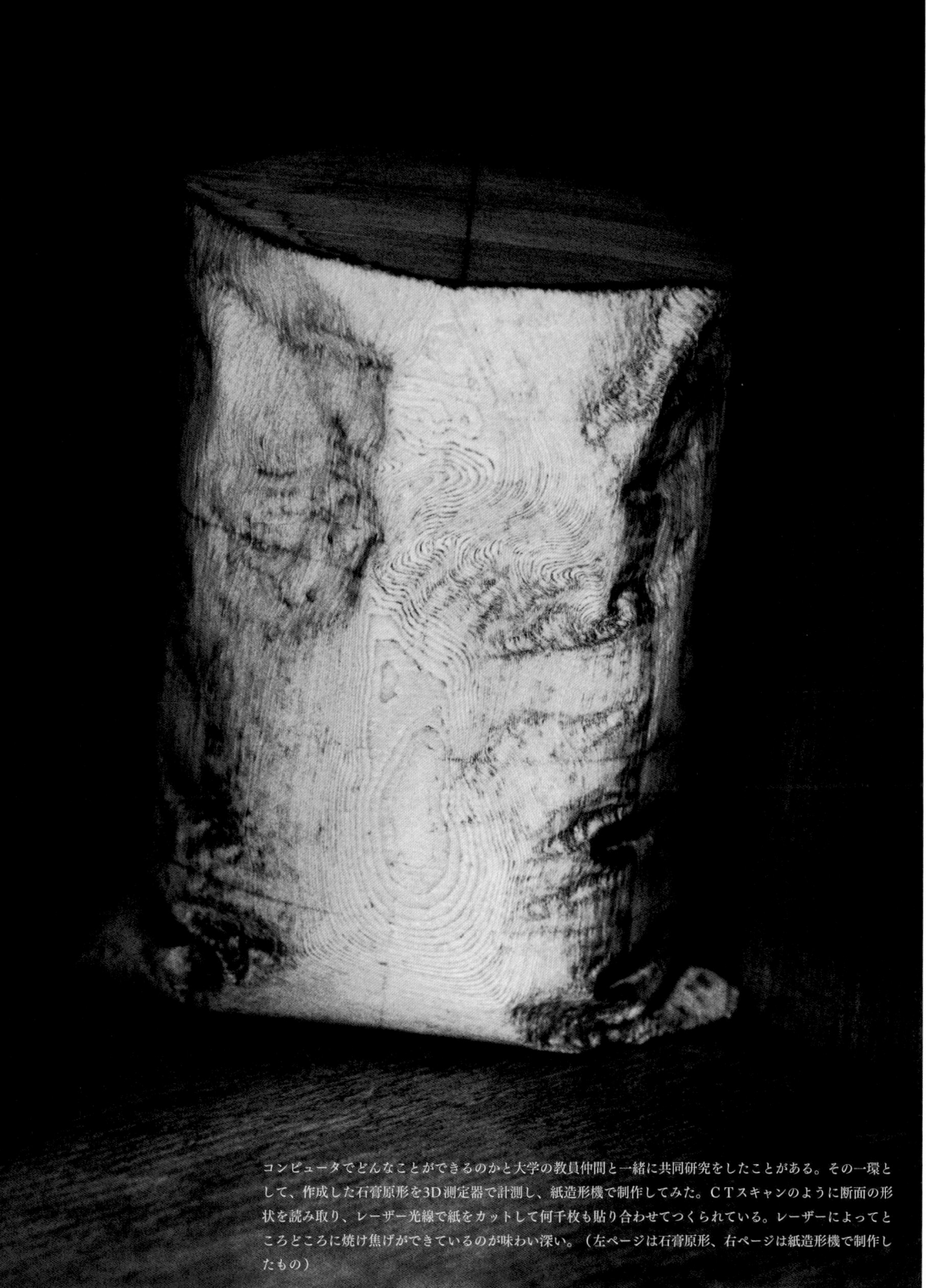

コンピュータでどんなことができるのかと大学の教員仲間と一緒に共同研究をしたことがある。その一環として、作成した石膏原形を3D測定器で計測し、紙造形機で制作してみた。CTスキャンのように断面の形状を読み取り、レーザー光線で紙をカットして何千枚も貼り合わせてつくられている。レーザーによってところどころに焼け焦げができているのが味わい深い。（左ページは石膏原形、右ページは紙造形機で制作したもの）

クリンクルシリーズ 黒皿　1983年
NYのセントラルパーク近くにオシャレな［SOINTU］というセレクトショップがあった。そこからの依頼
で制作した特注品。オーナーのキップ・トラフトンが世界中を回っては自分の気に入ったものだけを集めて
売っていて、ギフトシーズンには長蛇の列ができるほどだった。

コースター　1989年
アルミ製のコースター。表裏のしわがまったく同一でピッタリ重なる。鋳物が盛んな富山県の高岡で制作した。

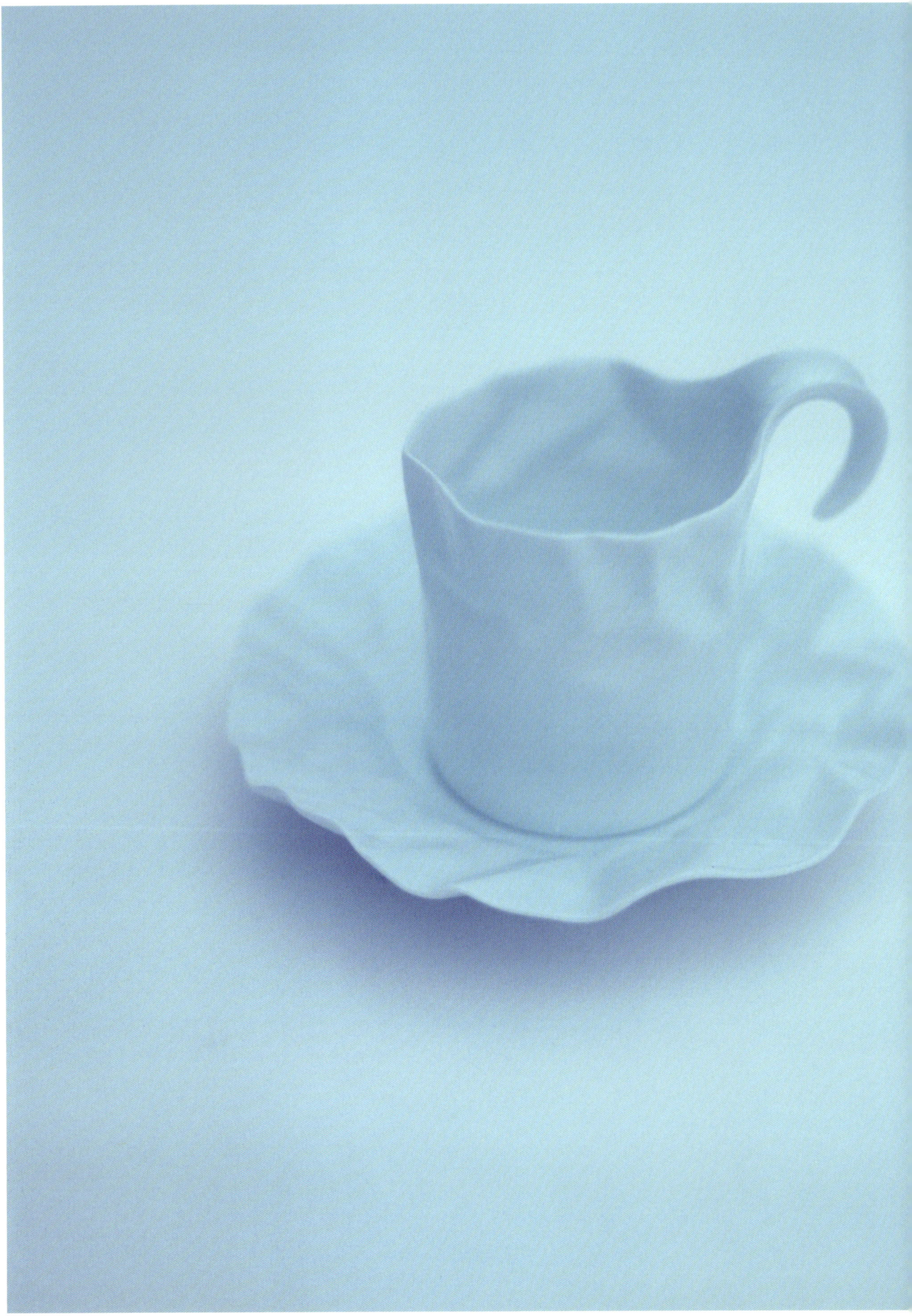

クリンクルシリーズ コーヒーカップ　2009年
1983年に制作したコーヒーカップはMOMAのコレクションに収蔵されているが、ボーンチャイナを製造する日本のメーカーがなくなったためにやむなく廃番にした。その後、白磁で製造することになり、リデザインしたのがこの作品である。
かつては隆盛を誇っていた日本のメーカーは、中国やアジアの参入で苦戦を強いられて次々と廃業に追い込まれている。たしかに価格では太刀打ちできないけれど、せっかくの素晴らしい品質や技術を捨て去ってしまうのは寂しい。デザイナーを活用して面白いものをどんどんつくれば、生き残る道はまだまだあるように思うのだが。

〈クリンクルシリーズ〉の鋳込み型

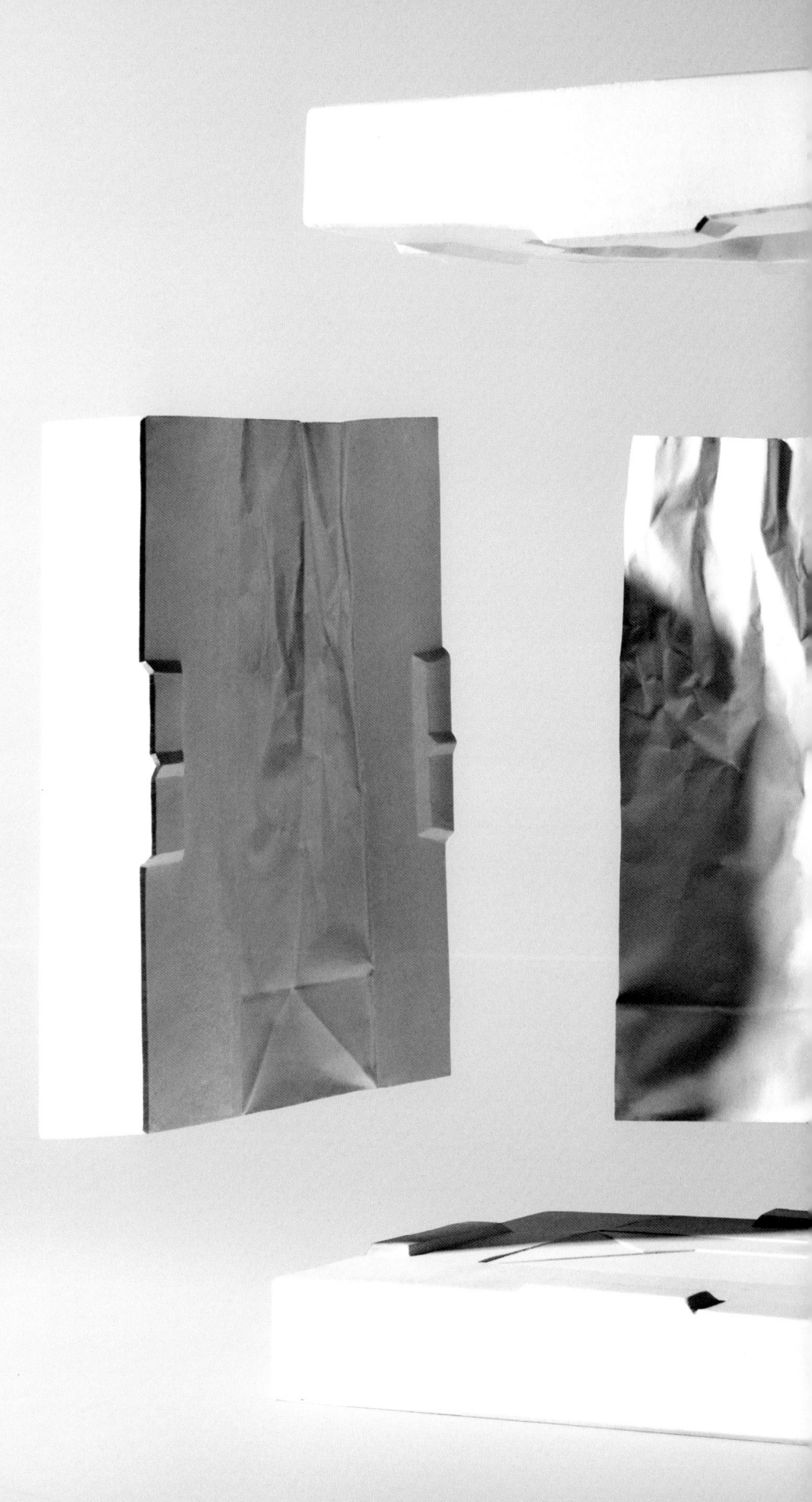

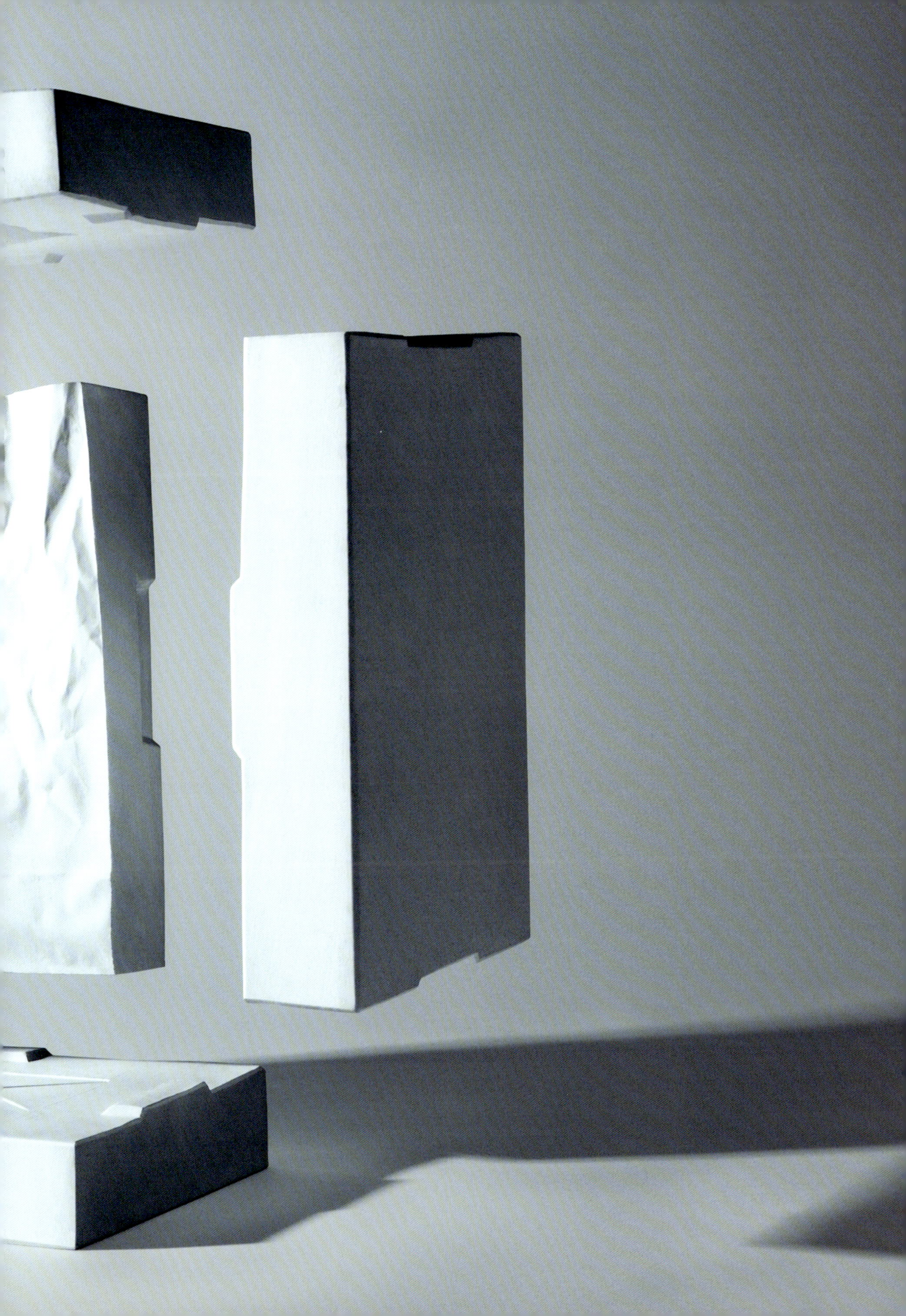

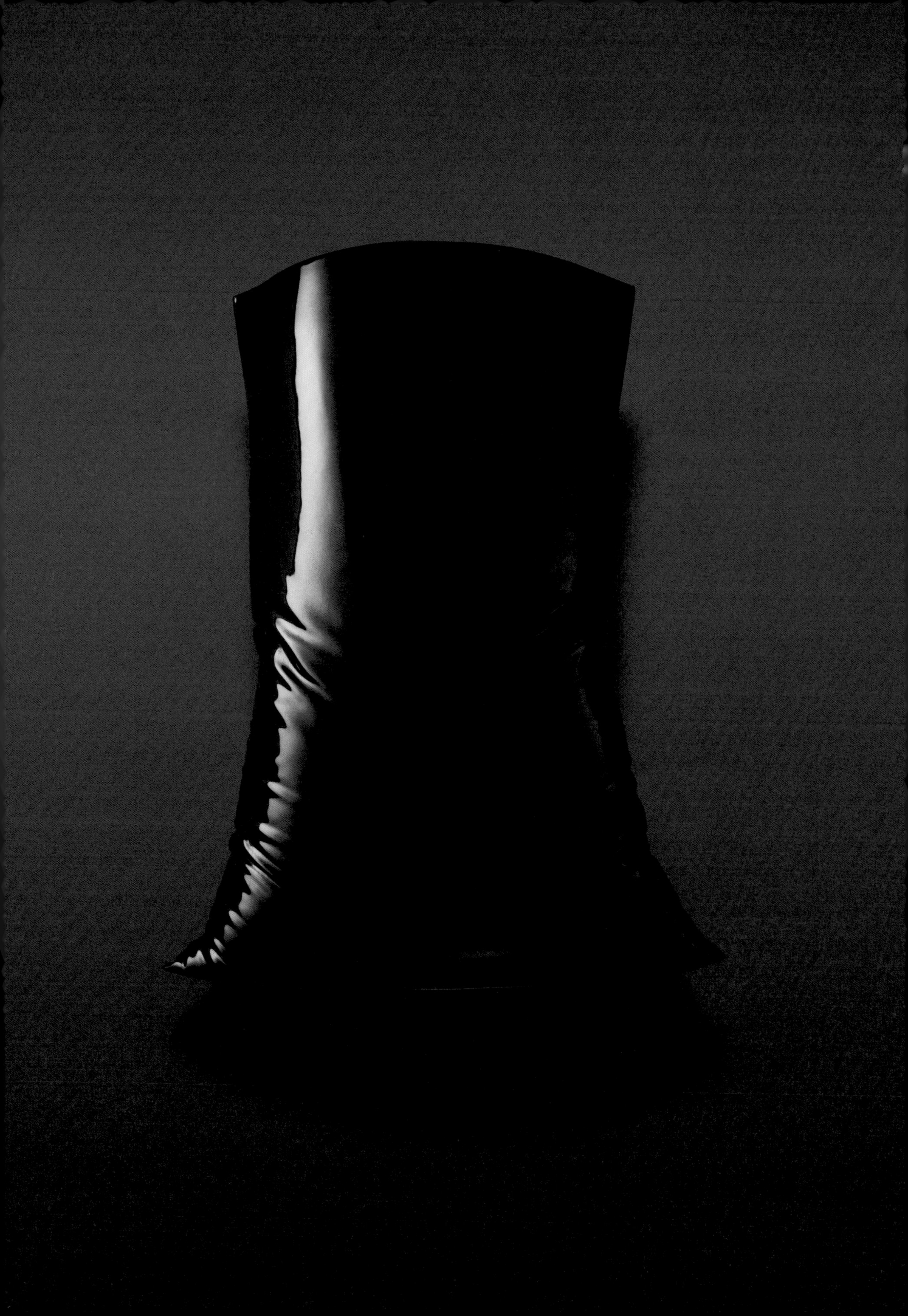

クリンクルシリーズ スーパーバッグⅥ 1976年
〈クリンクルシリーズ〉のスーパーバッグは発表当時、紙袋とビニール袋があった。圧倒的に人気があったのはゴワゴワした紙袋で、セレクトショップなどで多くの人が買ってくれるヒット商品となった。一方、やわらかでパンパンに張りつめたビニール袋は専門家系の人たちには紙袋よりもその量感が面白いと好評を博したが、実際にはまったく売れなかった。
たぶん、紙袋のほうがより身近でリアルに見えたのだろう。確かに、こんなにパンパンに膨らんだビニール袋は開封前の米袋くらいしかお目にかからない気がする。（右ページは石膏原形）

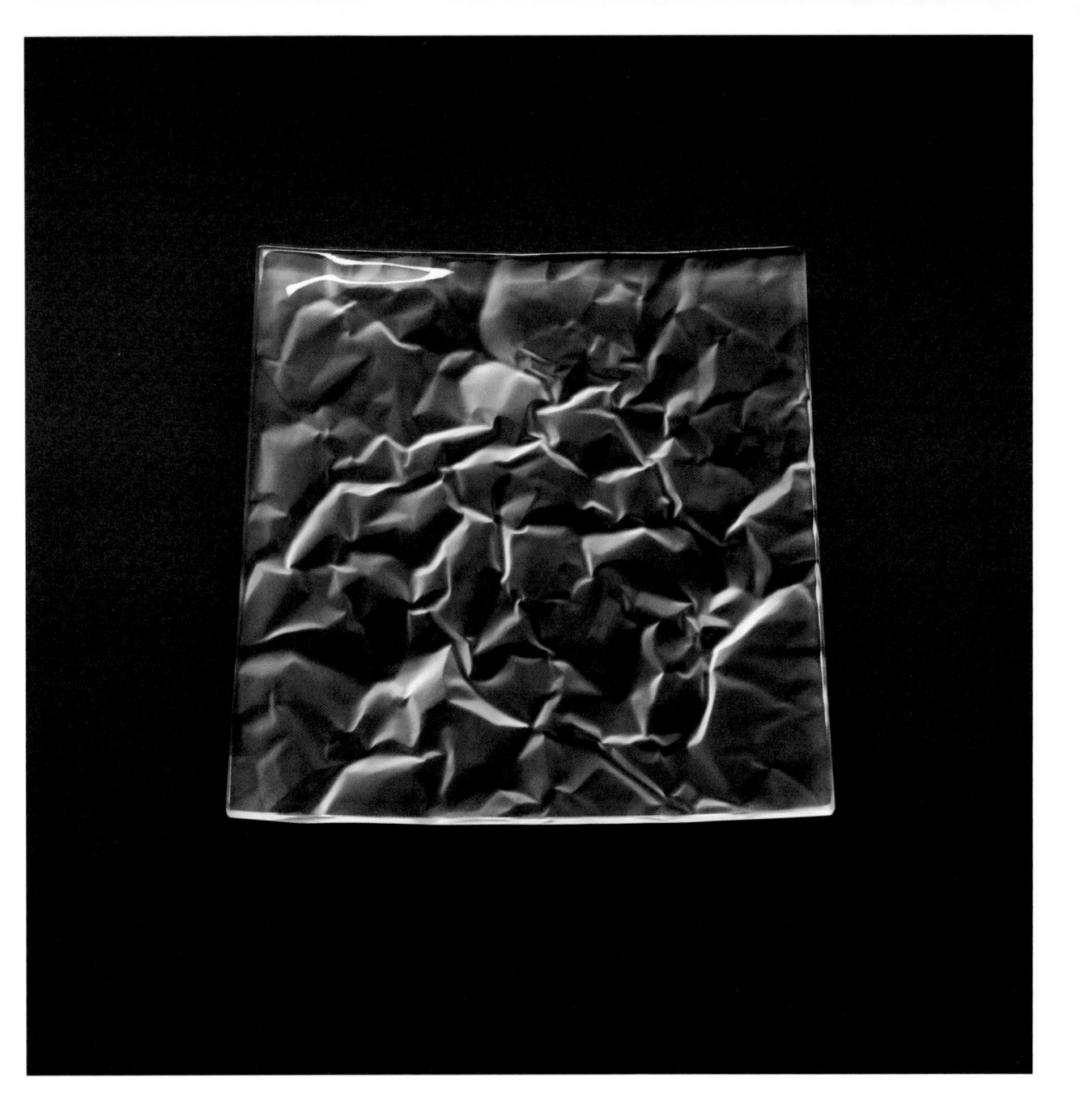

クランプルシリーズ 皿　1984年
金型にガラスを流し込み圧力をかけるプレス成型は、焼きものと同じくらい鮮明にしわを写し取ることができる。さらに裏面からサンドブラストをかけ、しわを浮き出たせた。

クリンクルシリーズ オブジェ　1981年
固まる寸前の石膏をビニール袋に入れてテーブルの角に置くと、落ちようとする力と留まろうとする力が引っ張り合って特別な襞ができる。その面白さを石膏だけにとどめておくのがもったいない気がして、知り合いの鋳物屋さんに持ち込んでステンレスにしてもらった。

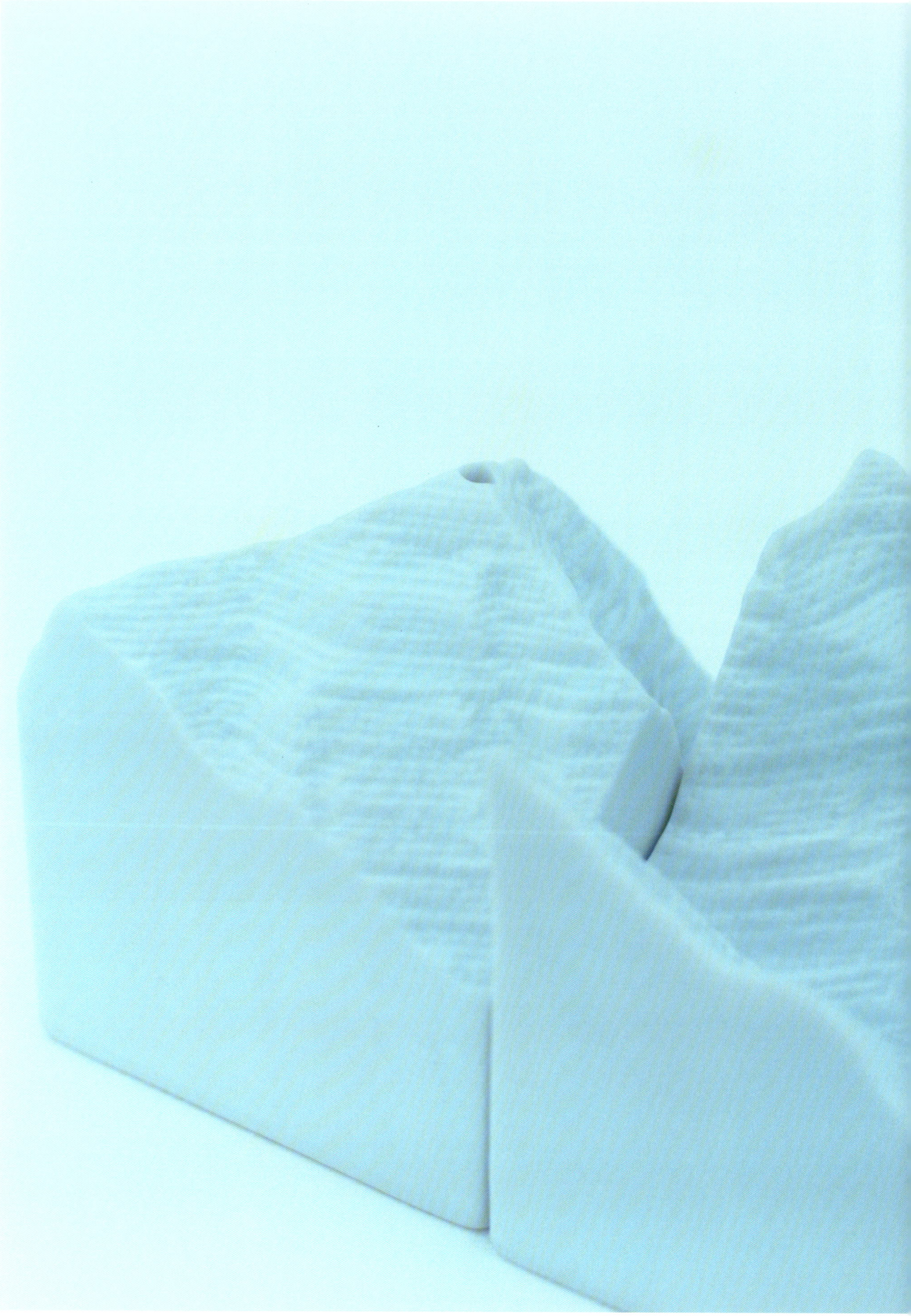

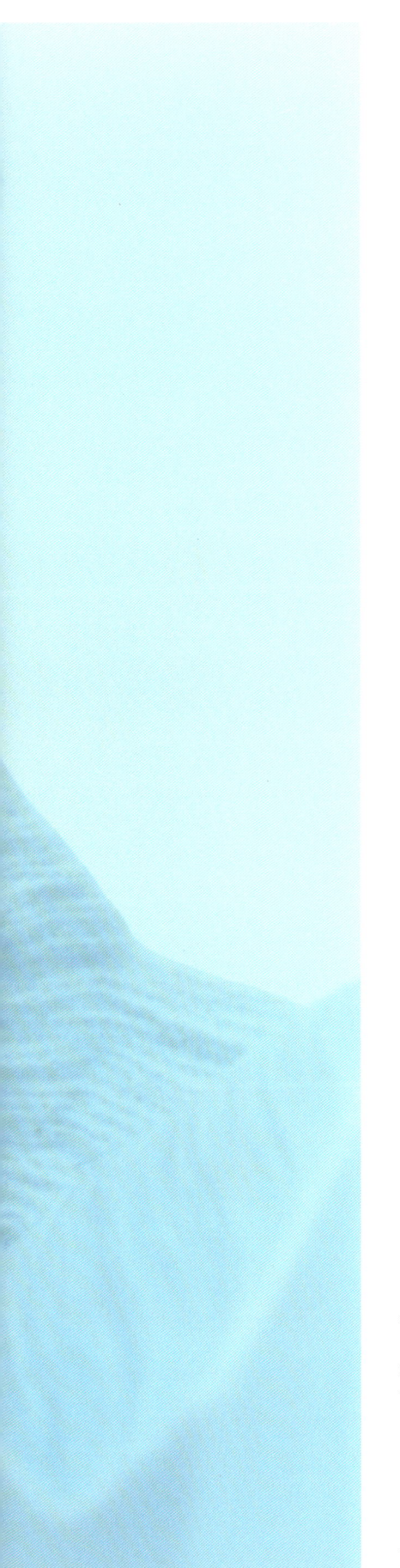

クリンクルシリーズ ミニエベレスト　1997年
〈クリンクルシリーズ〉も長くなって、そろそろネタ切れかなと思っていたころ、ふと閃いた。「そうか、山というのも地球のしわだったんだ」と。
ずっと以前に東急ハンズがオープンした時、そのうち使えるかもしれないと特段あてもないままに購入したヒマラヤ山脈の模型を工房の壁に掛けていたのを思い出し、「地球のしわ」を写し取った。

クリンクルシリーズ エベレスト 1996年

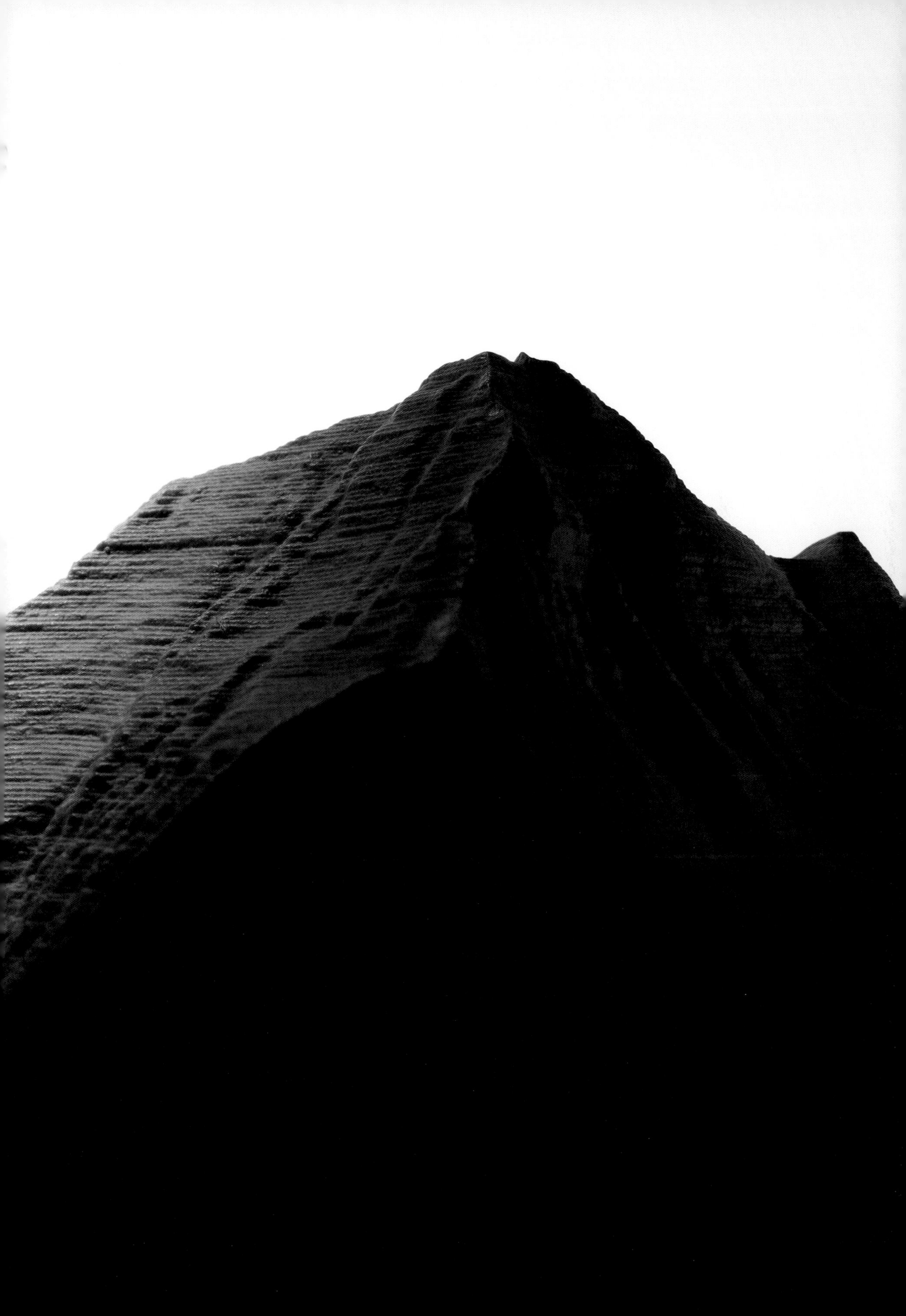

はえる

　軽く、軽く。そんな気持ちがいつもある。重いもの、床の間にドンと鎮座しているものというイメージを運命づけられている焼きものを軽くしたい、飛びあがらせたい思いがある。
　すると、つくり続けているうちに形に足が生えてきた。粘土の塊から、足が生え、ツノが生え、根が生え、蔓が生え、さらに大地に、空に、上へ下へと伸びていった。

　ただしこうした形状は、焼きものでは歪みやひずみを起こしやすいという難点がある。特に細かったり長かったりする足は、焼成時に自重を保てない。そこで脚のある作品は上下をさかさまにして台座の上で焼くことが多いのだが、釉があると溶けて台座に貼りついてしまうので器に釉をかけることができなくなる。そんなことから、徐々に無釉にすることが多くなっていった。釉をかけなければ焼成時の底面をつくる必要がないので、歪みやひずみを計算しながら自由な形にすることができる。
　光を乱反射することもなく、形そのものの美しさが見えてくる。ていねいにつくりさえすれば、磁器はきめが細かいので汚れがそれほどつくことがない。陶器のように吸水性があると汚れが染み込むのだが、磁器はほとんど吸水性がなく、汚れが中まで入り込まずに表面に付着するだけなので、表面をきれいにすれば真っ白に戻る。
　無釉になった作品たちは、形も発想ものびのびと自由に伸びたり生えたりしながら、より化石のような姿になりつつある。

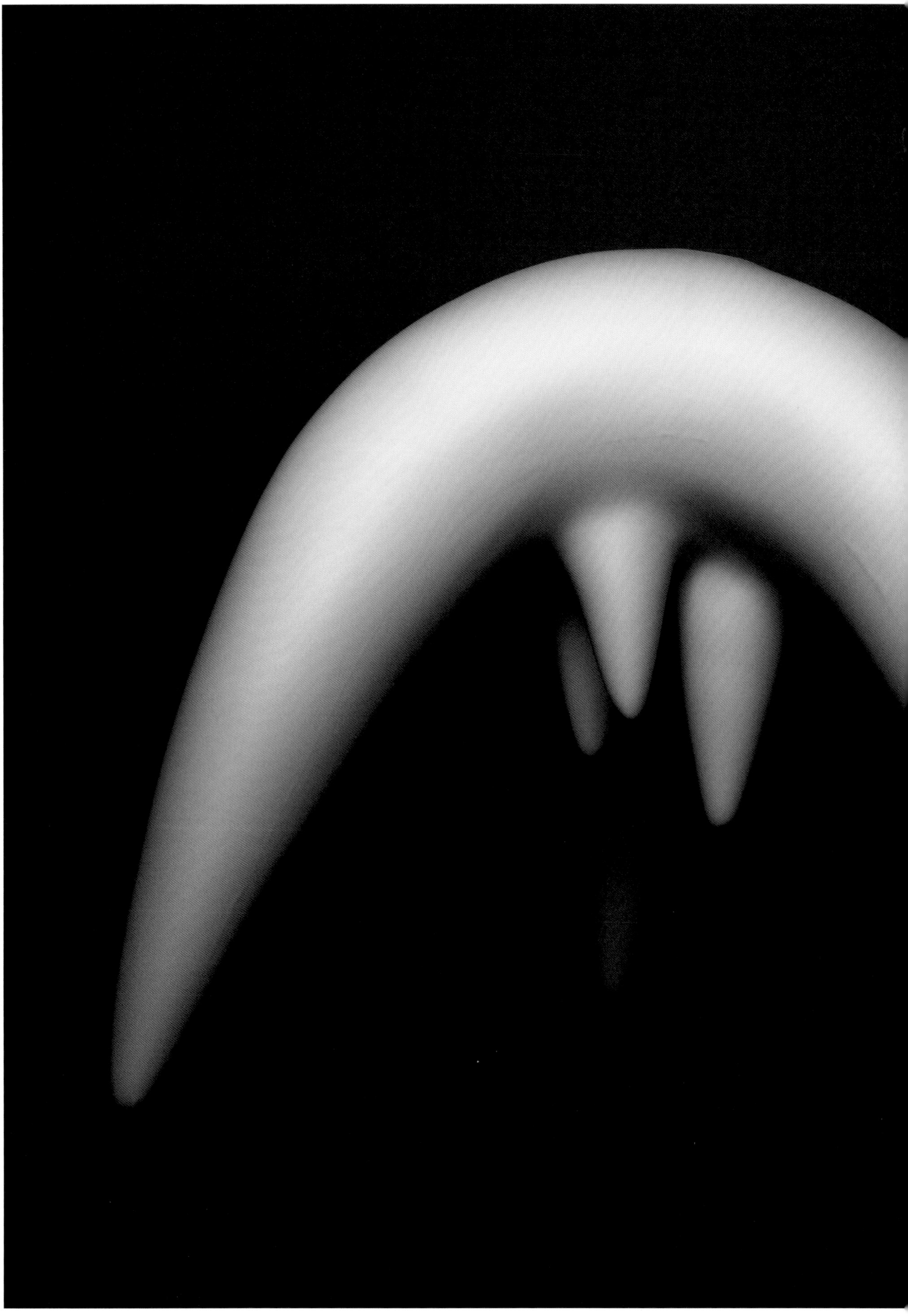

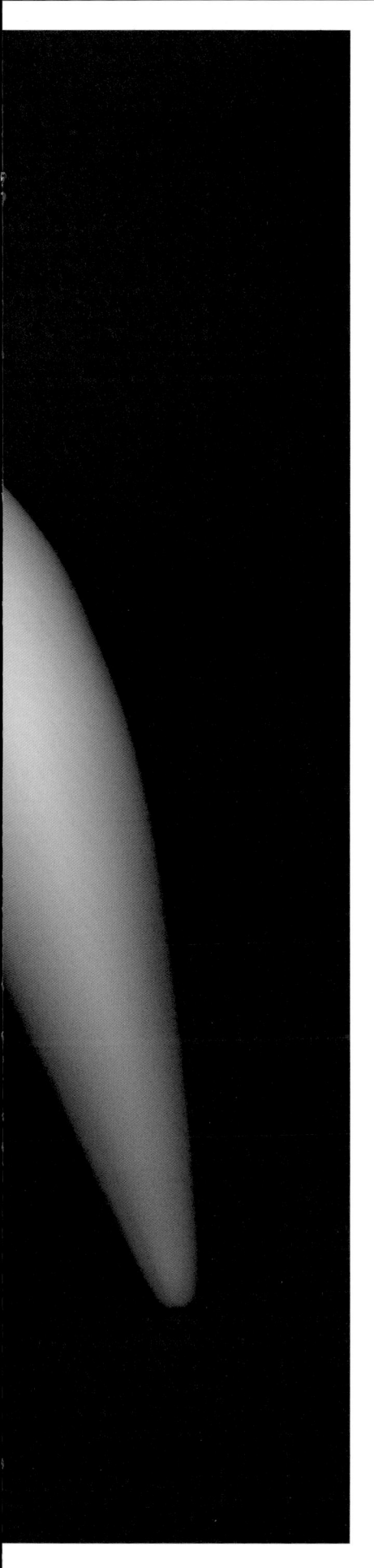

CERATIUM 花器　1999年
海洋にはセラティウムというプランクトンがいるらしい。つくった後、偶然に海洋図鑑を眺めていて似たような生物を発見、しかも名称は「セラティウム」だという。これはセラミックの作品にはピッタリだと、ちゃっかり名前を拝借した。

CERATIUM 花器　1999年

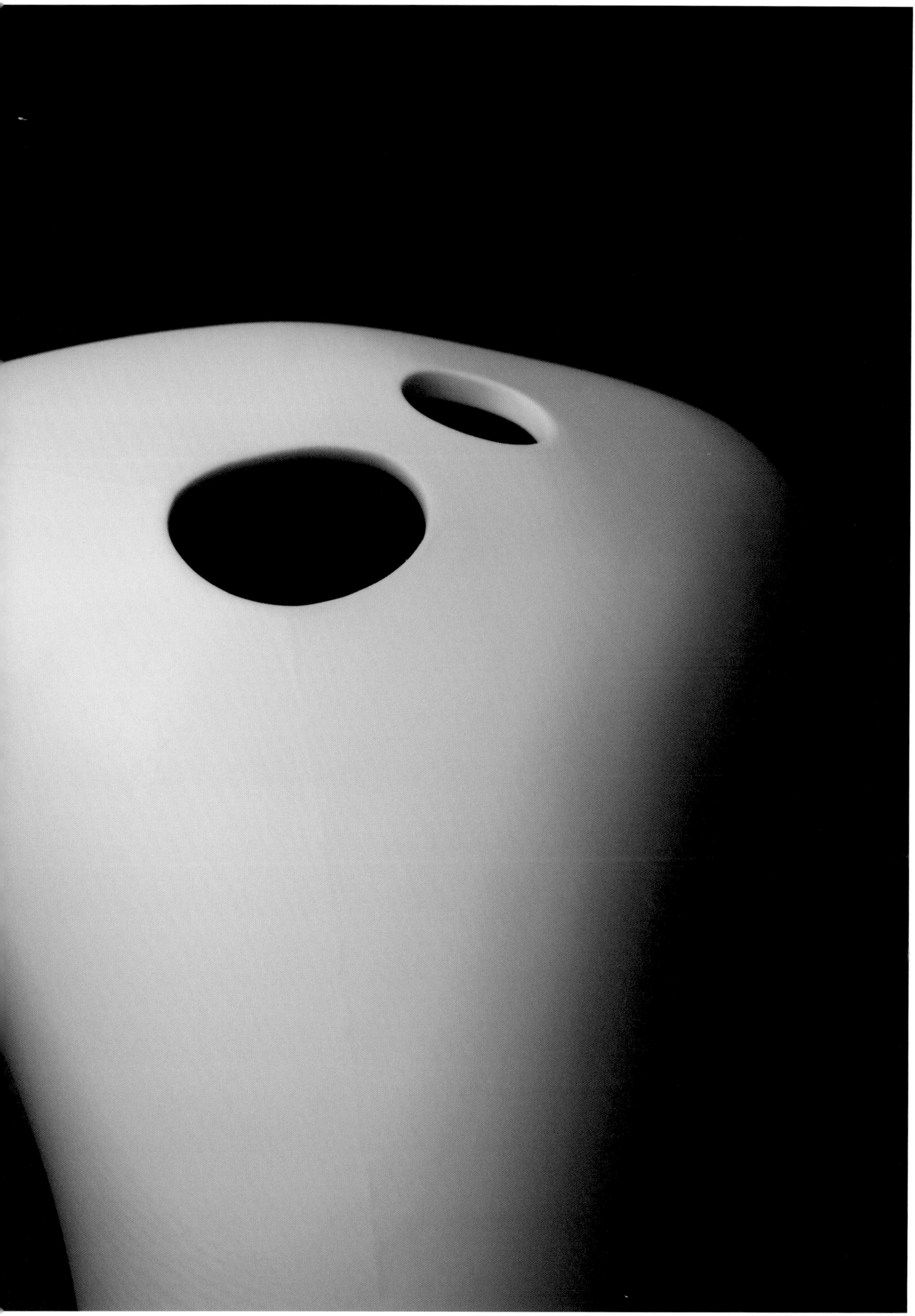

茶器　2007年

枝の箸置　2010年
不思議な物体がゾロゾロ群れをなしている。森の妖精か、はたまた宇宙人か…、と思いきや、なんのことはない、箸置きである。仰向きに寝かせ、穴にぽとりと水を垂らし、さりげなく野の花を。小さな小さな一輪挿しが食卓に彩りを添えてくれる。

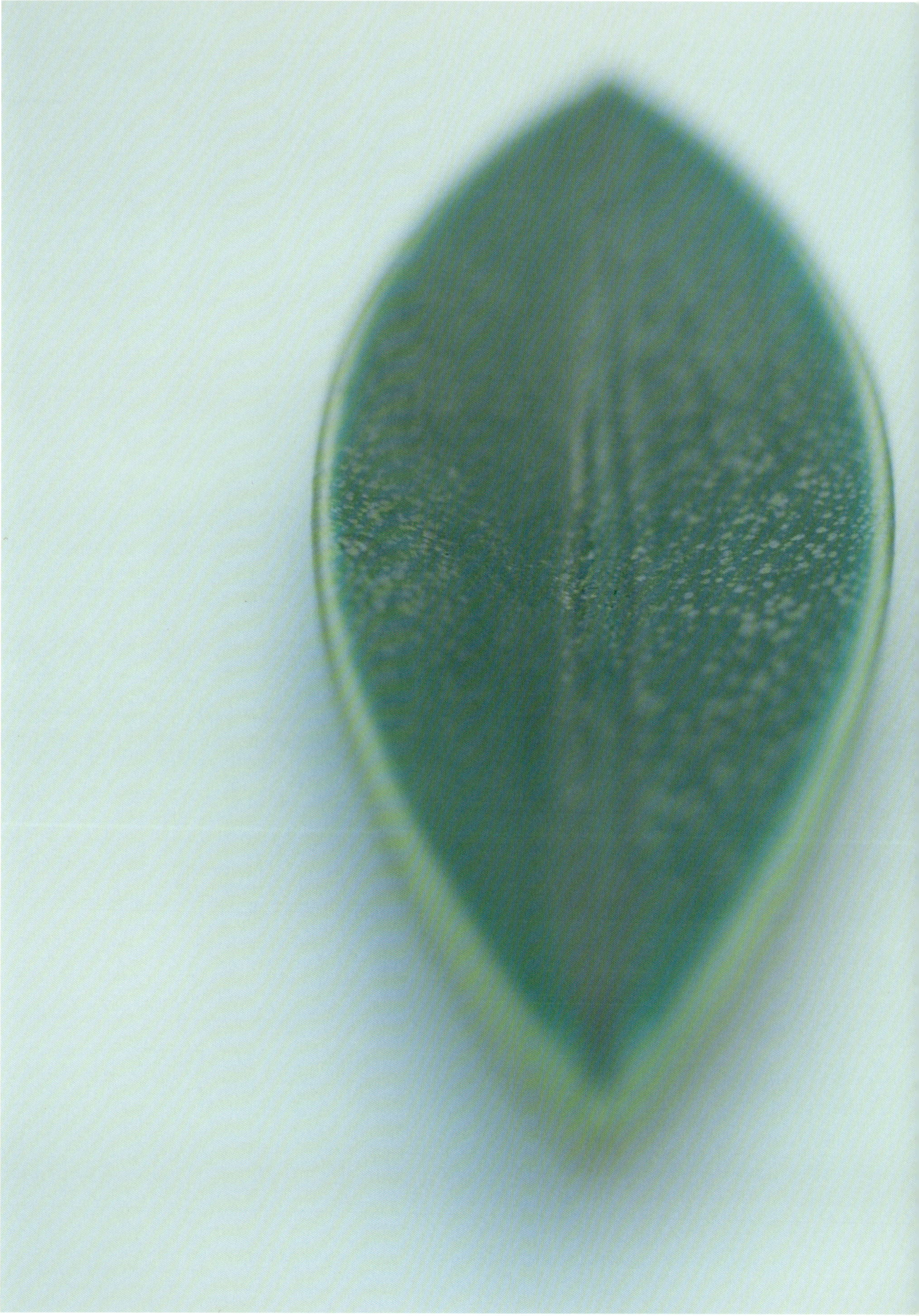

葉皿　1995年
葉っぱの形をそのまま皿にしたために平坦な部分がなく、盛りつける際には少々苦労することも。でも、必ずスープが中心に集まってくると考えれば意外と使い勝手がいいようにも思う。

ROOTS 花器　2008年

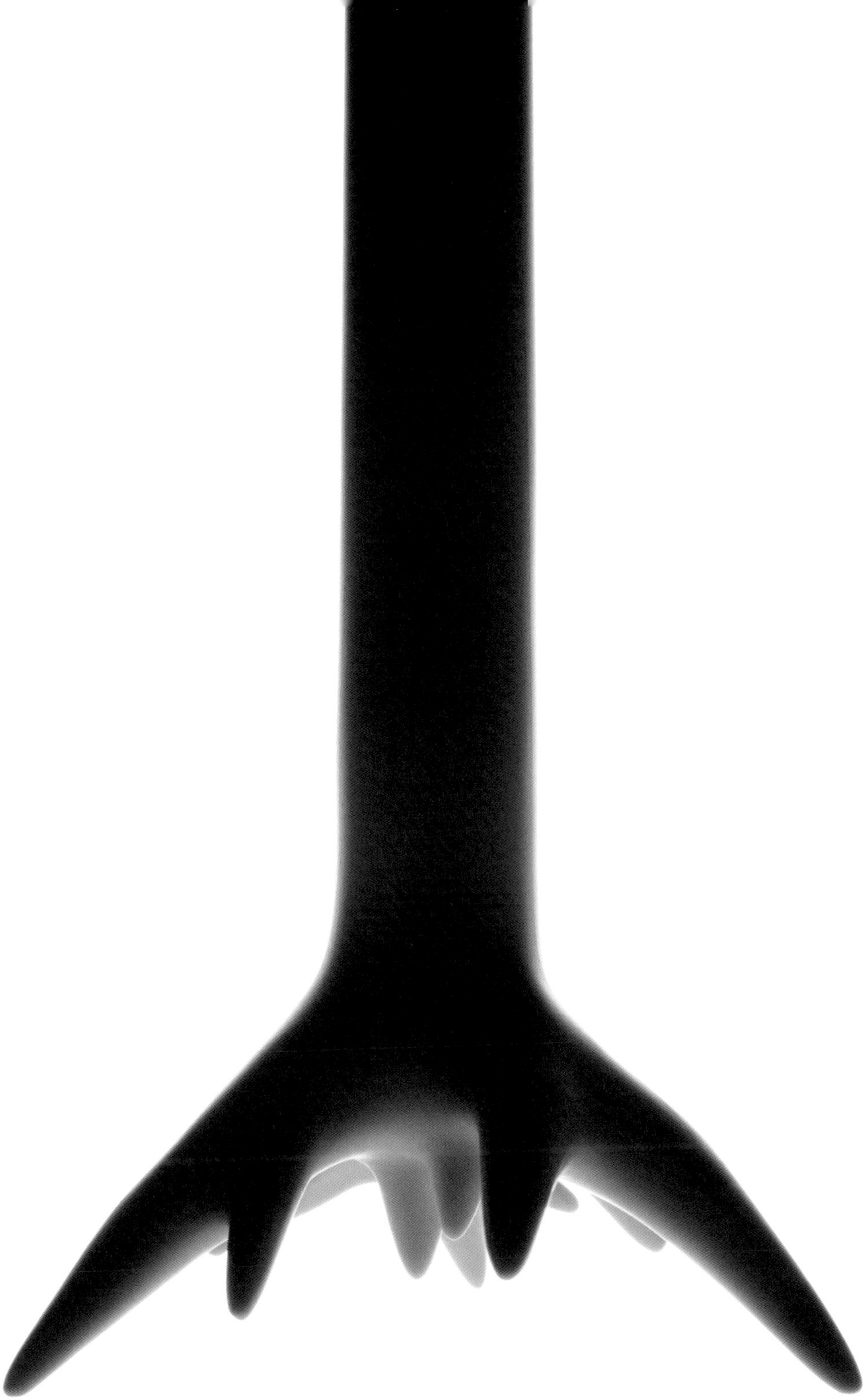

壁の花器　2009年
動物の骨のようにも、植物の鞘のようにも見える形は、意識してというより粘土をいじるうちに自然と生まれてきたものだ。
本来は壁掛け式の花器で、裏表に異なる穴があり、リバーシブルになっている。片面だけに穴があるのはテーブルに寝かせて使う。

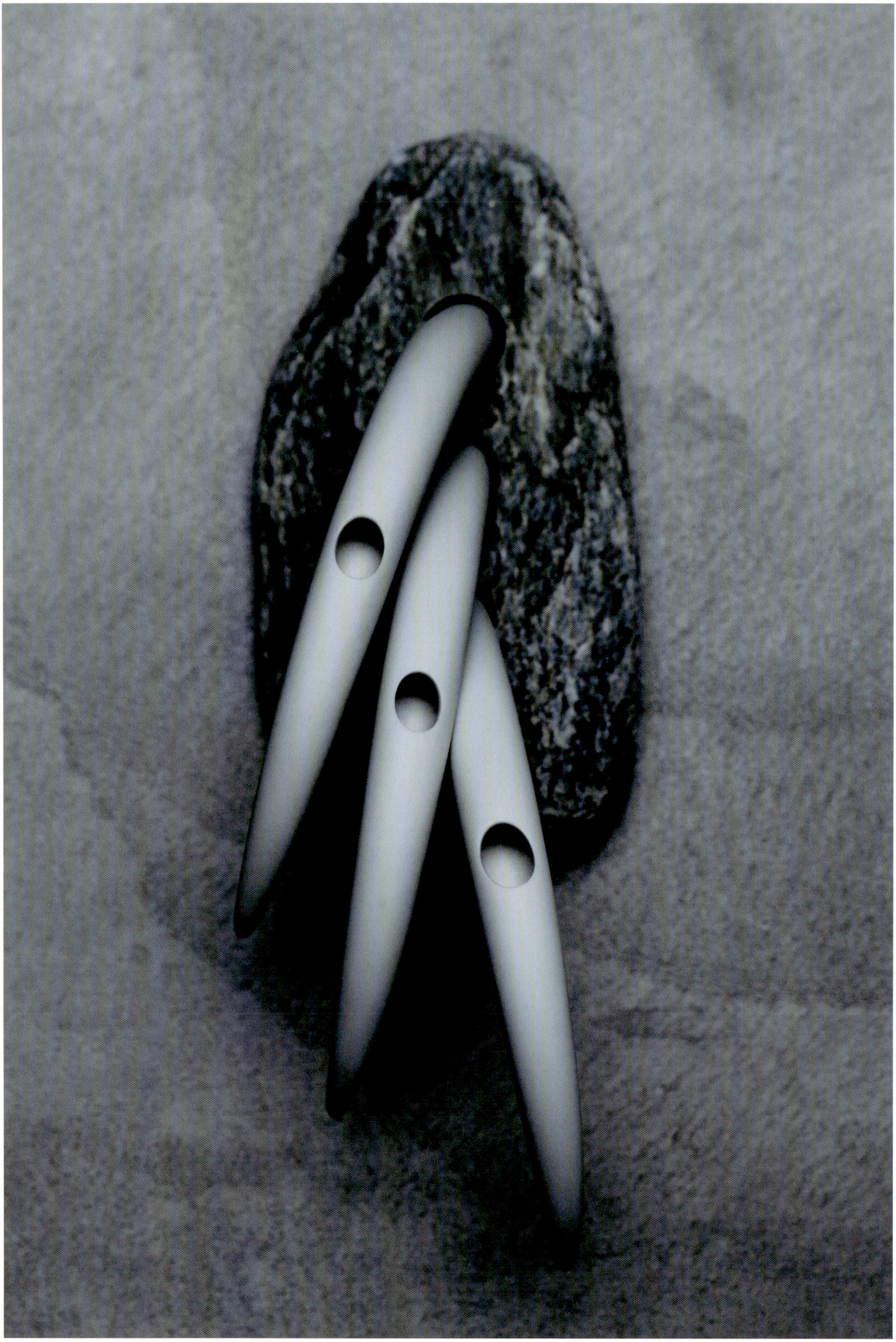

貴店名

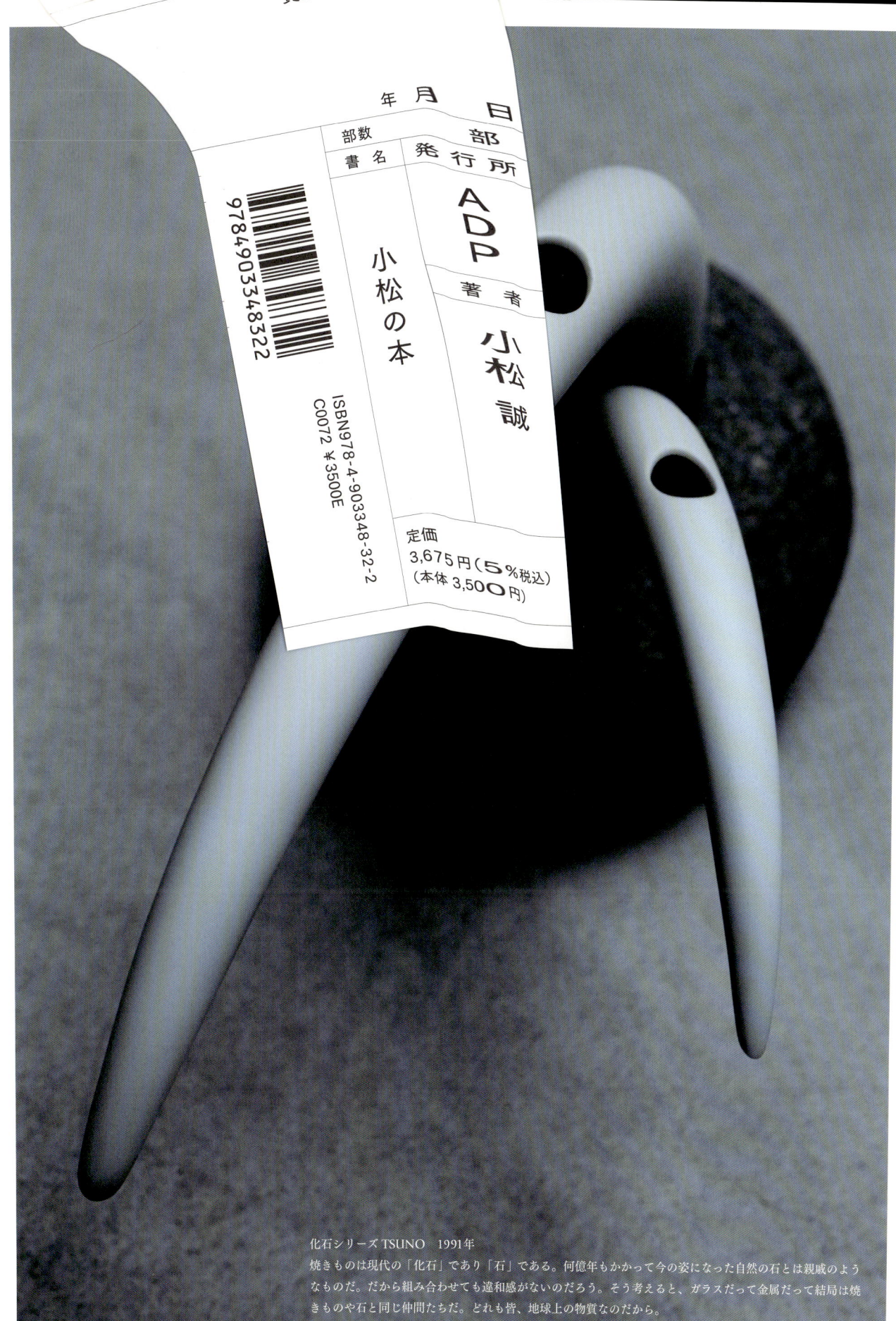

年　月　日
部数　部
書名　発行所
ADP
著者
小松の本
小松 誠

ISBN978-4-903348-32-2
C0072 ¥3500E

9784903348322

定価
3,675円（**5**%税込）
（本体 3,50**0**円）

化石シリーズ TSUNO　1991年
焼きものは現代の「化石」であり「石」である。何億年もかかって今の姿になった自然の石とは親戚のようなものだ。だから組み合わせても違和感がないのだろう。そう考えると、ガラスだって金属だって結局は焼きものや石と同じ仲間たちだ。どれも皆、地球上の物質なのだから。

売上カード

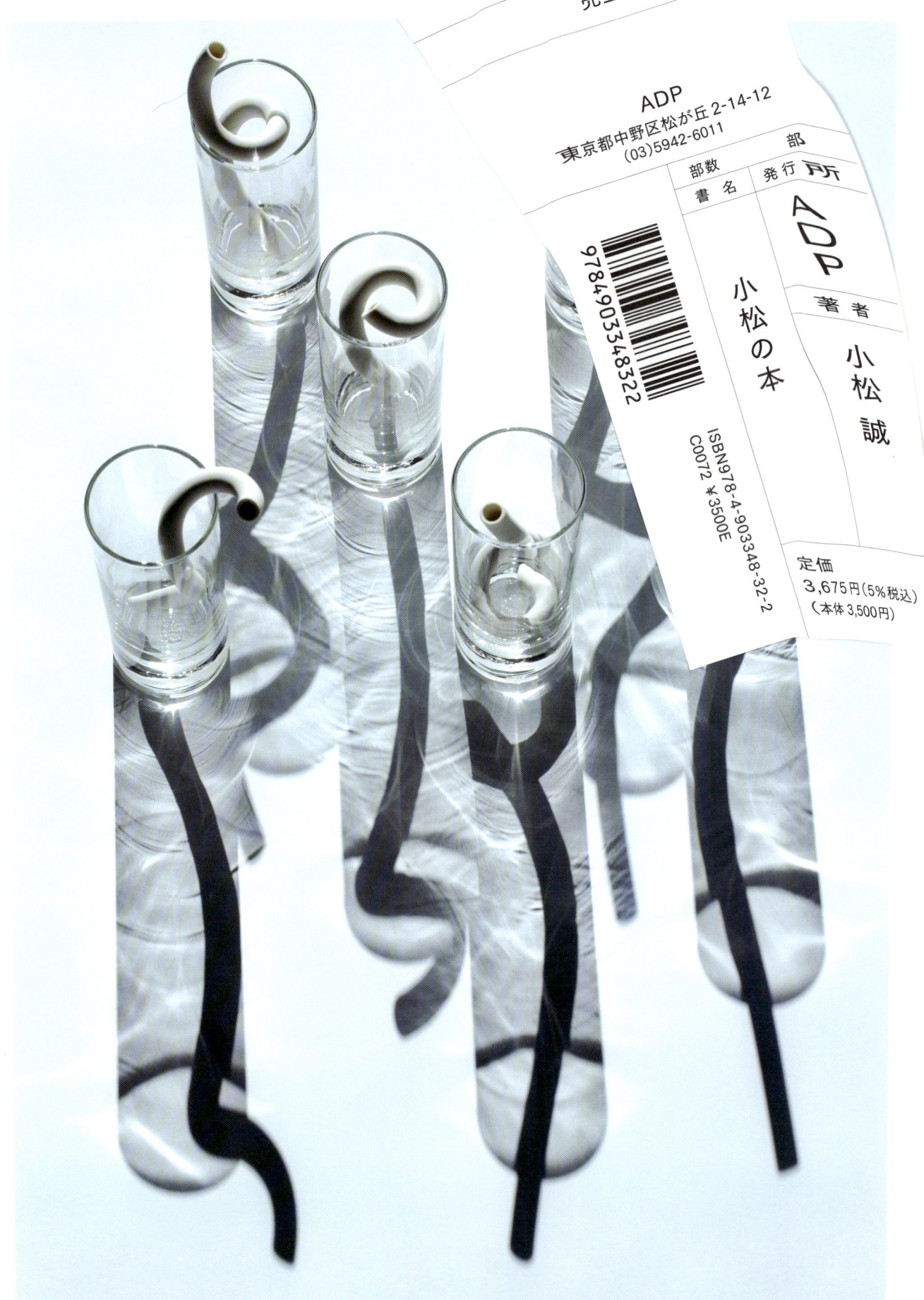

ADP
東京都中野区松が丘 2-14-12
(03)5942-6011

発行所 ADP
書名 小松の本
著者 小松 誠

ISBN978-4-903348-32-2
C0072 ¥3500E

定価
3,675円(5%税込)
(本体 3,500円)

花器　2012年
既につくられているものを再利用すれば、捨てるものを減らせるのではないだろうか。破棄される運命にあるものも生き返らせることができるかもしれない。今までいろいろつくってきたけれど、これからは既製品を利用しながら物づくりをすることがますます必要になってくる。
そこから発想したのが、既製品のグラスを利用する一輪挿しだ。歯ブラシやカトラリー、ペンと一緒に立てて使えば、暮らしの一コマへ気軽に花を添えられる。

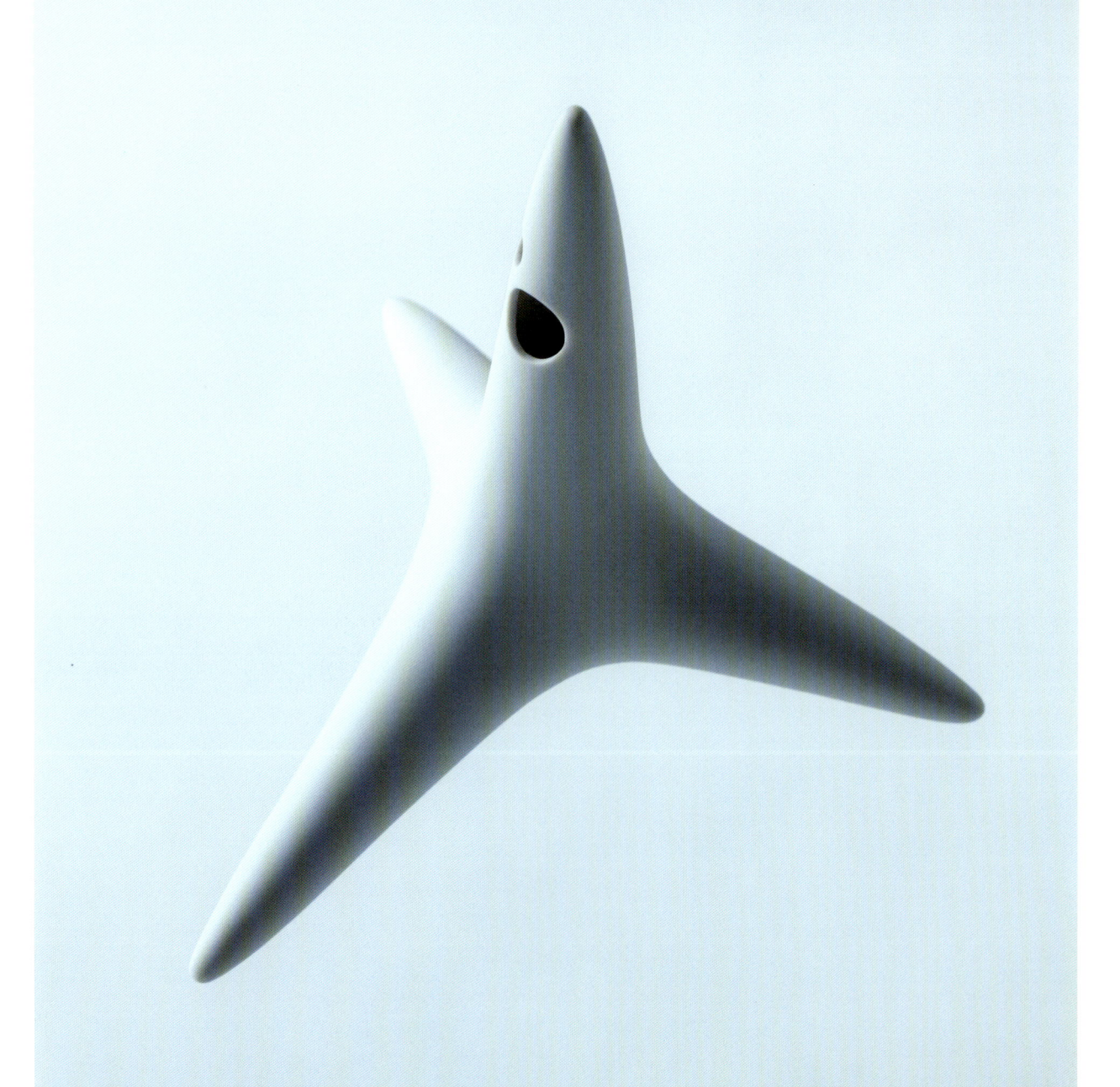

TETRA 花器　1996年
こうしてみると花器の作品が多い。どんな形でも水さえ入れば花器になるからなのだろう。形が自由になる
花器は遊べる部分もかなり多い。

花器　2012年
3本の木をパズルのように上手く組み合わせると、お互いに支え合って自立した花器になる。

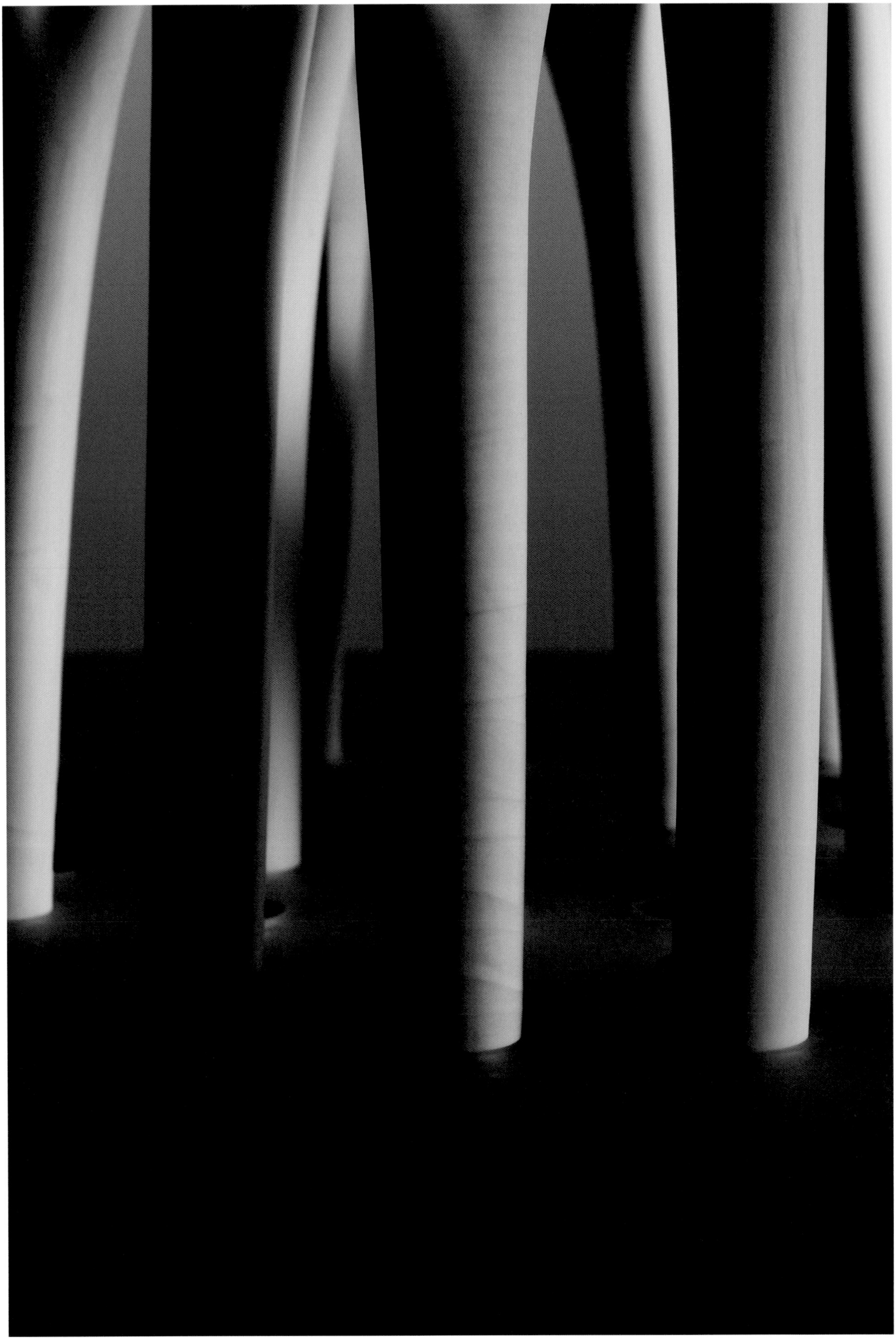

化石シリーズ 枯れ木 花咲かじじい　1991年
NYの91St.に「ギャラリー91」というデザインギャラリーがあった。1991年、オーナーの海老原嘉子さんは「91」をテーマに田中一光さんや松永真さんなど91人のクリエイターに作品制作を依頼、展覧会を開催した。ちょうど酸性雨によって世界中の森が危機に瀕していることが日々ニュースで取り沙汰されていたころで、日本民話の「花咲じじい」が頭の中で結びついた。「枯れ木に花を咲かせましょ…」。ポリカーボネイトに広がる「枯れ木（花器）」の林は、すべてを立て（花器は自由に増減可能）、すべてに花を活ければ91輪の花が咲く。作品は世界3カ所の美術館にコレクションとして収められている。

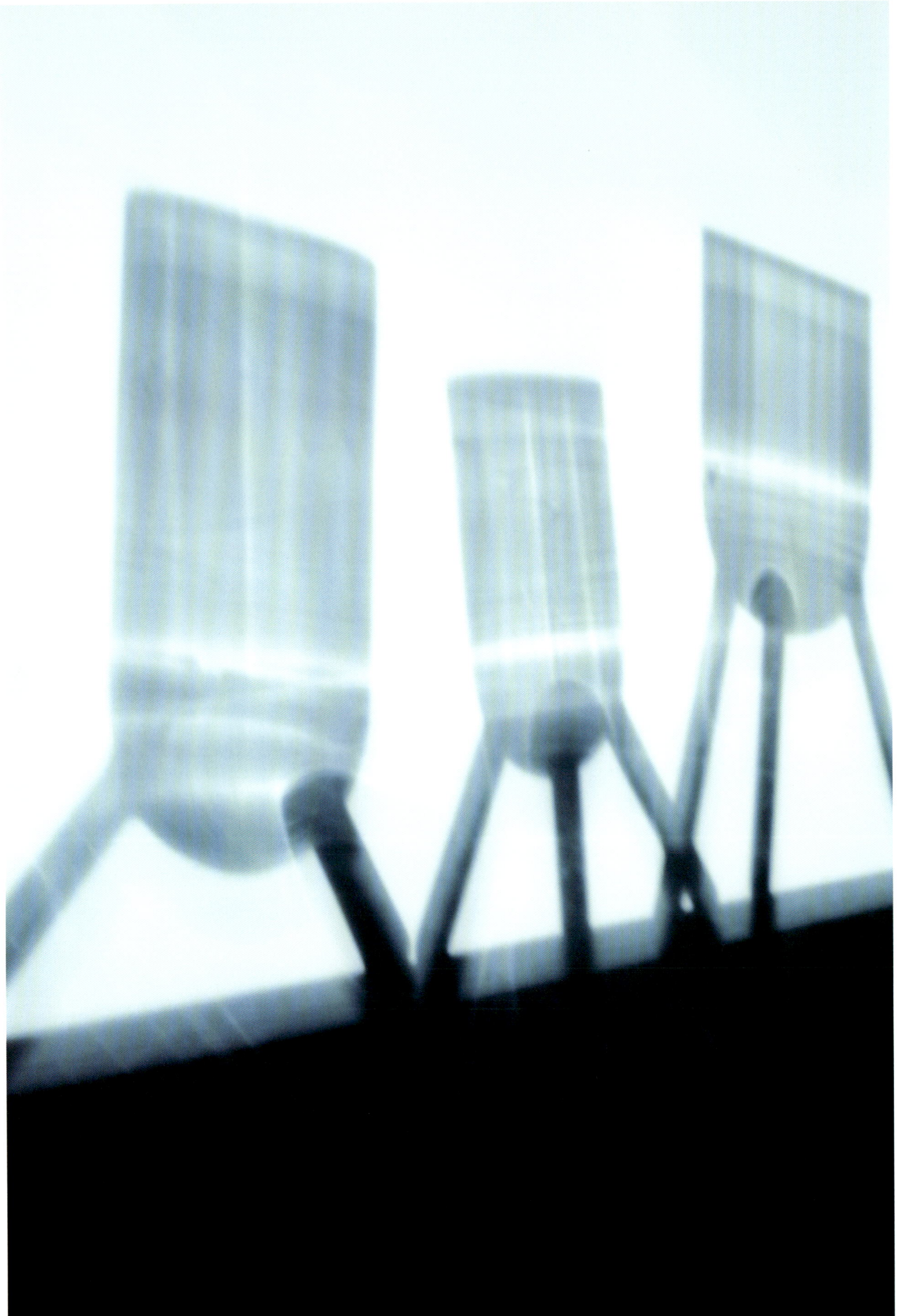

トライアングル　2006年

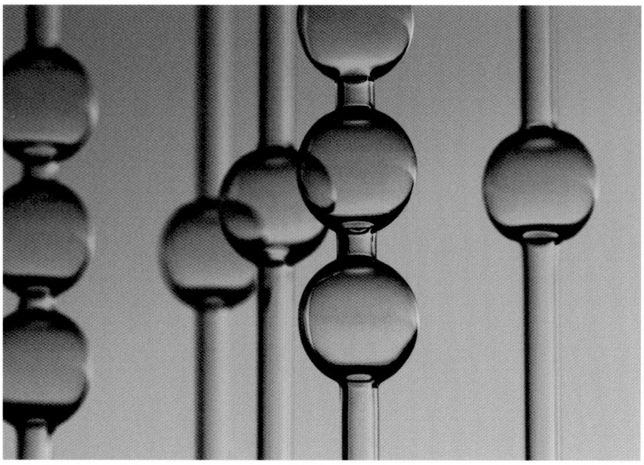

線と丸

デザインは使う人や見る人がいて初めて成立する。いくらつくり手が面白いと思っても、製品になるためには製品化するに足るだけの人が共感してくれないと作品どまりで終わってしまうし、たくさんの人が共感してくれれば製品へと繋がることもできる。買って使ってくれる人たちの存在があるからこそデザインは面白くなる。
だからだろうか、「完成させるのは使い手だ」という思いがいつもある。一方的にデザイナーが価値を提供するよりも、使う人が介在して初めて完結するような「つくりすぎない完成度」のほうがいいような気がして、一時期、物づくりの一端に使い手が参加することをテーマにデザインしていたことがある。それが遊びながらつくったり、その時の気分や好みに合わせてつくり替えたりできる器たちだ。素材や色・形状を選べるドアハンドル、台座と器が組み換え可能なステムグラス、並べ方次第で用途が広がる陶版…、パーツをユニット化したデザインを数多くつくることになった。使う人たちが「つくる」にもっと参加できれば、器ももっともっと楽しくなる。

調味料セット　1976年
〈SQシリーズ〉（1975年）の原形となった調味料＆食器のユニット。「デザインフォーラム'76」（日本デザインコミッティー主催）に出品、銅賞受賞。

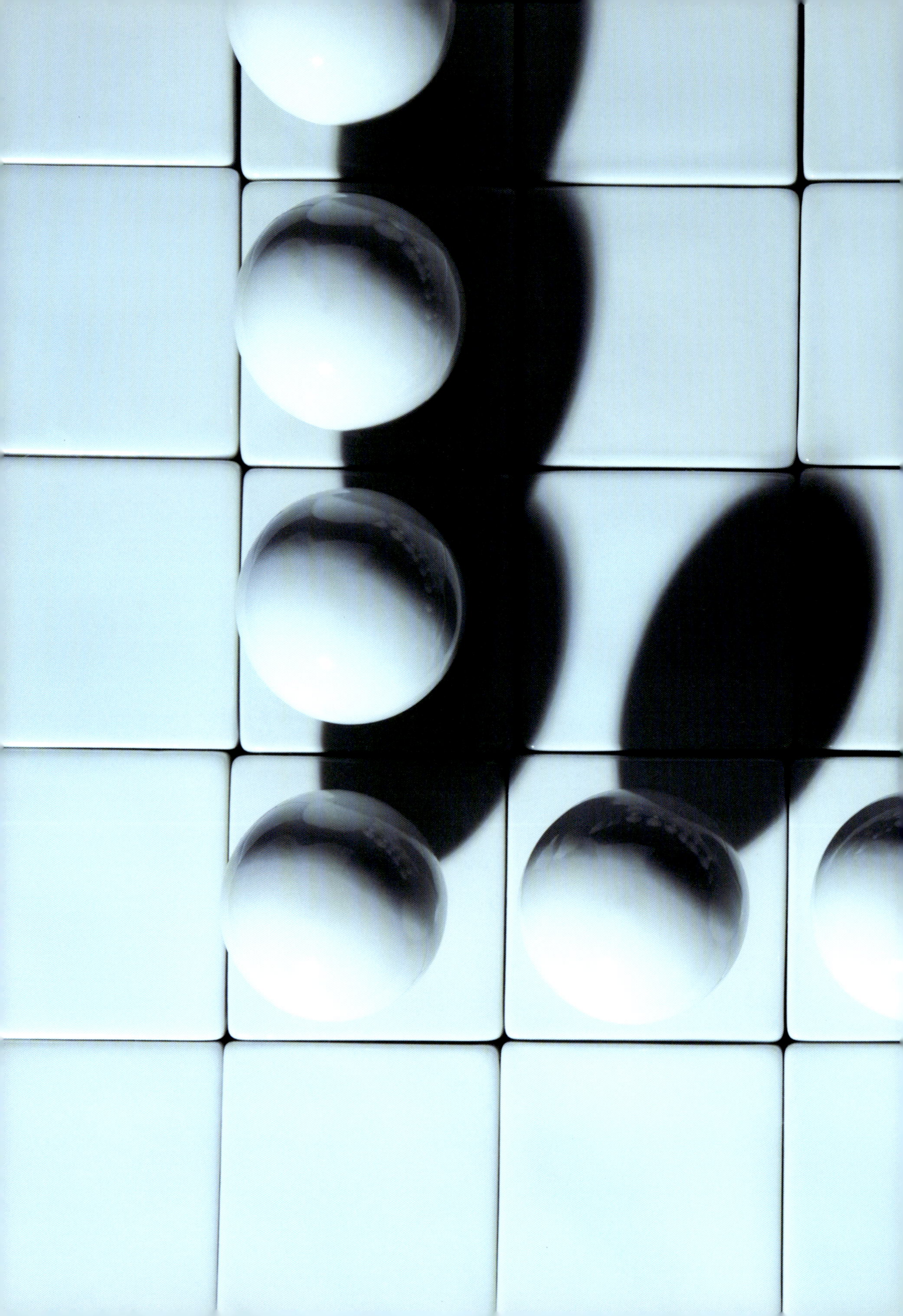

食器　1974年
丸い突起付きと平坦なもの、2種類の5cm角のユニットを好きなように並べて使う器。突起の位置を移動すれば、大小どんなものでも塩梅よく盛りつけることができる。

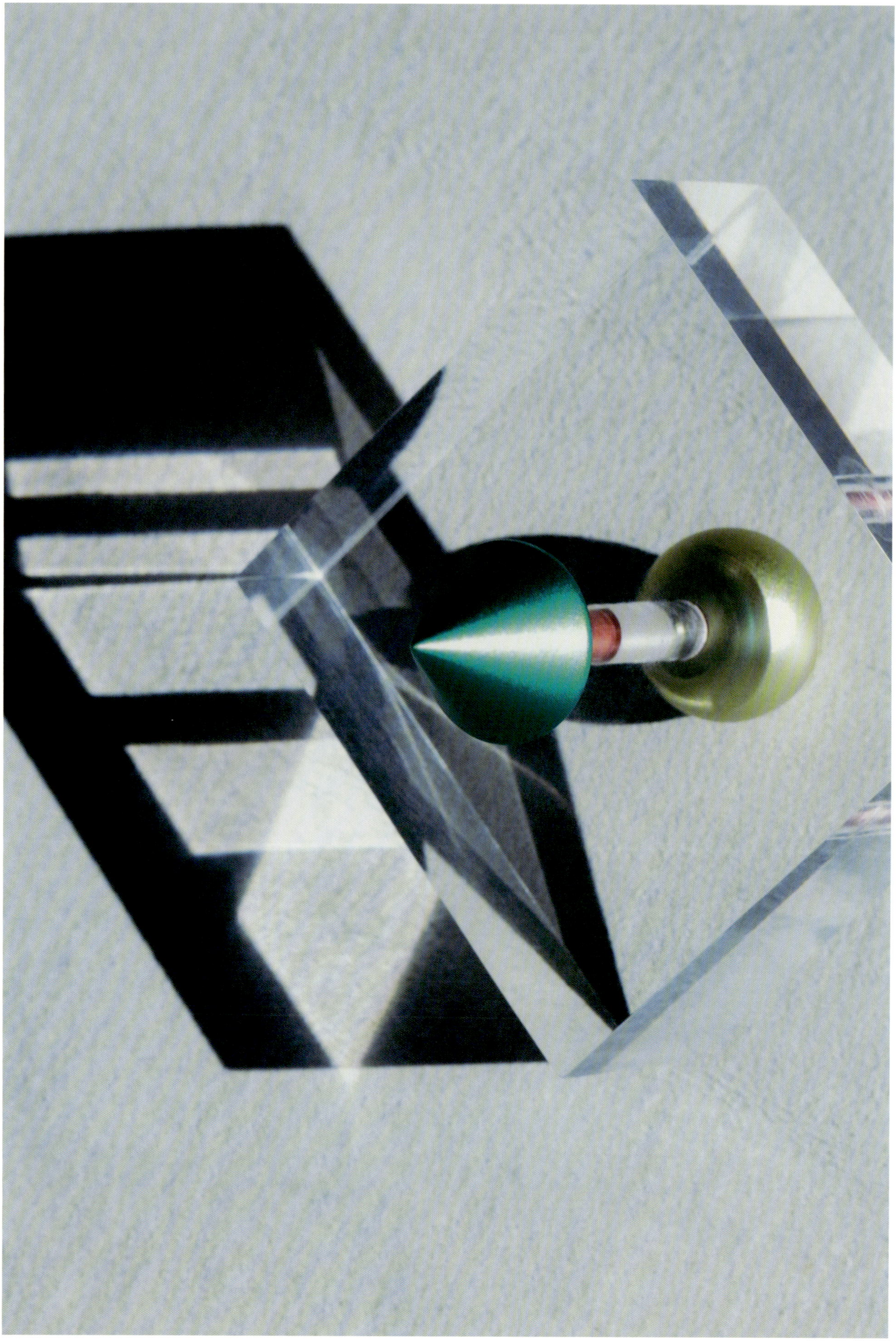

把手　1995年
固定タイプの扉の引き手で、丸と三角の握りを好きなように組み合わせることができる。引っ張った時に程
良い遊びがあるのがポイントだ。

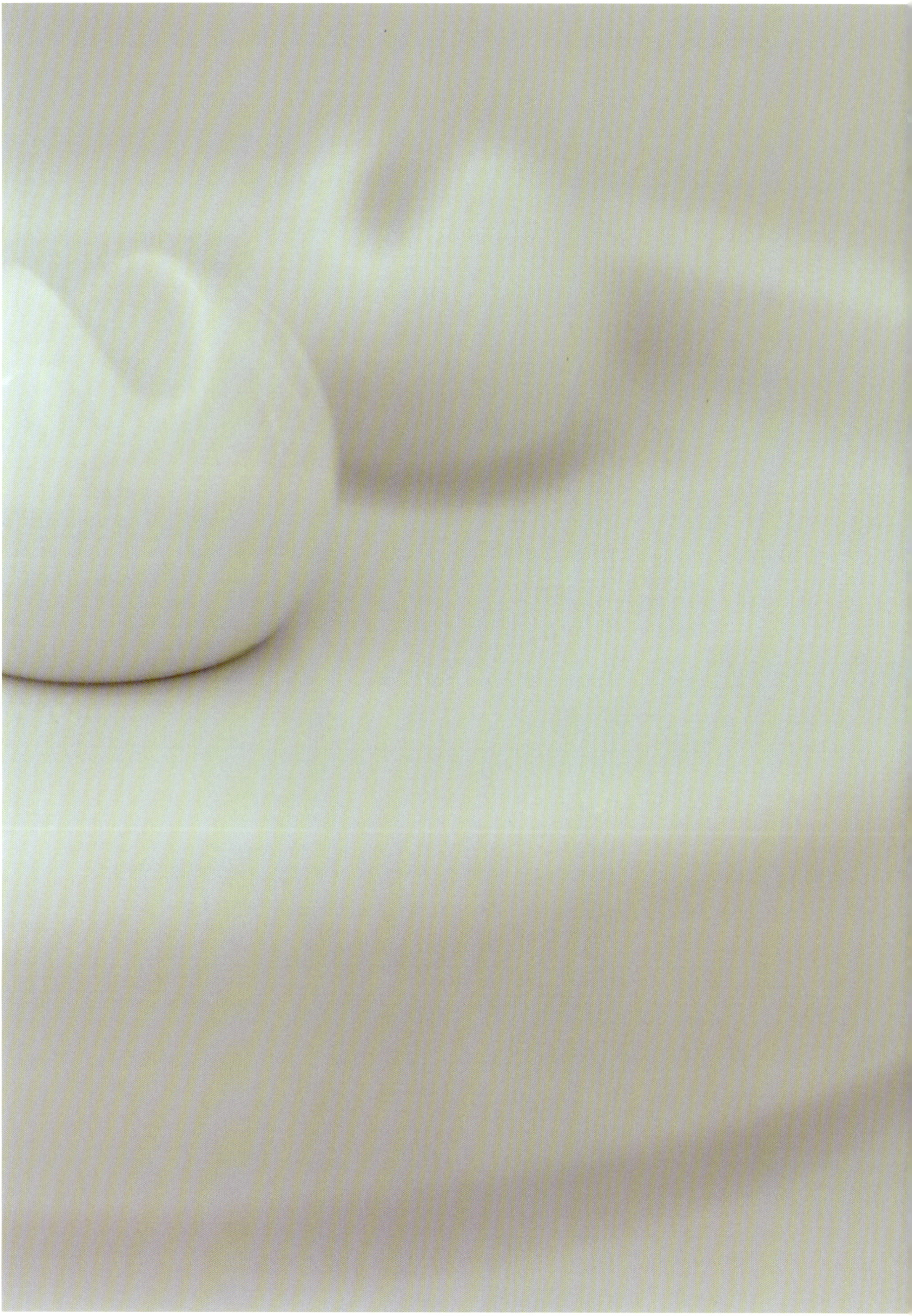

Kul 灰皿　1974年
1974年に仲間たちと結成したデザイングループ「FAMプロダクト」で、最初に製品化された私のデザインは灰皿だった。
アイデアを練る時、タバコが欠かせなかった自分のために試作を繰り返しているうちに、今までにない灰皿の形が思い浮かんだ。丸い玉の凹みで火が消えるので安全性も高く、製品化に踏み切ることにした。おかげさまでよく売れて、千駄ヶ谷近くの小さな事務所の家賃を稼ぎ出してくれた。現在も製造中なので、そろそろロングライフデザインの仲間入りができたらいいなと思っている。

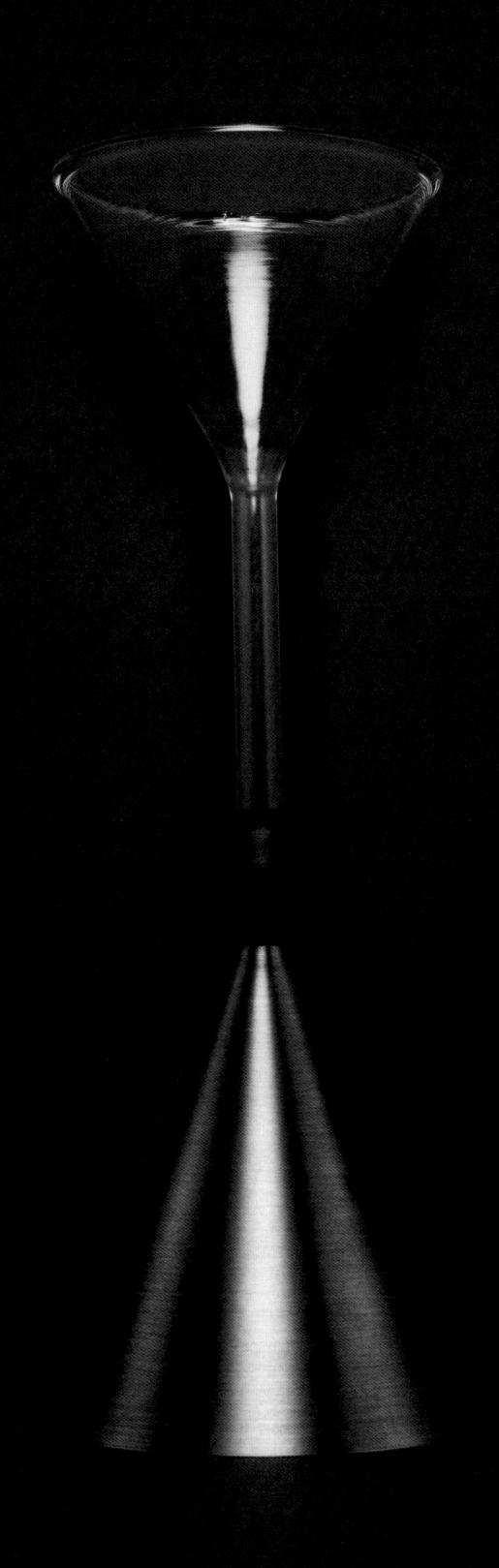

カップキット　1987年
ガラスとステンレスのロート型を組み合わせた、上下どちらでも使用可能なタンブラー。

POTS 1986年
アジアで初めて開催された陶磁器の国際展「第1回国際陶磁器展美濃'86」のデザイン部門でグランプリを受賞し、副賞で海外旅行まで獲得した思い出の作品。ステンレスの丸棒を半円に曲げて取り付けたティーポットの持ち手には、陶器とぶつかってもガチャンと言わないようにゴムのワッシャーを付けるなど、細かな配慮が隅々まで行き渡った作品だ。

インフィニティシリーズ ボール　1984年
私のデザインはほとんどの場合、私自身から始まっている。自分にとって必要な物をデザインし、試作品を日常の場で繰り返し使い、眺めて検討していくなかで納得した形は生まれてくるように思う。
インフィニティシリーズも必要から生まれた器だ。かみさんの実家が製麺業を営んでいるせいか、私はたいへんな麺喰いである。稼ぎがないころはいつも麺をわけてもらって食いつないでいたせいかもしれない。しかし、なかなか気に入る器が見つからなくて、とうとう自分でデザインした。
器のデザインではもっとも重要な口縁にわずかな特徴をもたせたシンプルな形である。真横から見ると口縁が8を横にした無限大のマークに見えることから＜INFINITY（無限大）＞と名づけた。大きなメーカーが大量生産で使うローラーマシンではなく、少・中量生産に適した半磁土による圧力鋳込みで製造し、製造工場が所有している魅力あるマット釉薬を採用している。5種類の丼のほか、マグカップ、コーヒー碗皿、4種類の皿がある。

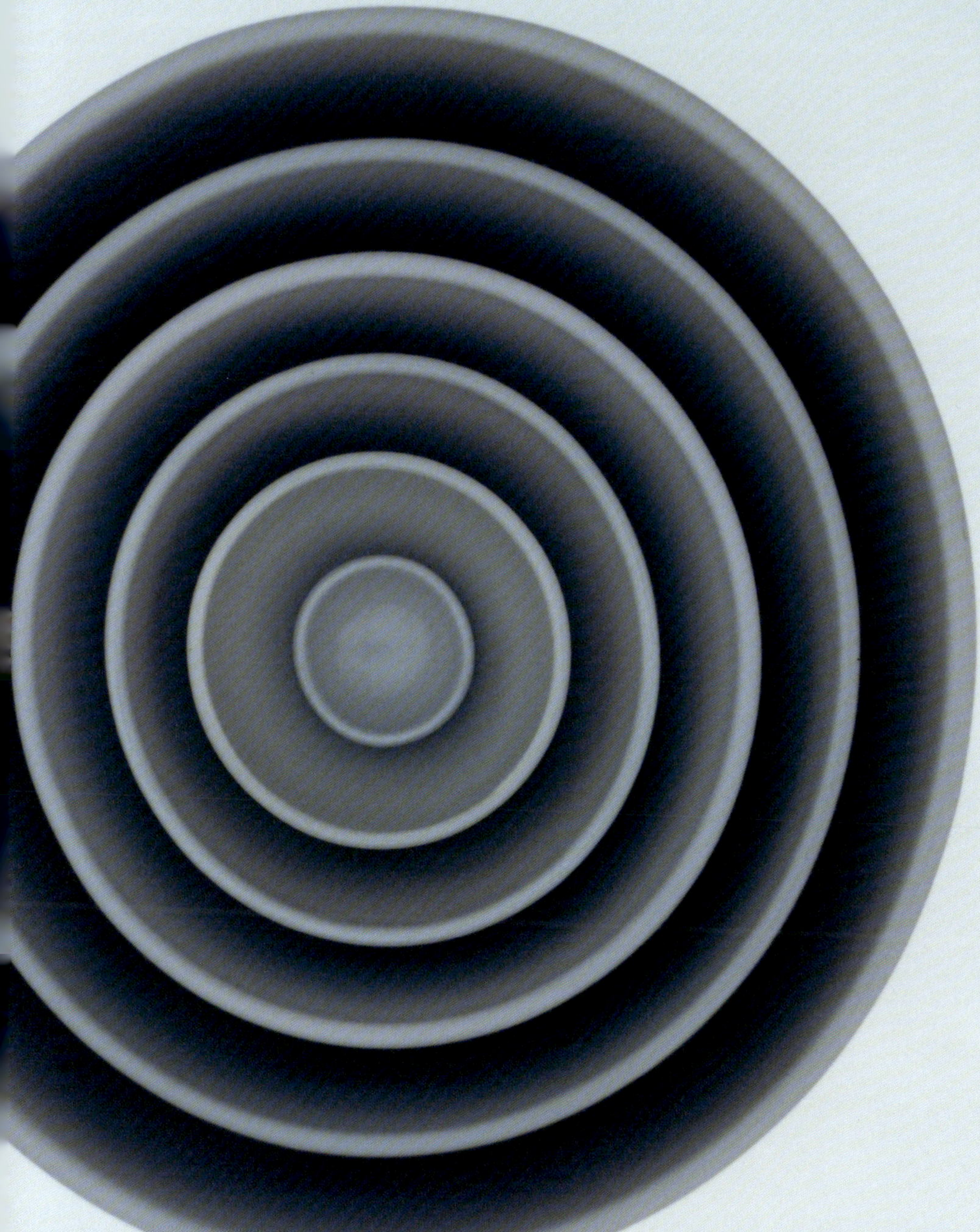

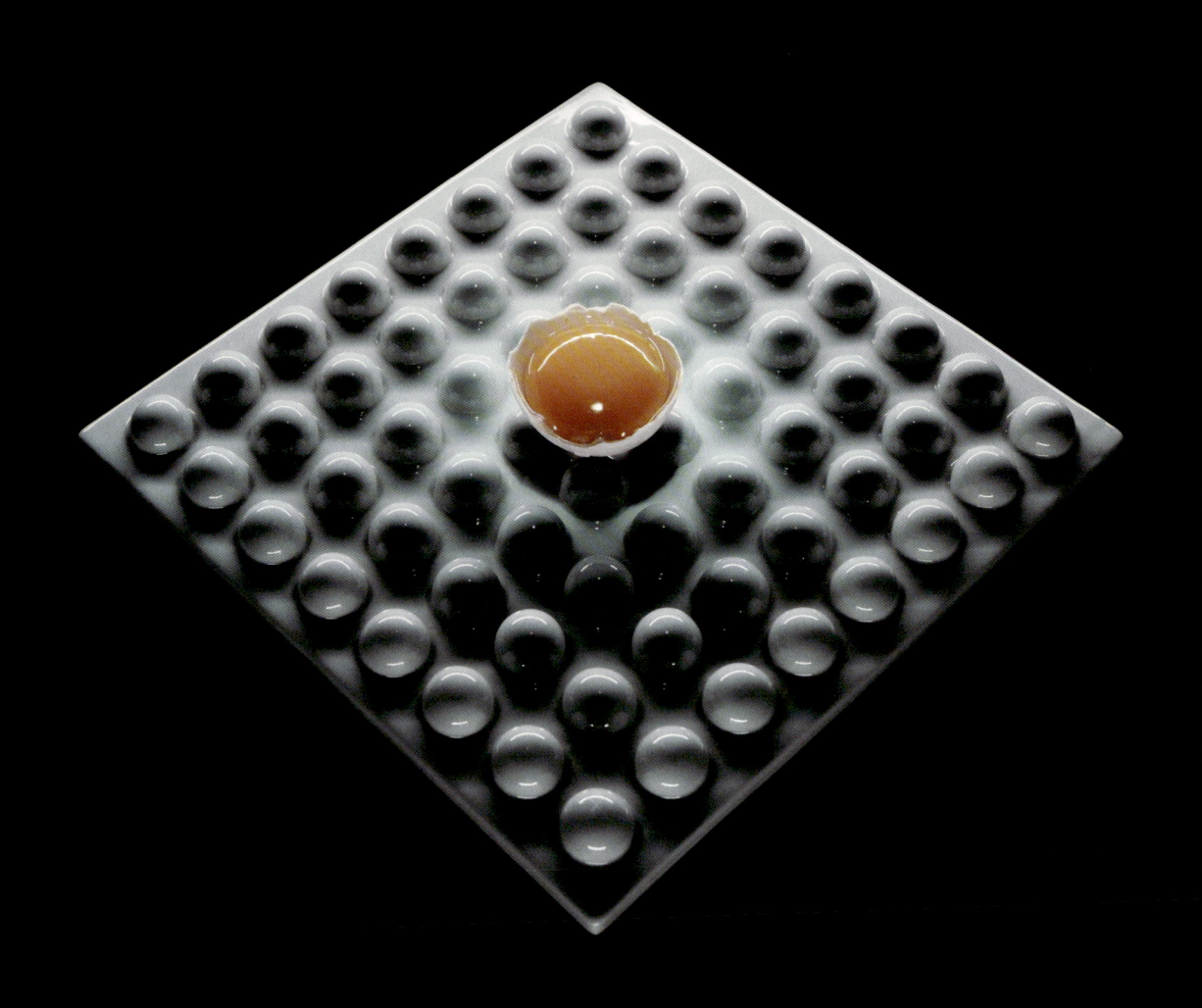

朝の皿　1974年
いわゆる「お皿ではない器」を考えてみた。卵をどこに立ててもいいし、トーストはべたっと皿に密着せず
にふわりと浮いたようにセットでき、スプーンやフォークの収まりもいい。朝の食事のための試作。

カップキット　1986年
使う人がステムと台座を自由に組み合わせられるグラス。1986年の「陶磁器デザインコンペティション」の30回記念公募展「陶磁器と異素材」にてグランプリ受賞。

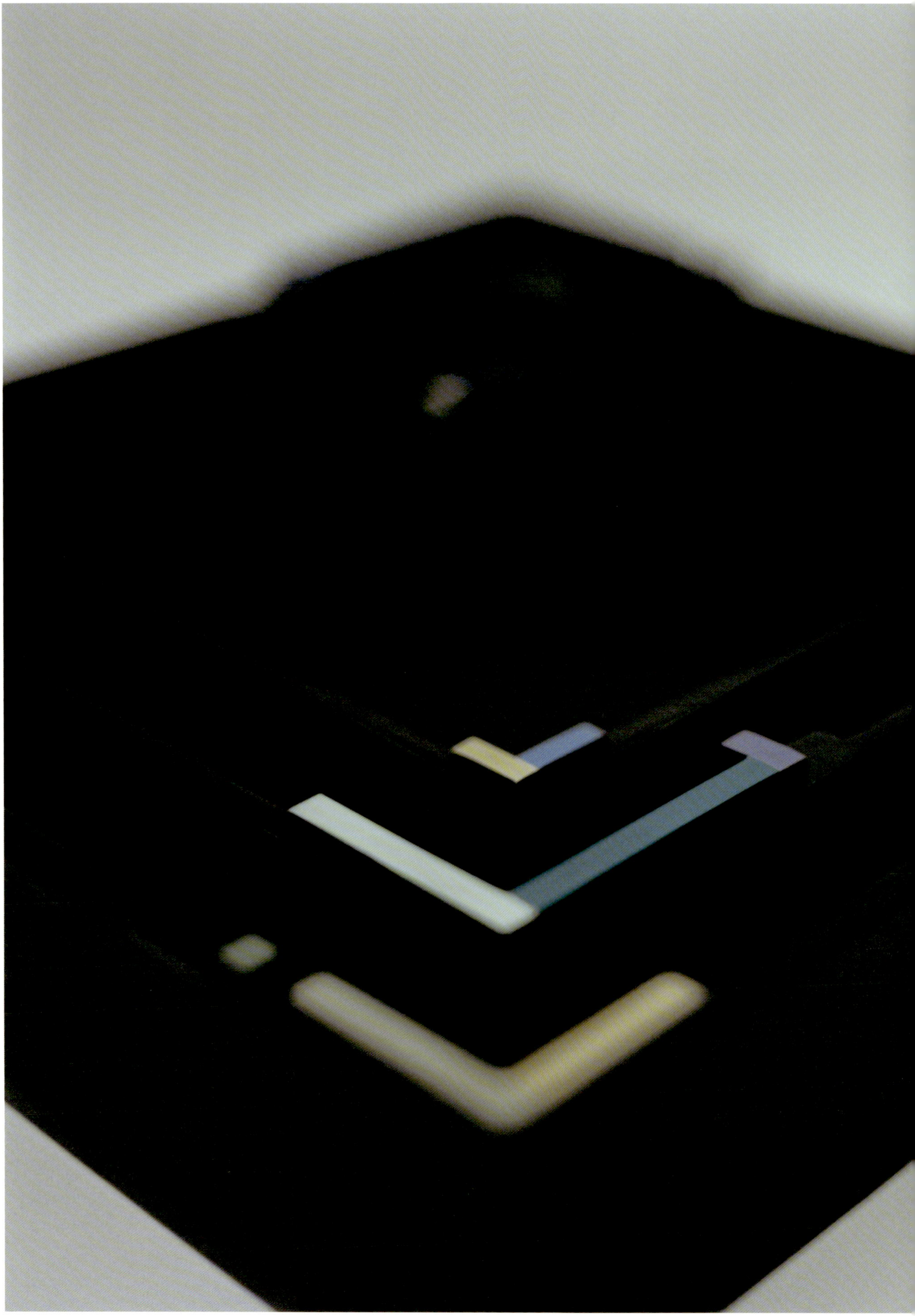

平皿　1983年
器や箸置きとして使える、食のための陶板。黒と白2色の正方形から構成され、並べ方によって面白い効果が出せる。コンペ出品用に製作した。

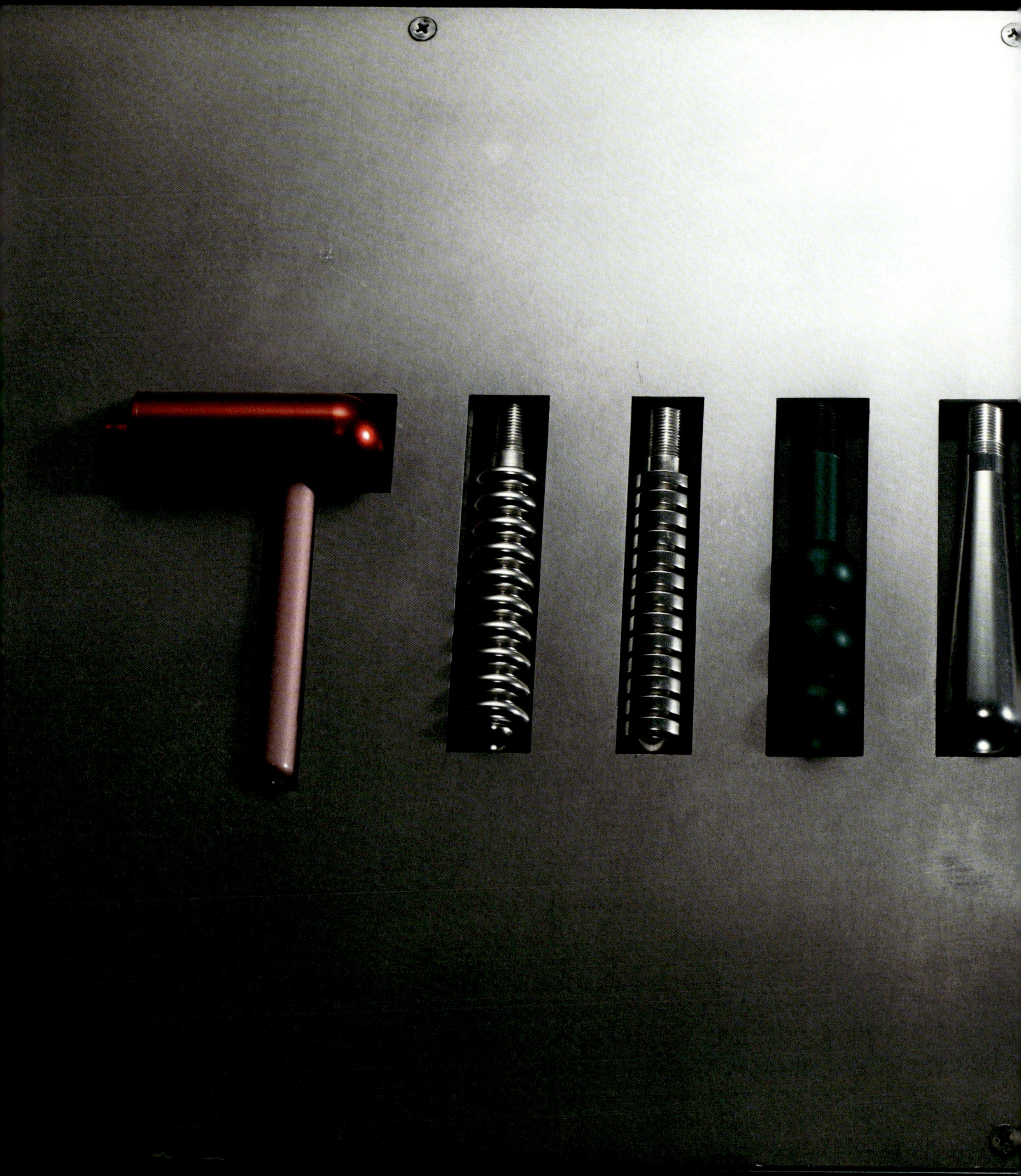

SPIN ドアハンドル　1989-90年
一軒の住宅のドアハンドルが一つひとつ全部違う色や形をしていたら暮らしがもっと楽しくなるかもしれない。というわけで、色と形状を自由に組み合わせられるアルミ製のドアハンドルをデザインした。500種近くのバリエーションがありながら、統一感もしっかり保てるのが特徴だ。以前に製品化した握り部分の素材を選べる〈素遊子〉が好評だったおかげで、第二弾として実現したシリーズだ。

MAARU デカンター、ブランデーグラス　1984年
すべての要素が球形のデカンタとブランデーグラス。デカンタの蓋はガラス棒付きでマドラーになる。ブランデーグラスには八百屋さんで見かけるスイカの座布団のようなドーナツ型のゴム製台座が付いている。

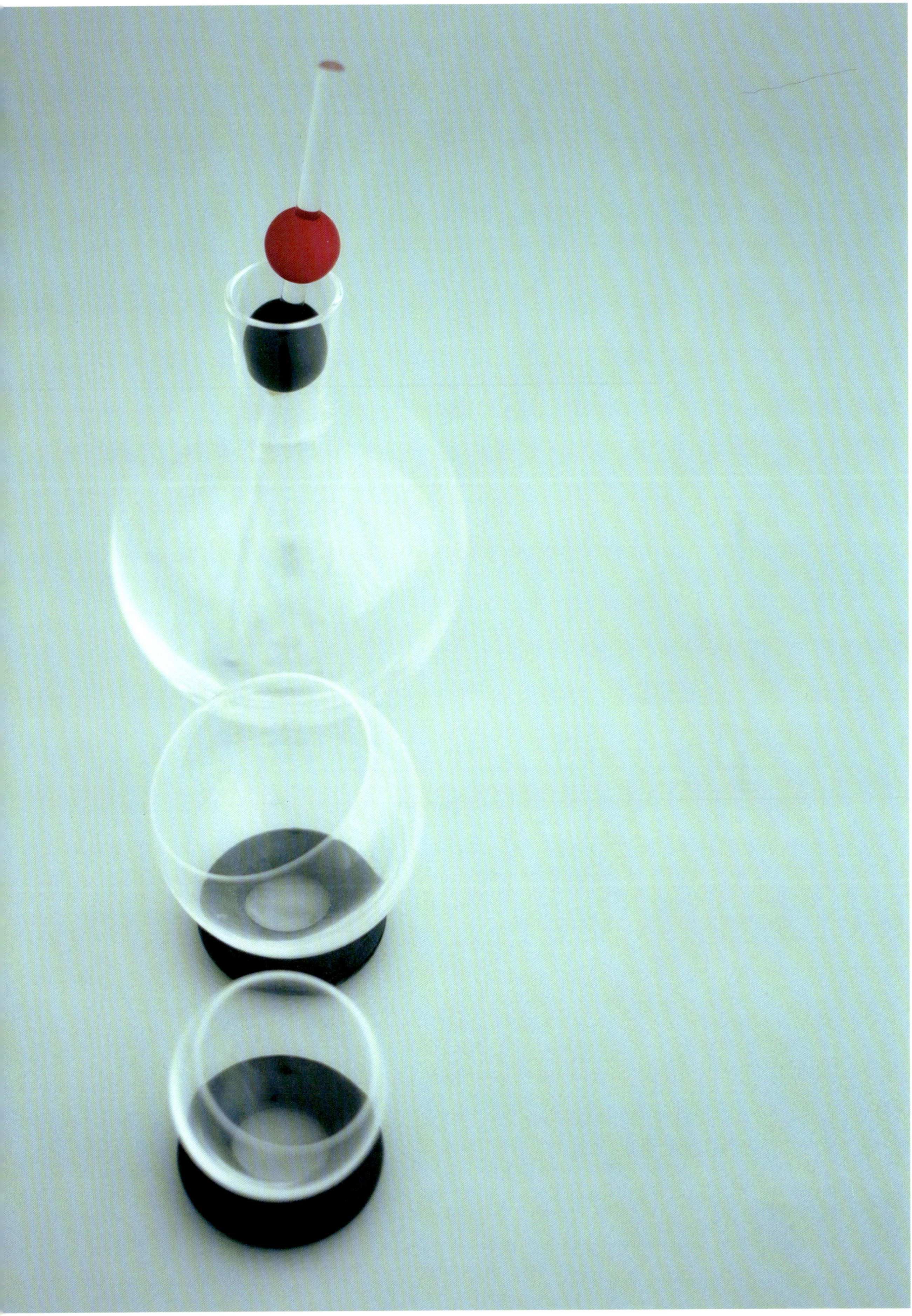

漆器　2011年
岩手県の浄法寺で採れた漆を使った淨法寺塗りだ。今はほとんどの産地で下地に中国産漆を使用しているが、
これは100%国産の漆を使用している。東照宮で使用されているそうで、国産の漆は日本の風土に合ってい
るのか外来品より圧倒的に持ちが良いという話を聞いた。やはりその土地で採れるものはその土地に合って
いるのだろう。球の1/2、1/4、1/8を大中小の器にしている。

舎利器　2003年
都会には、故郷から遠く離れてしまってなかなかお墓参りに行けない人たちがたくさんいる。ならば分骨したお骨を納めて身近に置ける器を提案し、毎日手を合わせられるようにと企画された松屋銀座の展覧会に、デザイナーの一人として参加した。

制作した舎利器は家の形をした蓋物で、写真手前は一辺が6センチほどの小さなものだ。昔は自分の家で生まれ、自分の家で死ねたけれど、今ではほとんどの人が病院のベッドで最期を迎える。とはいえ本当は皆、臨終の瞬間は自分の家にいたいだろう。どうせならちょっとひと工夫をと考えたのが、ピラミッド型の屋根の形と内側に施した金彩だ。王様のお墓と同じ屋根の下、キラキラ輝く黄金の部屋なら、きっと幸せで安らかな眠りにつけるだろう。ちなみに屋根の傾斜角はクフ王のピラミッドから拝借している。

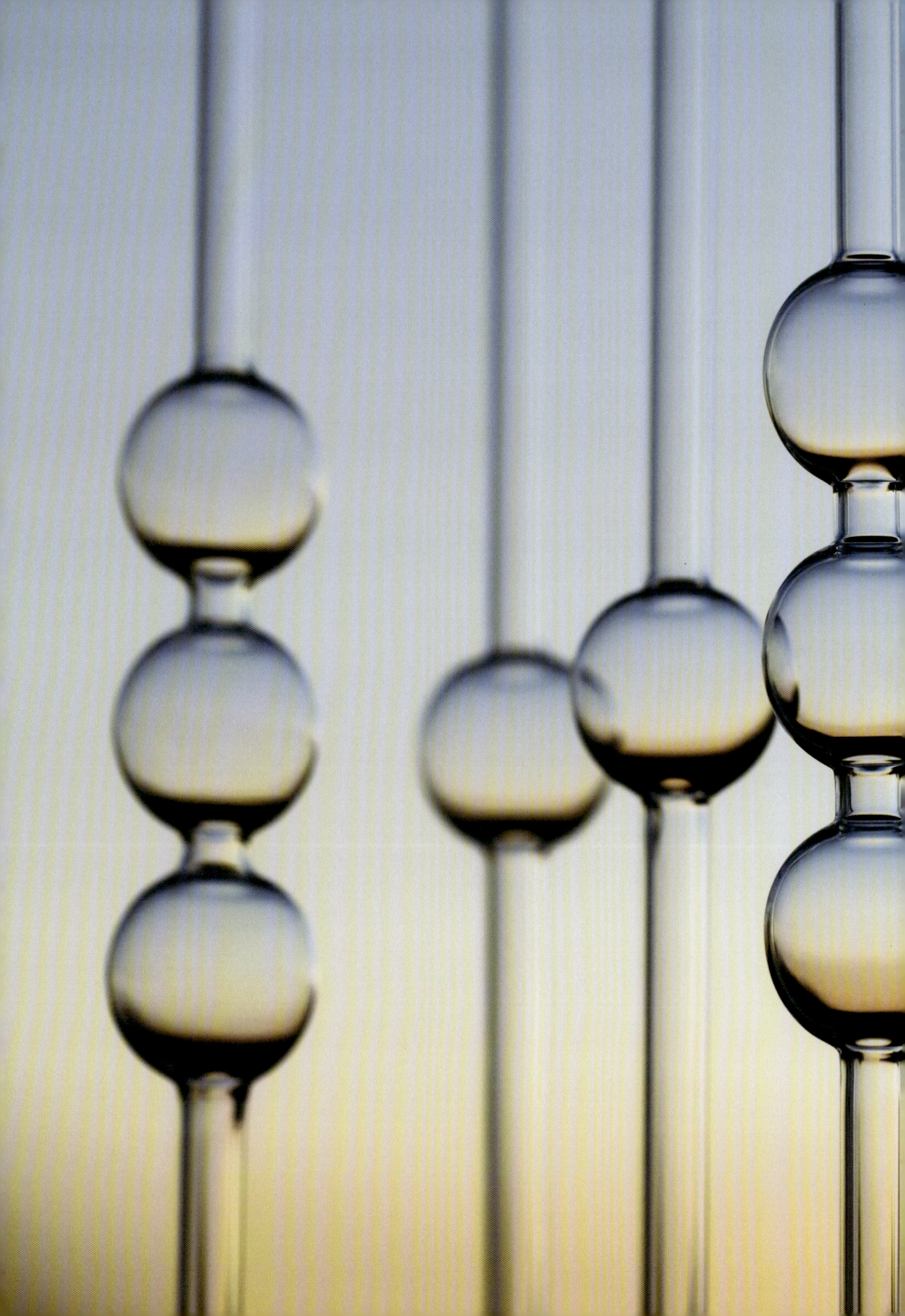

TANGO 花器　1987年
実はタイトル＜TANGO＞は、ダンスの「タンゴ」ではなく、日本のおやつ「だんご」のことだ。最初は1個の玉で球形とともに四角や三角も試していたが、どうにも落ち着かない。やはり丸、それも3個がいちばんいいと結論づけた。

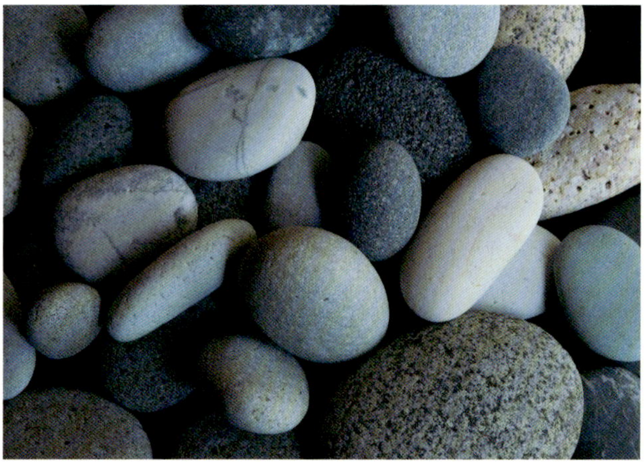

プラスα

完全無欠な優等生よりもクスッと笑わせてくれるデザインが好きだ。誰もがきれいだと認める美人よりも、整っていなくても周りをほっこりなごませるお茶目なデザインがつくりたい。そういう形はおそらくGマークには一生縁がないけれど、きっと世界を少しだけ楽しくしてくれるように思う。

その時に欠かせないのが「プラスα」だ。曖昧な部分、外れてる何か、ほんのちょっとのアクセントがプラスされると何かが生まれる。心の余裕、心の遊び。私の場合、その「α」はユーモアであることが多い。振り返ると、スティグ・リンドベリに学びたいと熱望したのも、彼独特のユーモアに魅せられたからだった。研ぎ澄まされたモダンデザインにはない、笑いを誘うようなユーモアの心に強烈に惹かれたのだと思う。その気持ちが常に創作活動の底流にあったからなのだろう。2008年の展覧会でも「デザイン＋ユーモア」をサブタイトルにして、単なるデザインにしてはいないという思いを込めた。

その「α」は、揺らぎ、歪み、傾き、あるいはさりげなく付け加わったような突起などの形として現れる。ドレッシングポットに理科の実験器具のようなスポイトをセットして機能とイメージをプラスすることもある。使う人に組み合わせを選んでもらうドアハンドルや、手間の多さが愉しさに繋がるカレンダーのように、使い手の行為が「α」になることもある。大学の卒業制作で焼きものと金属を組み合わせて以来、素材によるプラスαにもトライし続けている。ガラスや焼きものに石ころを組み合わせ、新素材を伝統的な形に加えてデザインしてきた。

余分なこと、無駄なことが発するシグナルは驚きとなって、面白いと思う心を呼び覚ましてくれる。

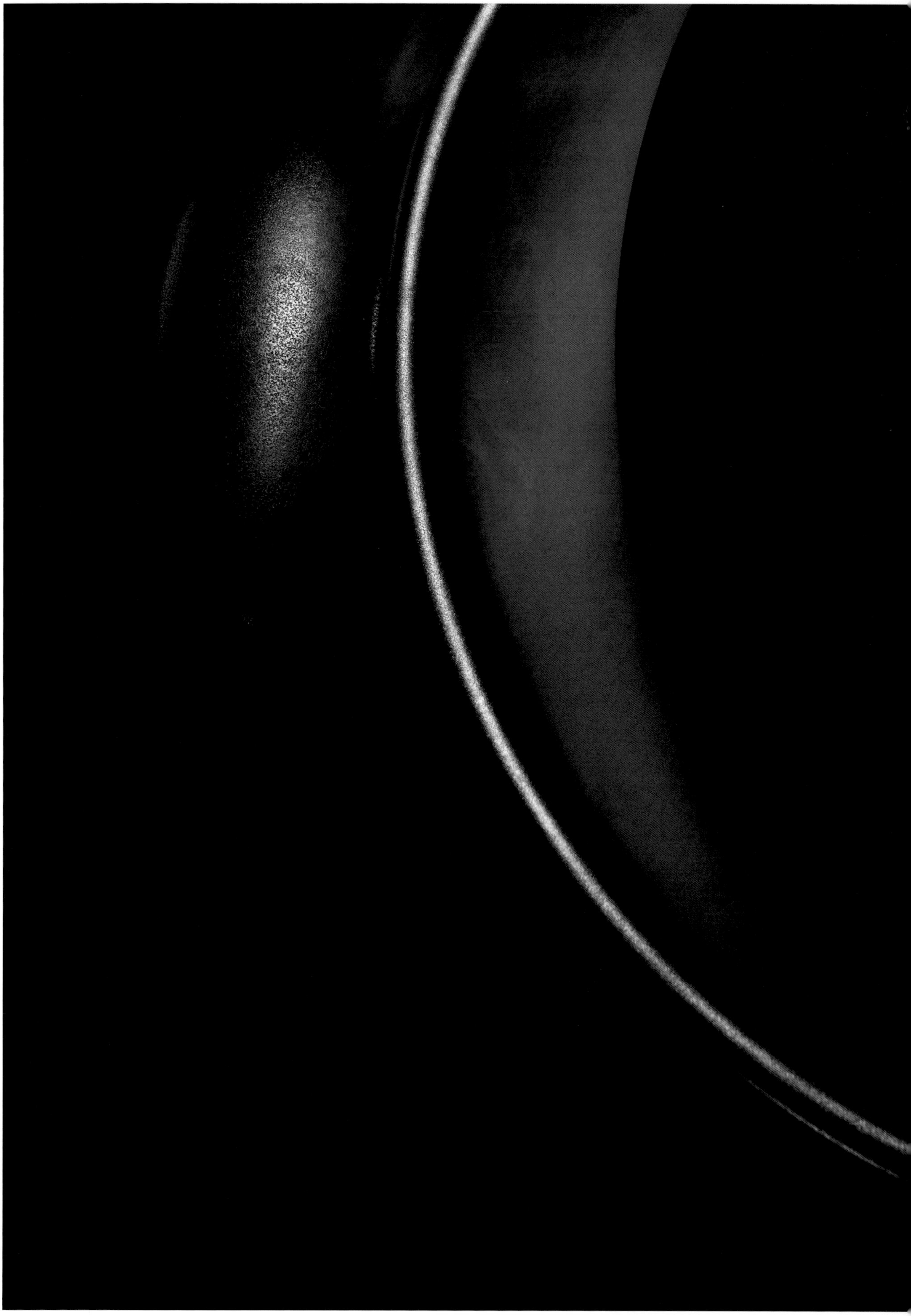

ホットクッカー　1990年
私にとって心の「プラスα」がユーモアだとすれば、素材の「プラスα」の代表選手は石ころだろう。とにかく旅行に行くたびに拾い集めるほど石ころが好きで、石ころを探して各地の海岸をさまよい歩いているほどだ。波の力で始終ごろごろと動かされながら、石はどんどん角がとれ、丸くなめらかになっていく。荒波に磨かれた石ころにはうっとりするほどきれいなものもたくさんあって、見つけるたびに「自然の力はやっぱりすごい！」と感嘆している。
そのエッセンスを活用してみたくて、折りに触れてはデザインに取り入れている。これは石ころの形を持ち手に取り入れた、直接火にかけられる土鍋。

石ころグラス　1979年
台座は練り込みの技法でつくった「石ころ」。磁土に色を加えて練るとマーブル状の面白い模様ができるのだが、ひとつとして同じ柄は出てこない。これを量産品のグラスと組み合わせて個性化しようと試みた。石には制作年月日と作者名が刻印されている。

石燭台　1981年
道端に落ちているようなものでなにか面白いものをつくりたいと思い、本当に拾ってきた石ころを使いながら、金属のろうそく立てでファンクションを加えた。竹中直人主演の「無能の人」が流行っていたころの作品。

石のカレンダー　1985年
年・月・日に1本1本針金を刺す、とても面倒くさいカレンダー。

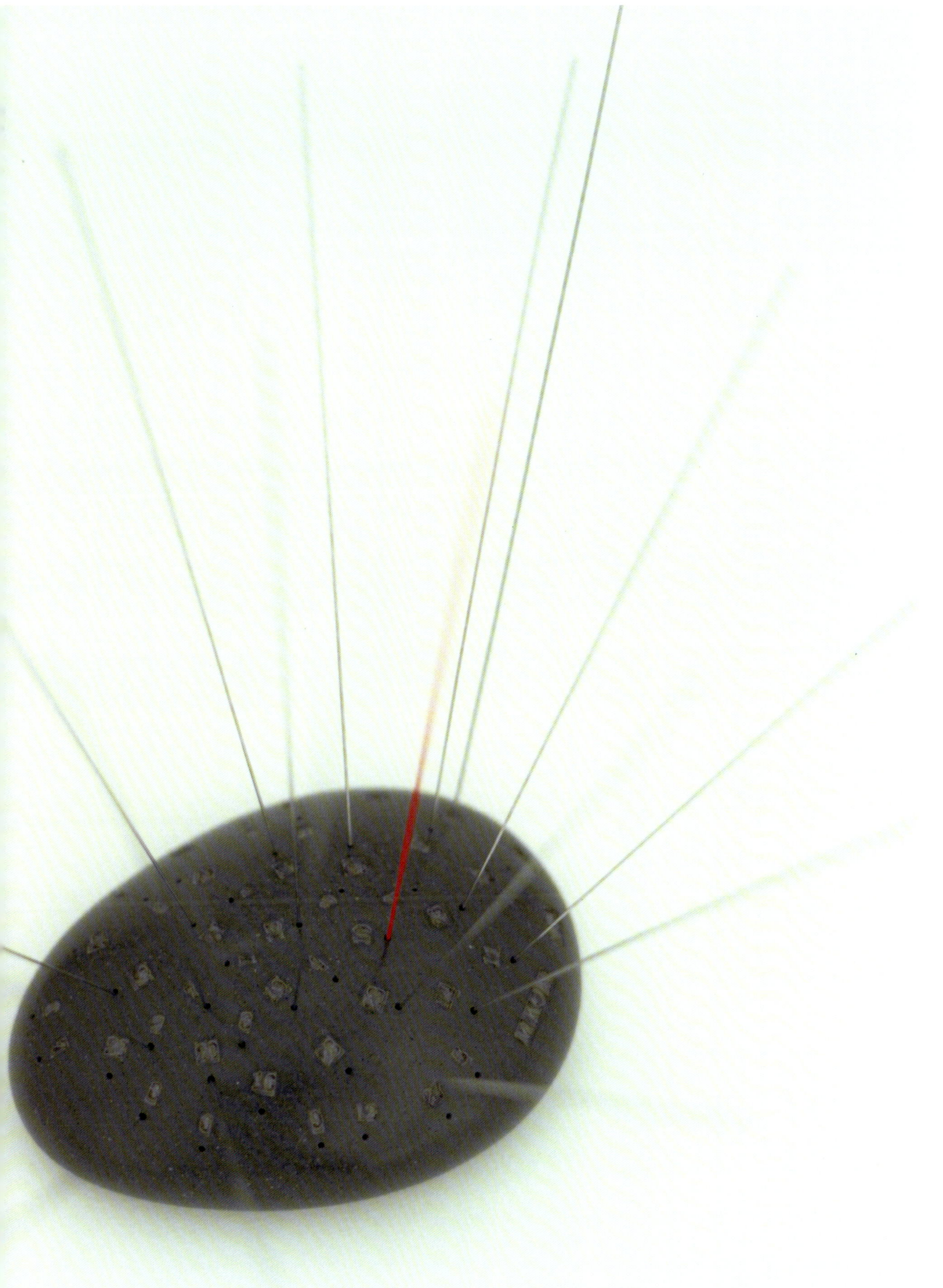

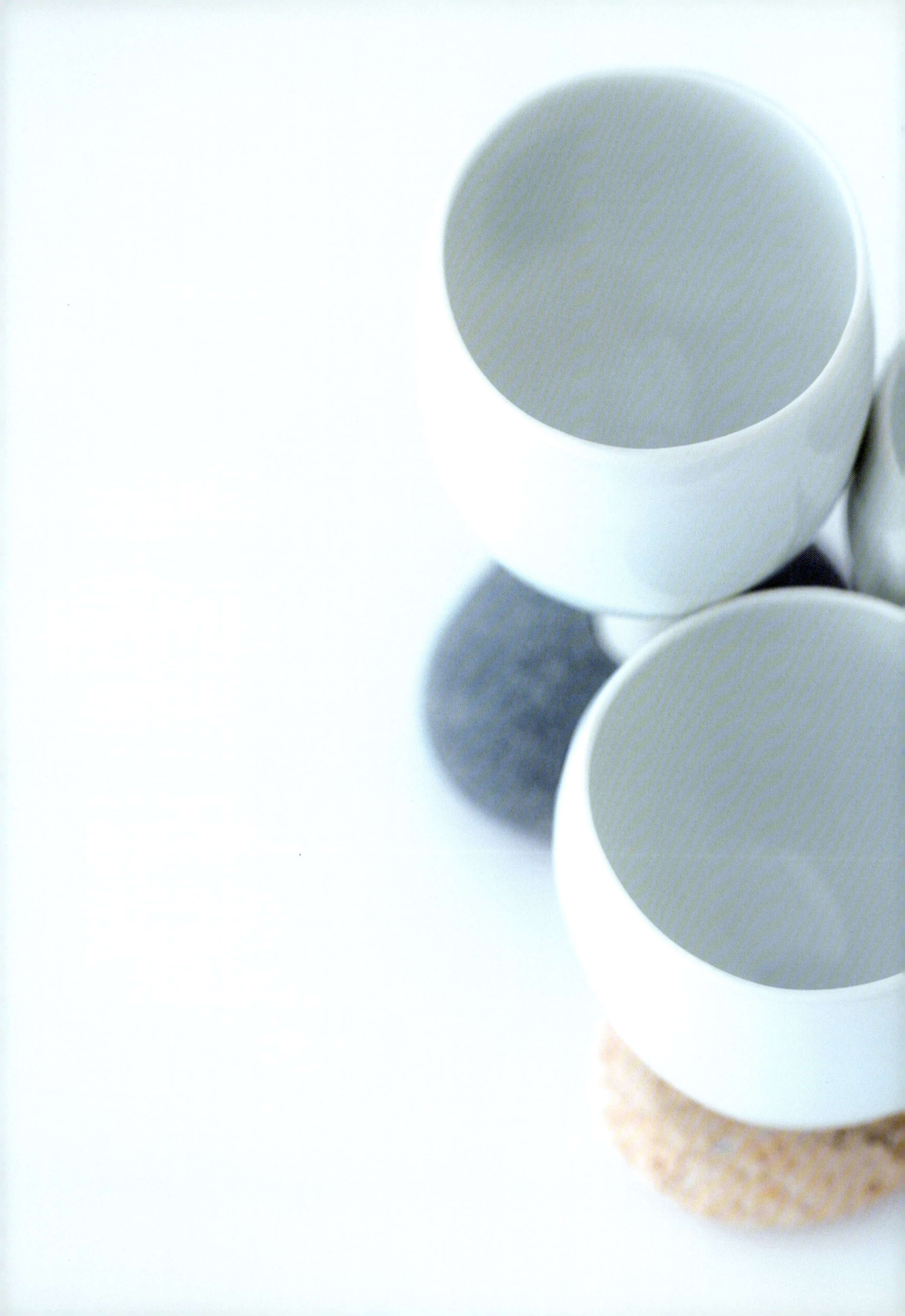

石盃　1981年
拾ってきた石ころの台座に磁器を載せると盃になった。

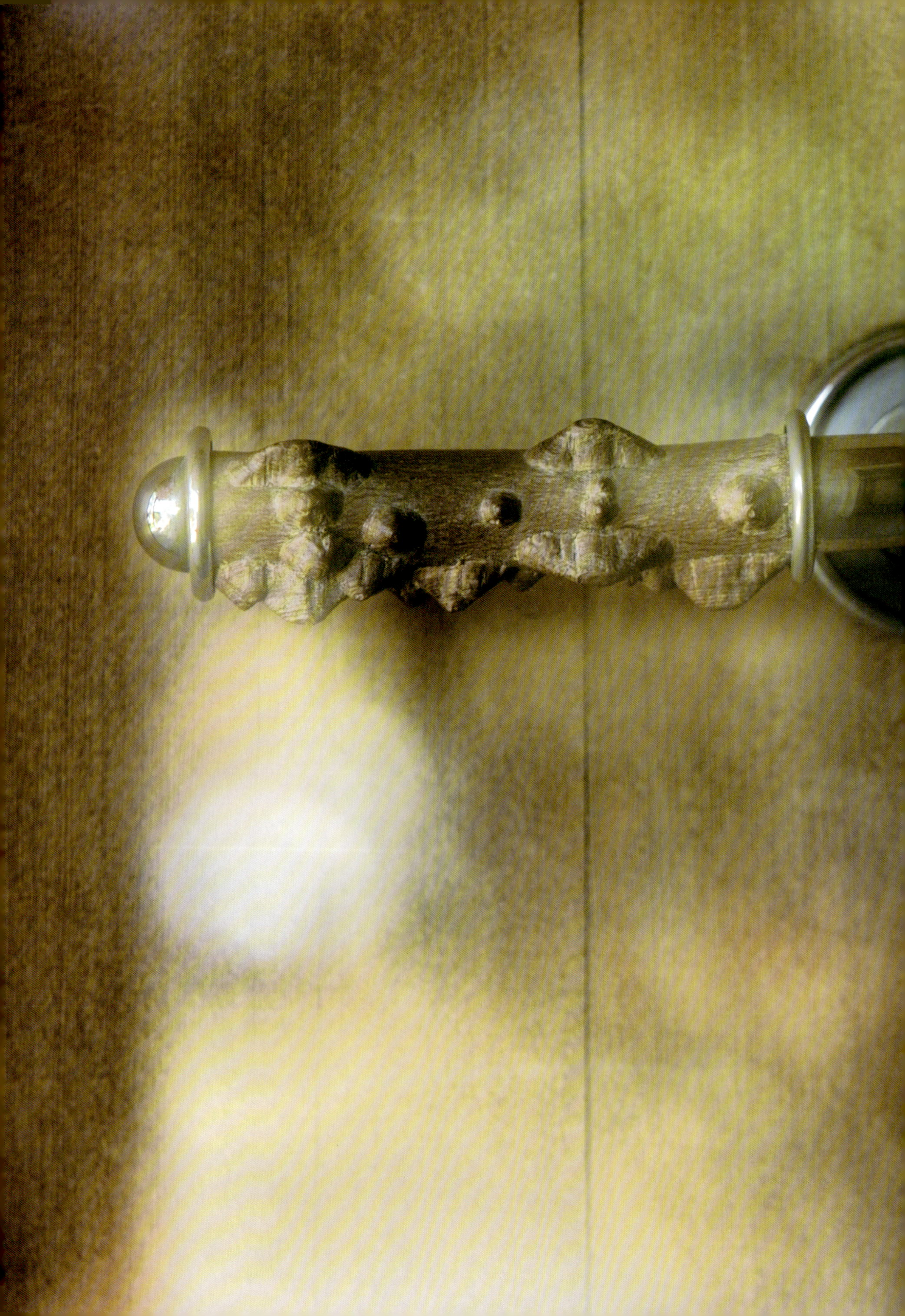

自宅玄関のドアハンドル。お気に入りの庭木の枝を〈素遊子〉のパーツに埋め込んでつくった。

茶ポット　1994年

スーパーで売っているような普段使いの茶器は、花柄や模様がついたものばかりでどうにも馴染めない。そこで、もっと使いやすいものをつくろうと考えた。とはいえ、シンプルなだけでは少々物足りないのでひと味プラスしてみた。小さなでっぱりは、「ここにちゃんと手を添えてね」というシグナルでもある。

紅茶器　2000年
古い青磁などに見られる伝統的なボディに、現代の素材・ポリカーボネイトの取っ手を付けた。伝統にモダンをプラスしたら新しい表情が生まれた。

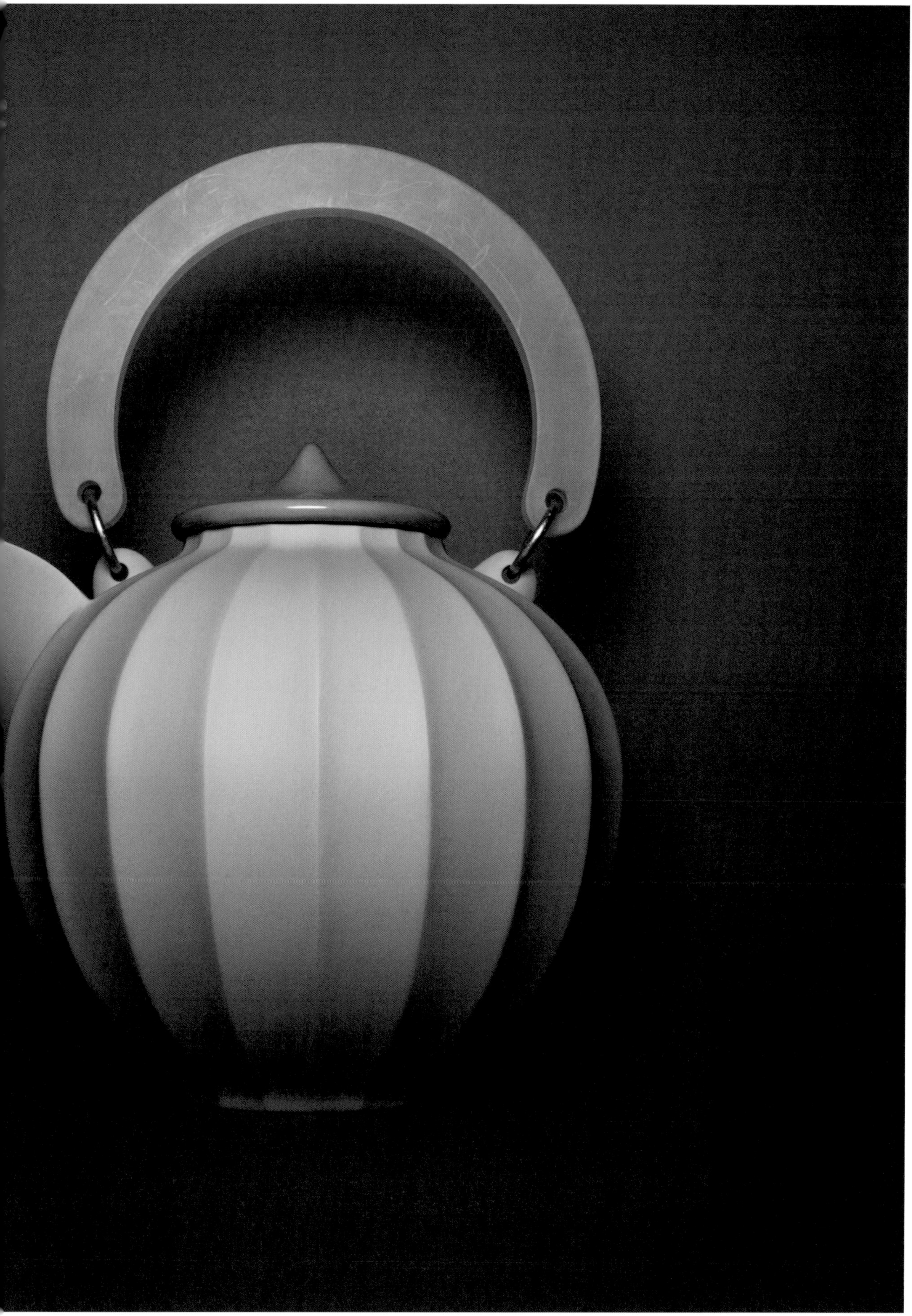

カップ　1977年
真っ白なカップにほくろのような青のポッチをプラスするだけで表情はがらりと変わってくる。

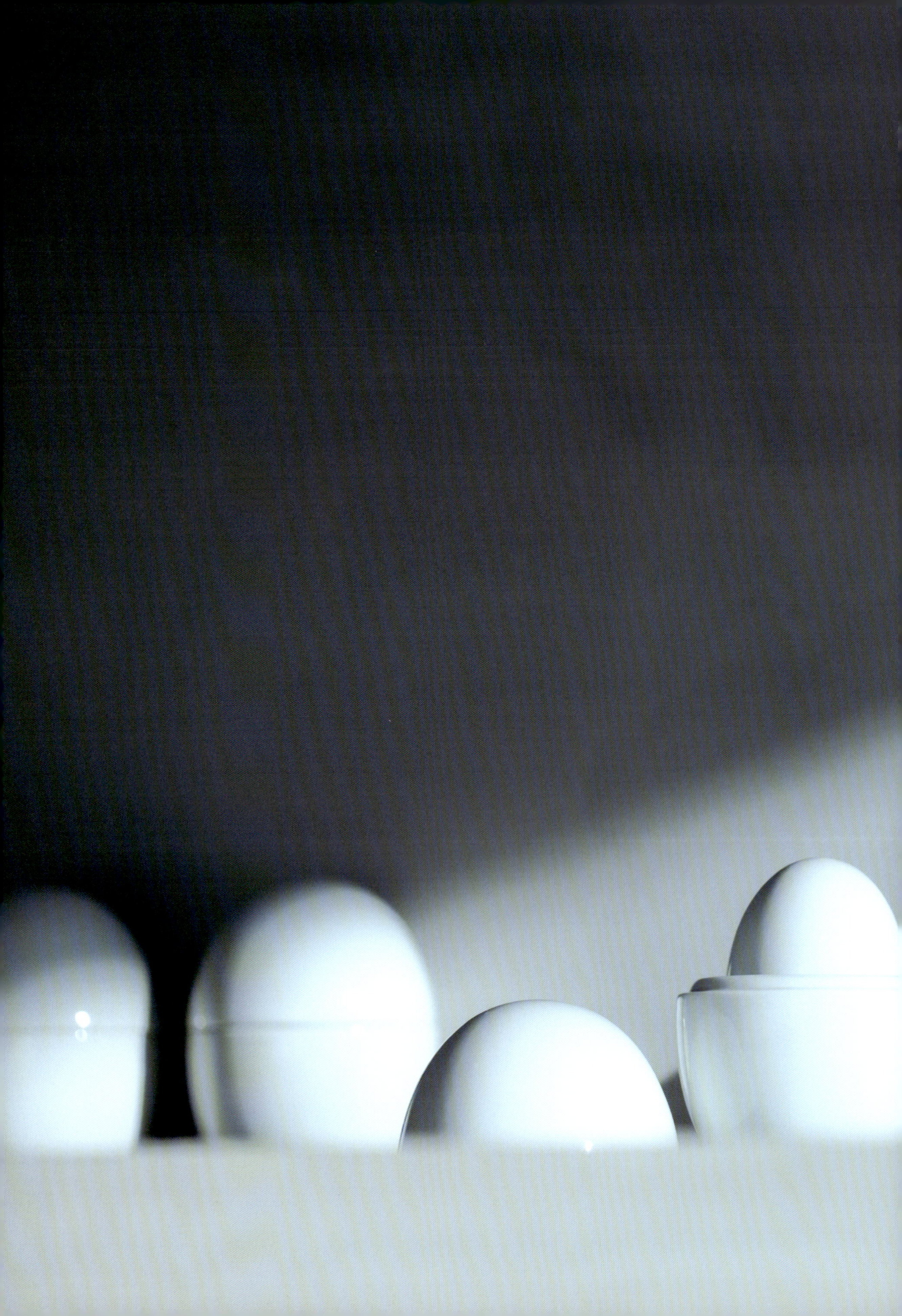

玉子のSP　1973年
卵立ての形をしたSPセット。同じ形の卵立てとセットで使うと、片方は塩胡椒、片方は本物の卵が出てくるというユーモアをプラスしてみた。

ドレッシングポット　2006年
ソースや調味料はたっぷり使いたい時もあれば、風味づけにタラリと一滴かけたいこともある。そこで理科の実験器具のように蓋をスポイトにして機能を『プラスα』してみた。試作品。

遊器 マグカップ　2003年
次ページの徳利から始まった〈遊器シリーズ〉のひとつ。これは飲む人に対して長径になっている楕円の
マグカップ。取っ手にあるさりげないでっぱりは「なんだろう？」と触ったことを意識させる「プラスα」だ。

遊器 徳利、ぐい呑　1993年
お酒を一杯やったあとのリラックスした「ほろ酔い」気分を、ちょっと傾いた楕円のような曖昧な形で表した。内側のみに釉薬をかけ、外側はきれいに磨きあげた丁寧な仕上げになっている。それが功を奏したのか、MOMAのパーマネントコレクションに入り、ショップでも販売されていた。ところがあまりに注文が多くて自分で磨いて焼きあげているのでは対応しきれなくなって販売を中止した。現在は外側にも釉薬をかけたものを瀬戸のセラミックジャパンで製造している。

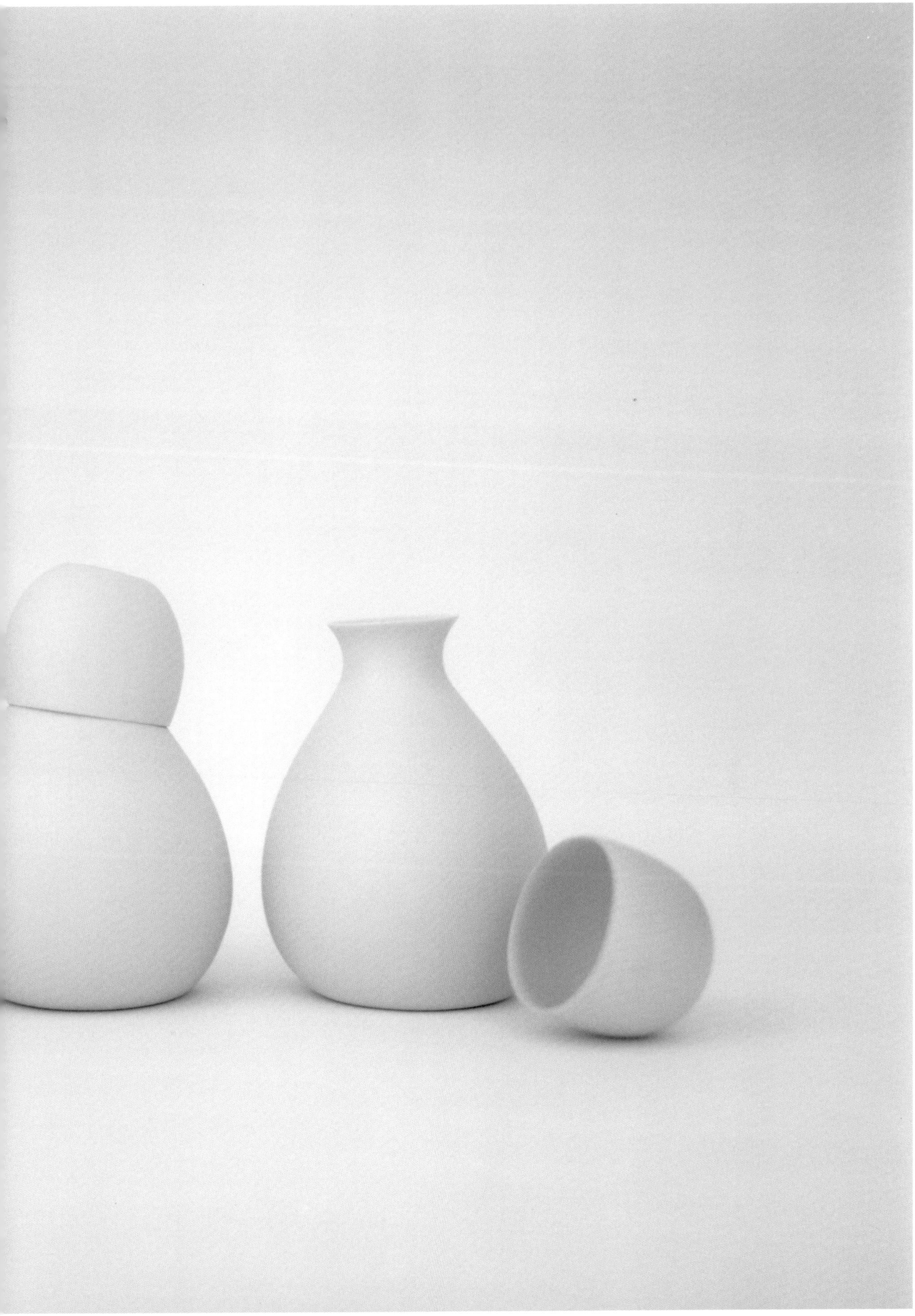

遊器 しょう油差し　2006年
ほっと一息ついて休んでいるようなしょう油差
し。注ぎ口の穴が下向きについているため、液垂
れしない。蓋の取っ手は注ぎ口に合わせている。

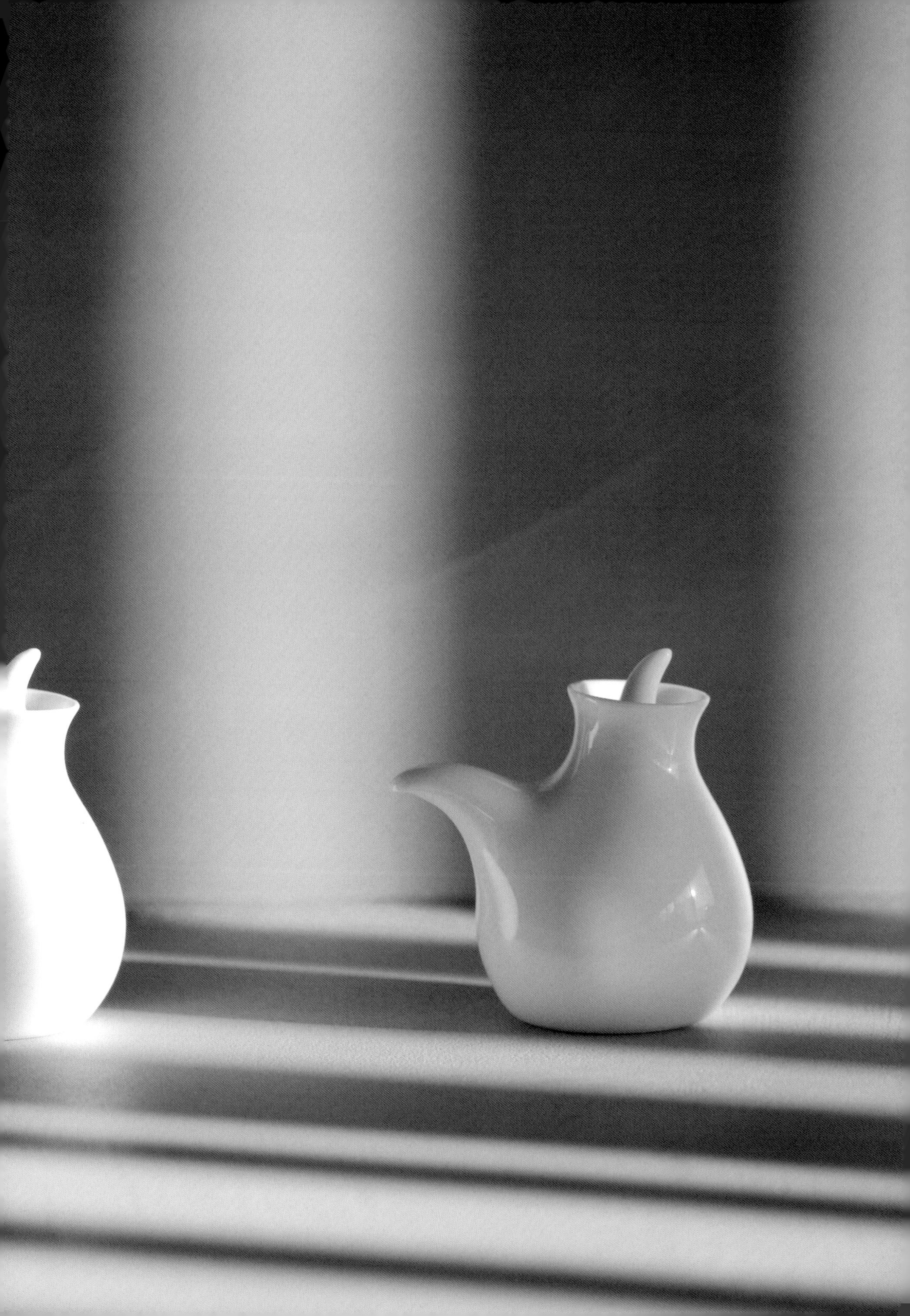

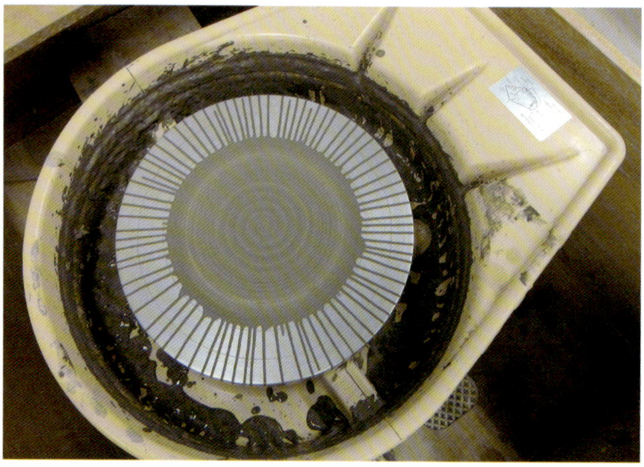

エトセトラ

焼きものを初めてやりだしたころは、とにかくなんでもやってみようとトライしていた。ほとんど何も知らないだけに、やることなすこと皆面白く、毎日ろくろを引いて釉薬の実験をしながら、焼きものでどういうことが可能か自分なりにいろいろ確かめようとしていた。あのころ、現在に繋がる私の原点はすでに見え始めていたように思う。ろくろの回転によってできた放射状のパターンを利用した＜陶盤コロナ＞は、後年の＜クリンクルシリーズ＞と同様に偶発的な現象を写し取った作品だった。

陶土から磁土へと素材を変えたのは帰国後のことで、スウェーデンで自分のこれからの活動の方向性についてじっくり考えた末の結論だった。焼きものを美化する価値観となっている土の味わいやぬくもりという既成概念を否定したいという思い、手づくりが手放しで礼賛されていた当時の手づくりブームに対する抵抗もあった。いろいろな成分が混ざっている陶土は炎や熱によって「味」「渋さ」と称される多彩な表情を見せてくれるものだが、手づくりじゃなくても面白いものができる、手づくりに溺れちゃいけないと、ある意味でもっとも焼きものらしからぬ真っ白な磁土を選択した。
同時期の若いデザイナーたちと同様、倉俣史朗さんの影響も大いにあった。肉体的な匂いを極力消しながらも強烈な精神性を放つ彼の作品からは、物づくりのスピリットのようなものをずいぶん教わったように思う。面白いと思ったアイデアを否定してこそレベルの高いアイデアが生まれるという彼の言葉に、叱咤激励されたような衝撃を受け、自分ももっと上を目指すのだと心に誓った。

花器　1964年
短期大学に入って2年目、陶磁コースに進んで最初につくった花器。ようやくろくろができるようになったころで、釉薬のかけ分けも指導教員の加藤達美先生の手を借りて完成、想像以上の出来栄えになった。大切な記念として今も私の手元にある。

照明具　1964年
大学の卒業制作としてつくった照明器具。次ページのキャンドルスタンドと対になっている。

キャンドルスタンド　1964年
卒業制作では照明器具をテーマに、陶磁器と異素材の金属を組み合わせた。キャンドルスタンドは真鍮と鉄の円板に糸鋸で切り込みを入れて立ち上がらせ、円錐形の土台に接合した。同時制作した持ち手付きのカンテラ風照明器具は、ろくろでひいた大きな円錐形に窓を開け、内部に白熱電球を仕込んだ。この連作でこの年唯一の優秀賞に選ばれた。

当時はノーファニチャーのインテリアが流行っていたこともあり、ゴロゴロしながら家具がない空間で住まうには床面をふわっと照らしてくれる照明がいいと考えた。1960年代半ば、ヒッピー文化が世の中にあふれている時のこと、もちろん私の髪も長かった。

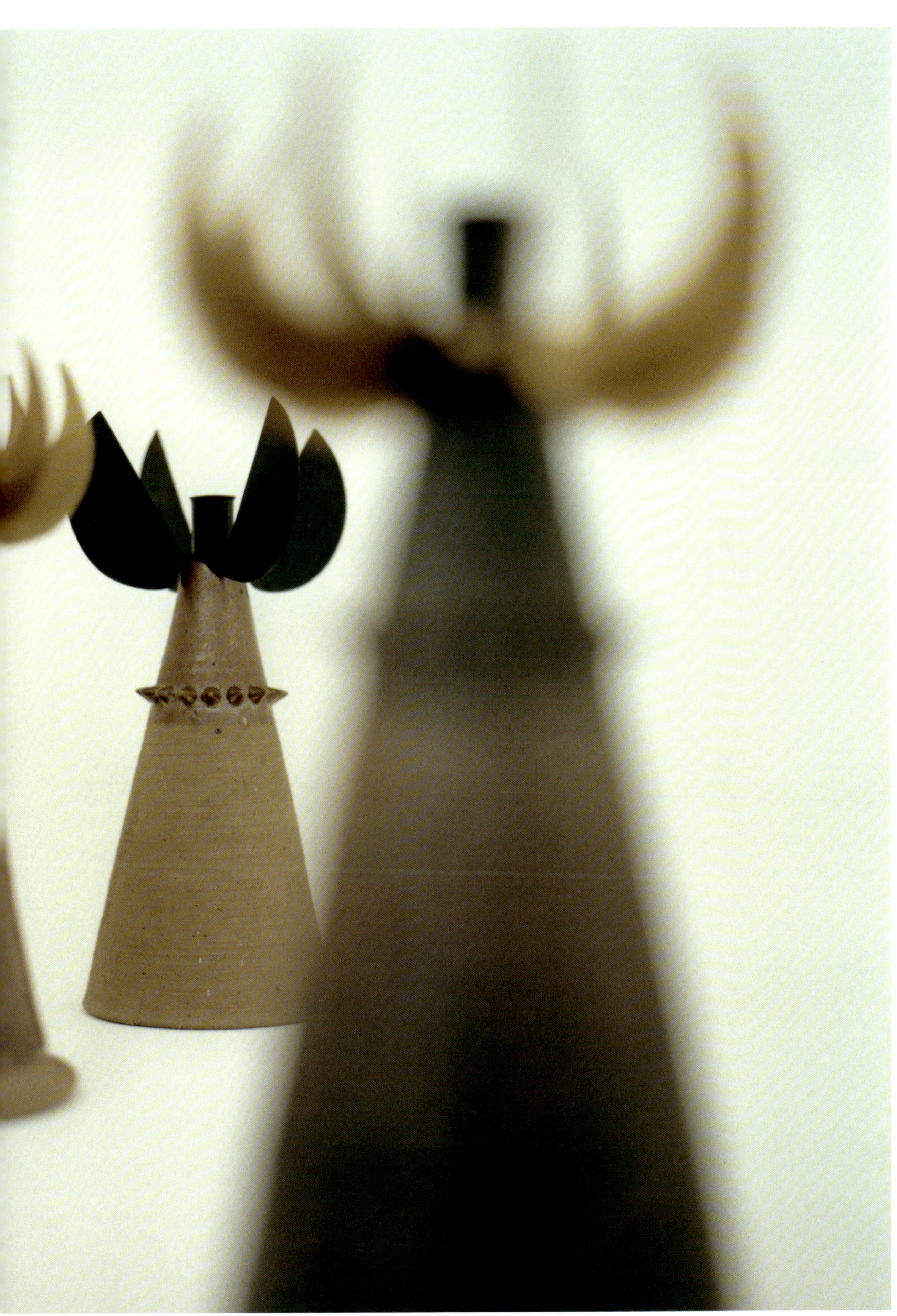

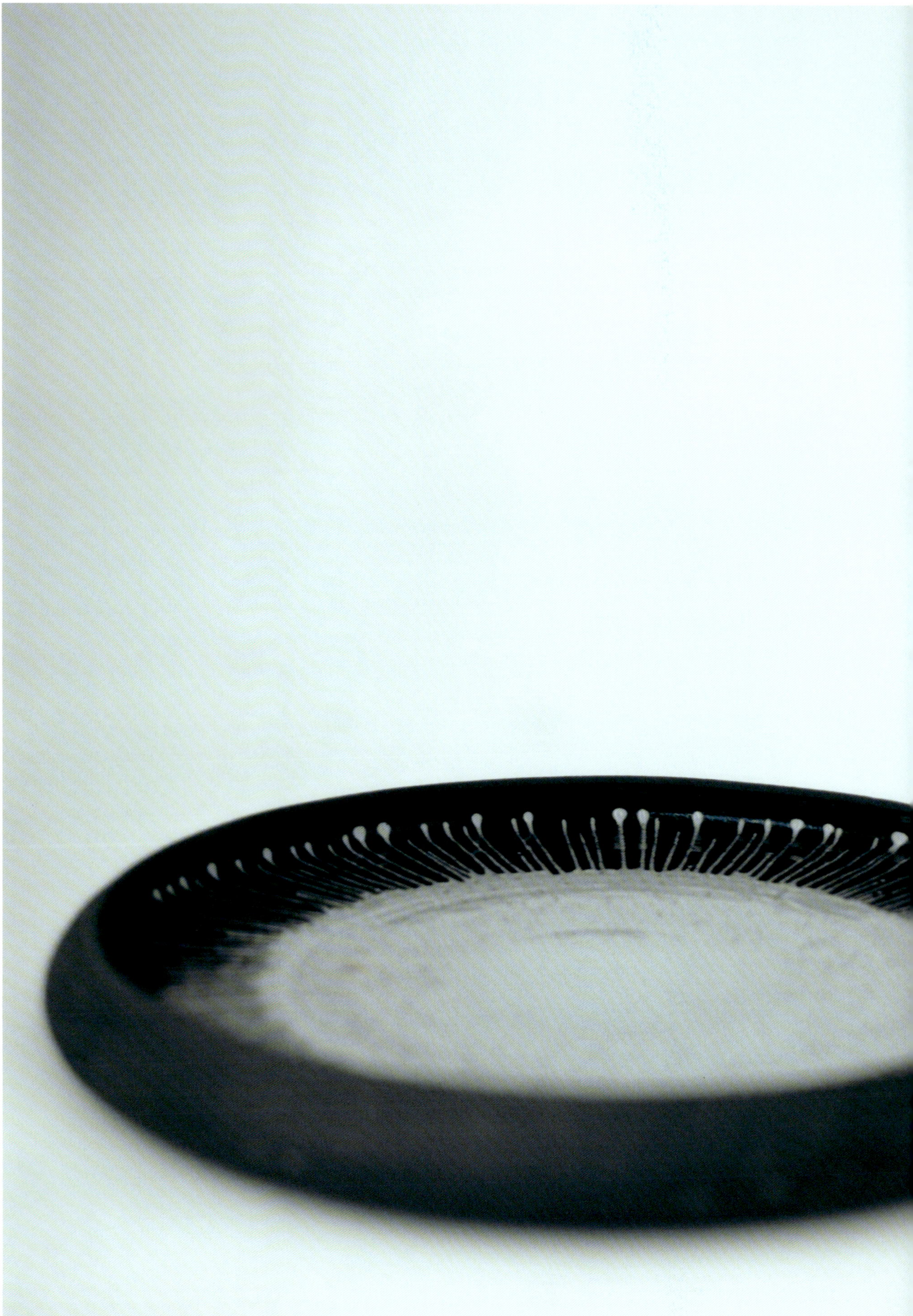

陶盤 コロナ　1967年
卒業後も大学の研究室に残り、1年目はろくろに熱中して毎日まわしていた。そうなると1日に何回も回転板を掃除しなければならない。まわしながらスポンジに水を含ませて洗ううちに、泥水が遠心力によってきれいな放射状に飛び散っていくのを発見、そのまま作品に応用してみた。この作品が「'67日本ニュークラフト展」（日本クラフトデザイン協会主催）で運良くグランプリにあたるクラフト賞を受賞、その後、当時の主任教授は「掃除をきちんとするとなにかよい事がある」と講義でよく話していたそうだ。

茶器　1969年
1969年、学生運動は最盛期を迎え、大学も封鎖され作品をつくるところもなくなってしまった。そこで友人を頼って茨城県・笠間に足を運んでは工房に寝泊まりさせてもらい、作品を焼いてもらっていた。
右と次ページの茶器はその時の作品。既に大学を辞め、あこがれの地、スウェーデンにいるスティグ・リンドベリの下で働きたいとポートフォリオをつくっていた。

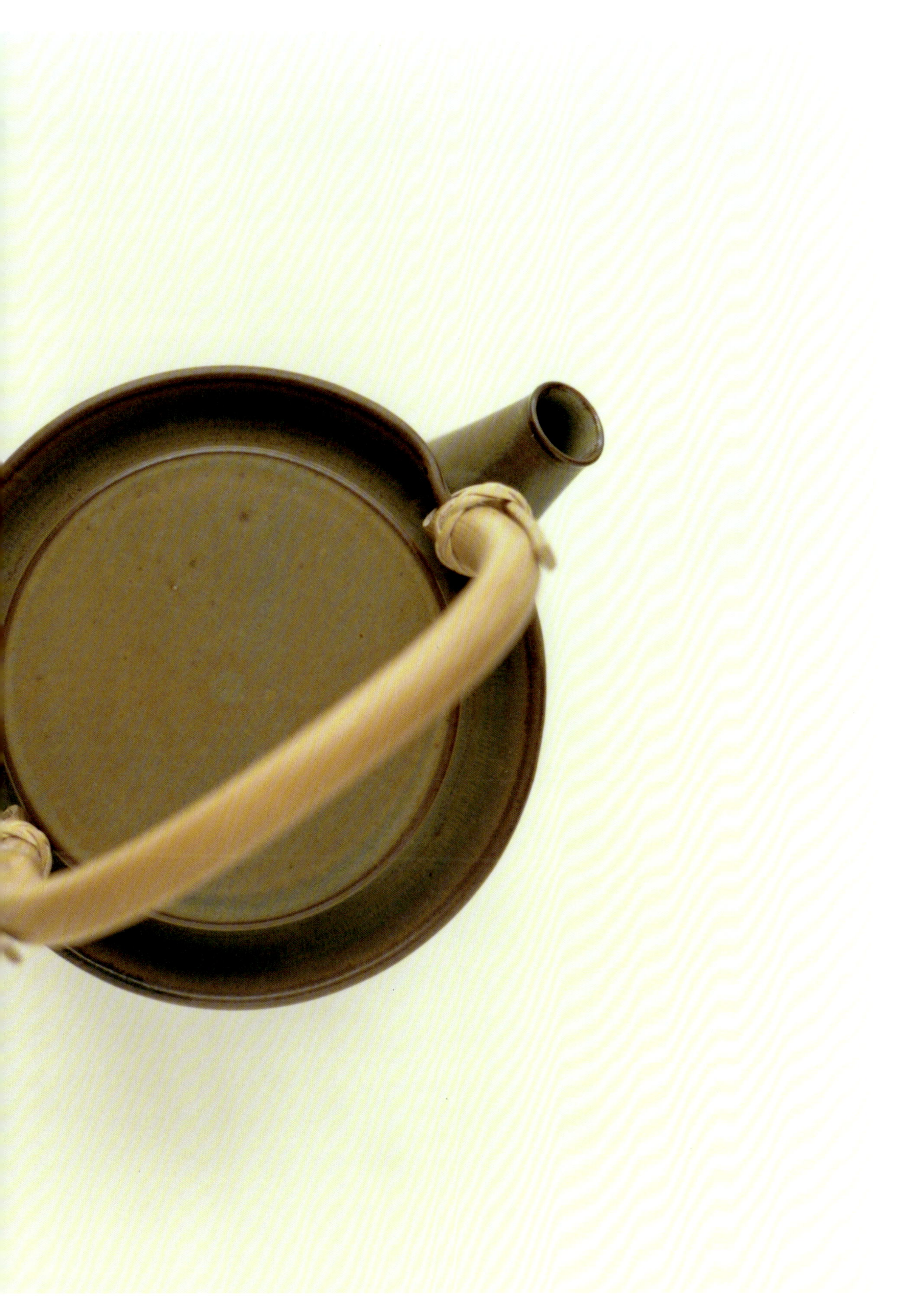

茶器　1969年

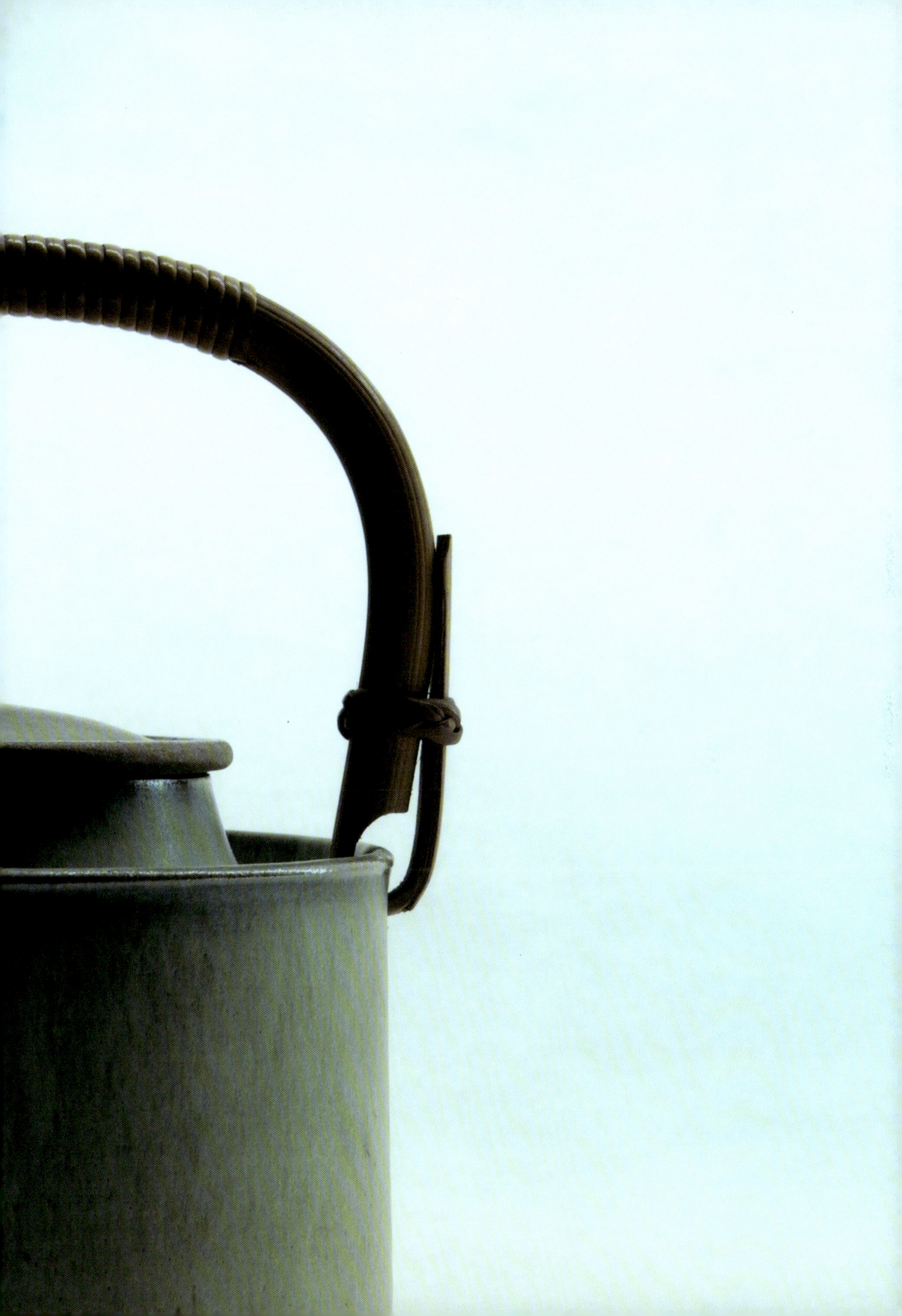

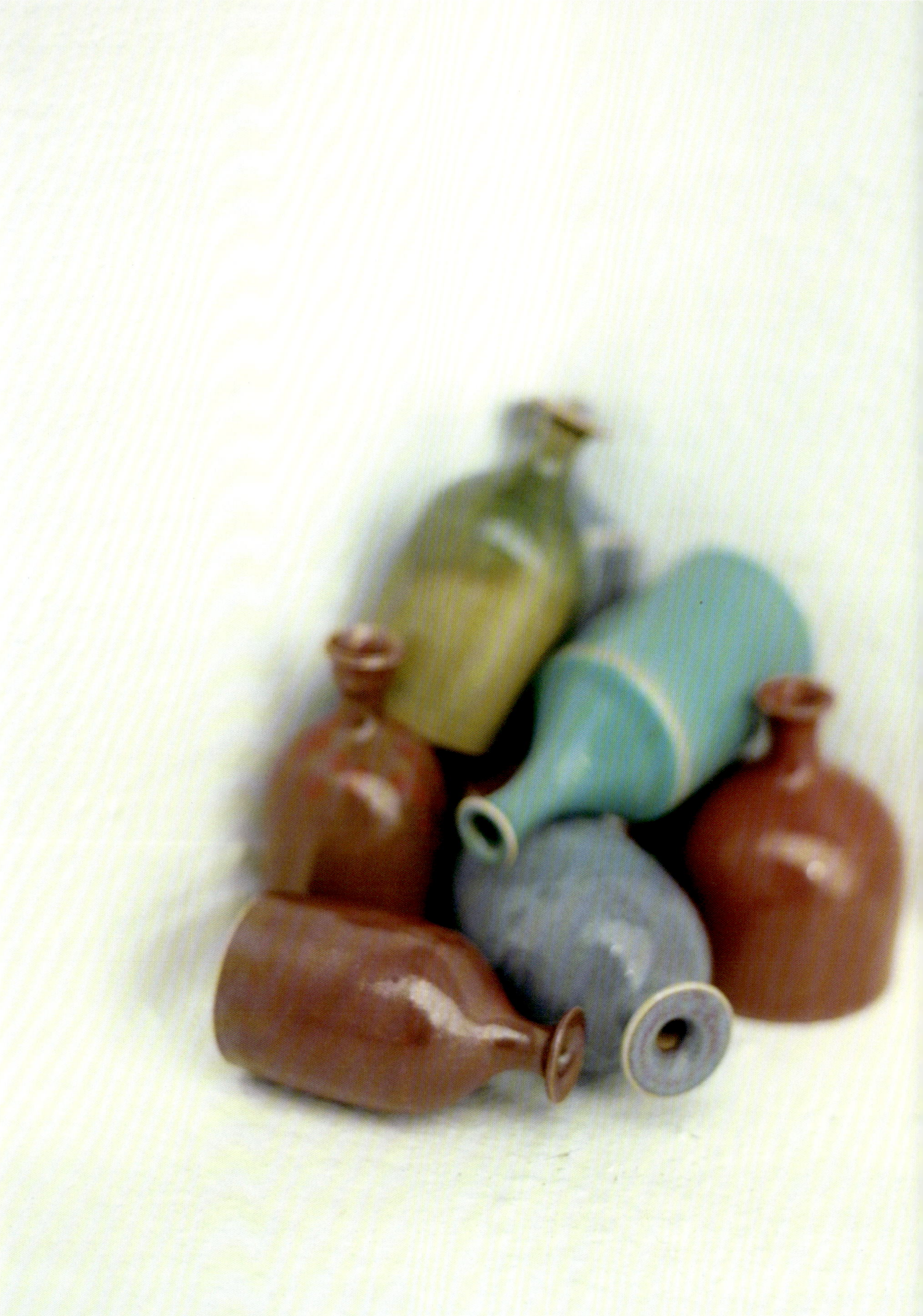

帰国してから1年ほどはかみさんの実家に居候、午前中は製麺工場で働きながら午後は独立工房の準備をしていた。釉薬や土の実験を重ねていたころのテストピース。

灰皿　1973年

灰皿　1973年
帰国後、しばらくは土ものによる石膏型打ち込みの灰皿などを制作していた。

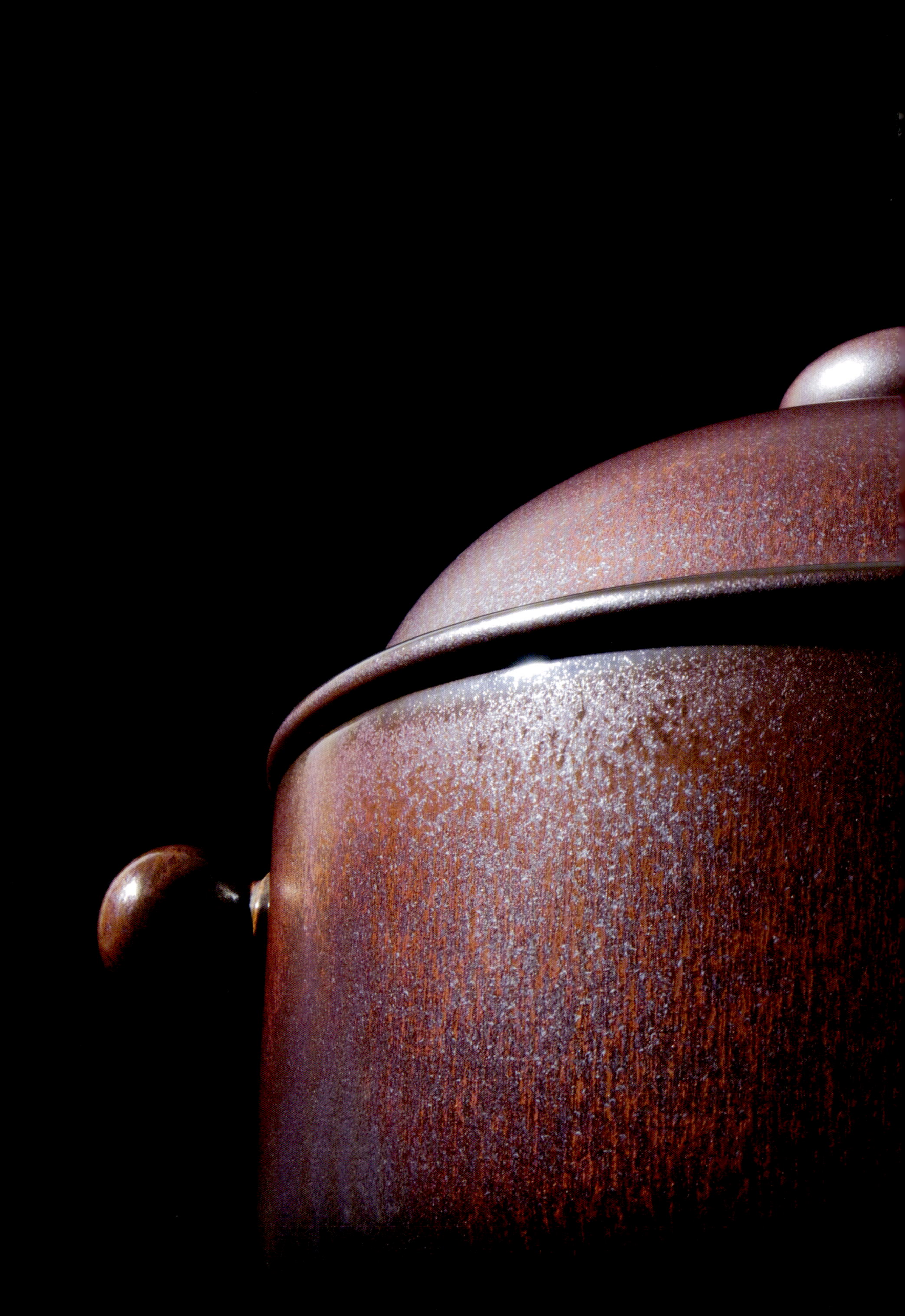

土鍋　1984年
1980年代にある企業の依頼で試作した土鍋。赤い土鍋というのは滅多になく、個人的にも懐かしい作品だ。

花器　1972年
スティグ・リンドベリは私の思いを汲んで1970～72年の3年間、私を助手として雇ってくれた。リンドベリの下で働くようになって3年目、週に1日、自由制作が許されるようになった。袖から腕が生えたような花器を見てリンドベリはとても面白がってくれたのだが、残念ながら商品化にはいたらなかった。帰国後に発表した〈手のシリーズ〉のルーツとなった作品だ。

手のシリーズ 花器　1975年

手のシリーズ マグカップ　1975年
カップやマグを持つ部分を、日本では「取っ手」「持ち手」、英語では「Handle」と手になぞらえて呼ぶことが多い。ところがヨーロッパでは「耳」と言うらしく、なるほど伝統的なカップは耳の形をしているようにも見える。
その違いが面白くて、それならいっそ取っ手を「手」にしてしまおうと駄洒落のようなことを考えた。帰国したら展開しようとスウェーデン滞在中からアイデアを練り、帰国後に一連の＜手のシリーズ＞を制作、1975年、松屋銀座のクラフトギャラリーで初めての個展を開いた。

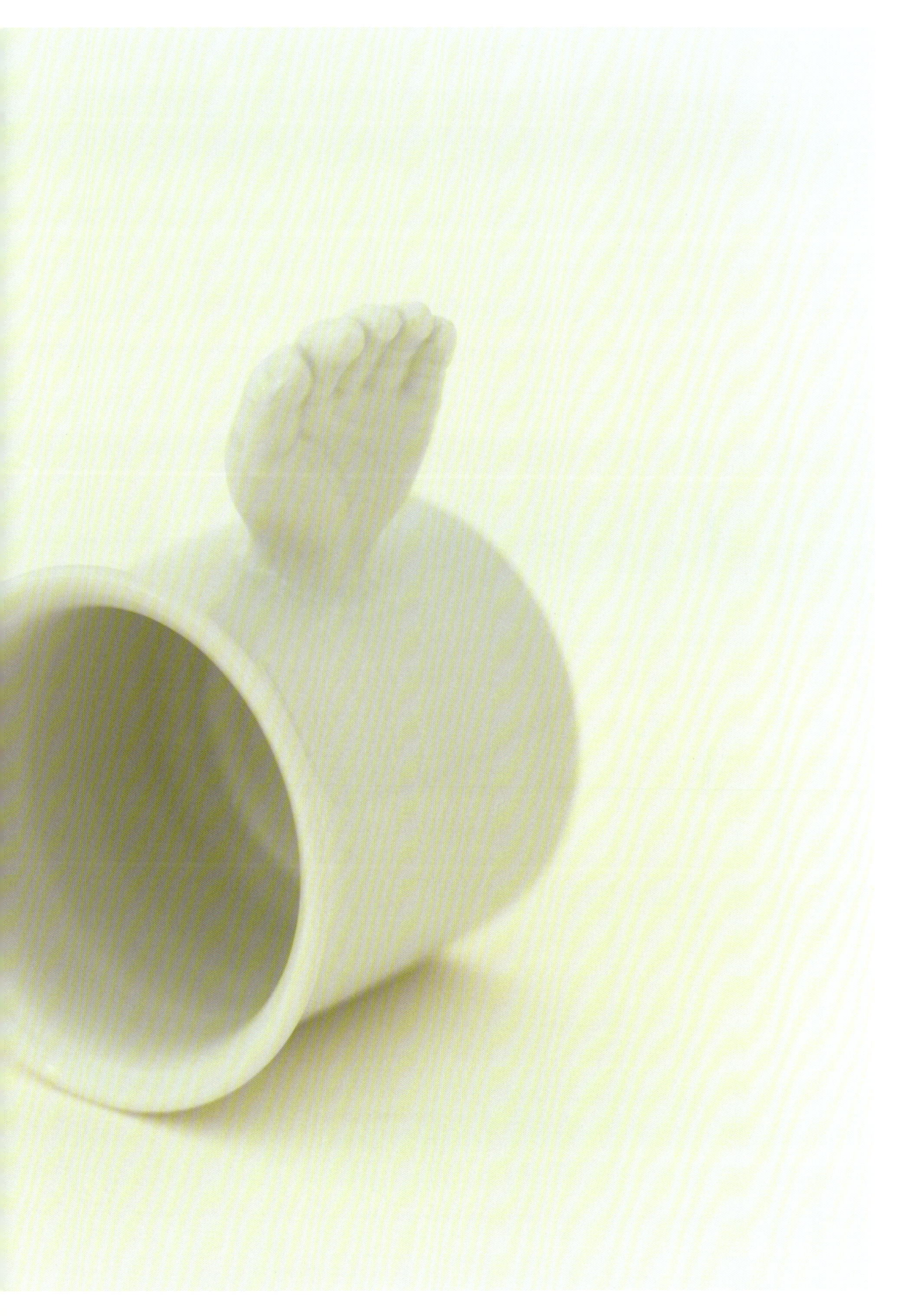

マグリットへのオマージュ　2008年
手があるなら、足があってもいいじゃないか、という軽い気持ちで。

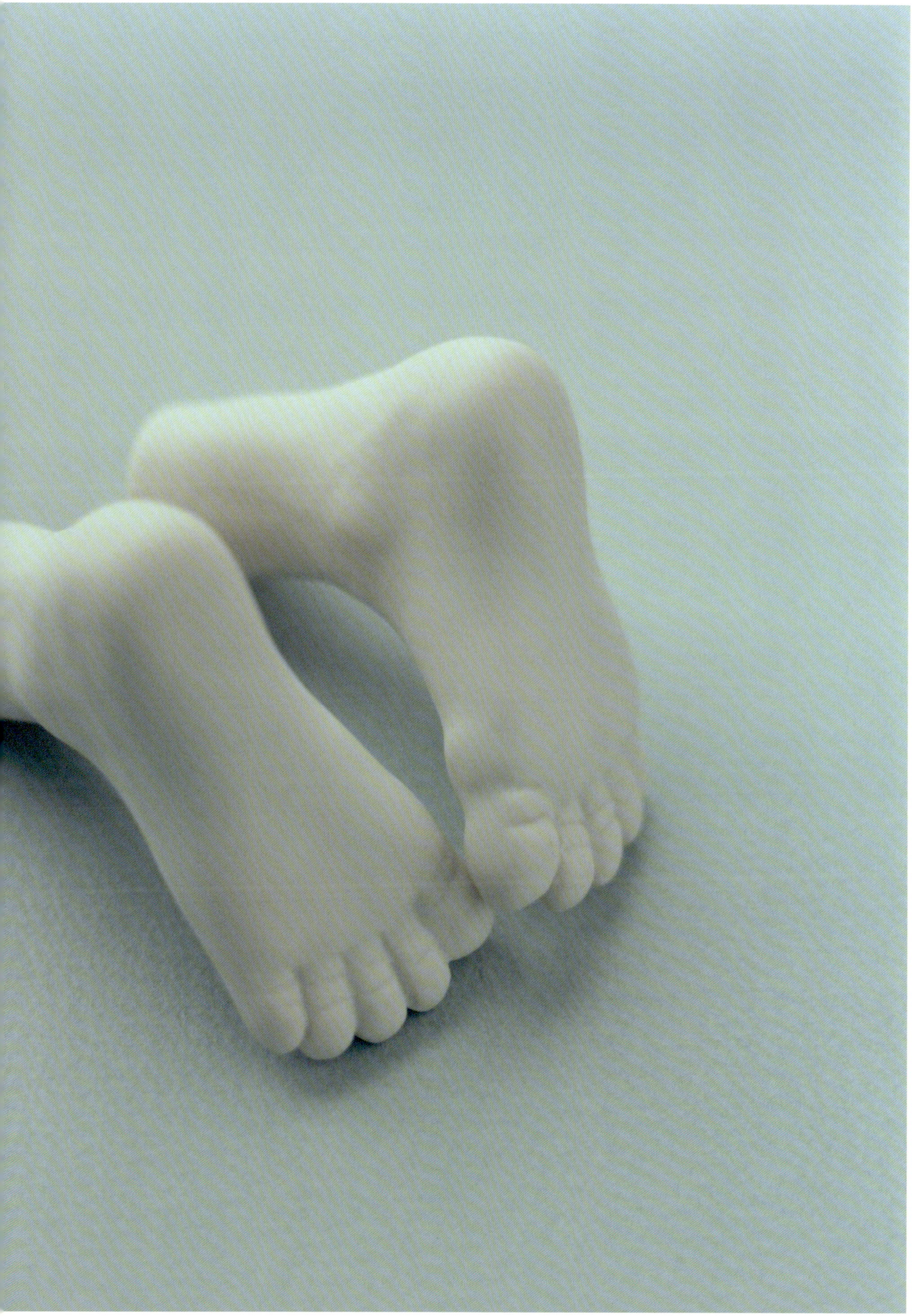

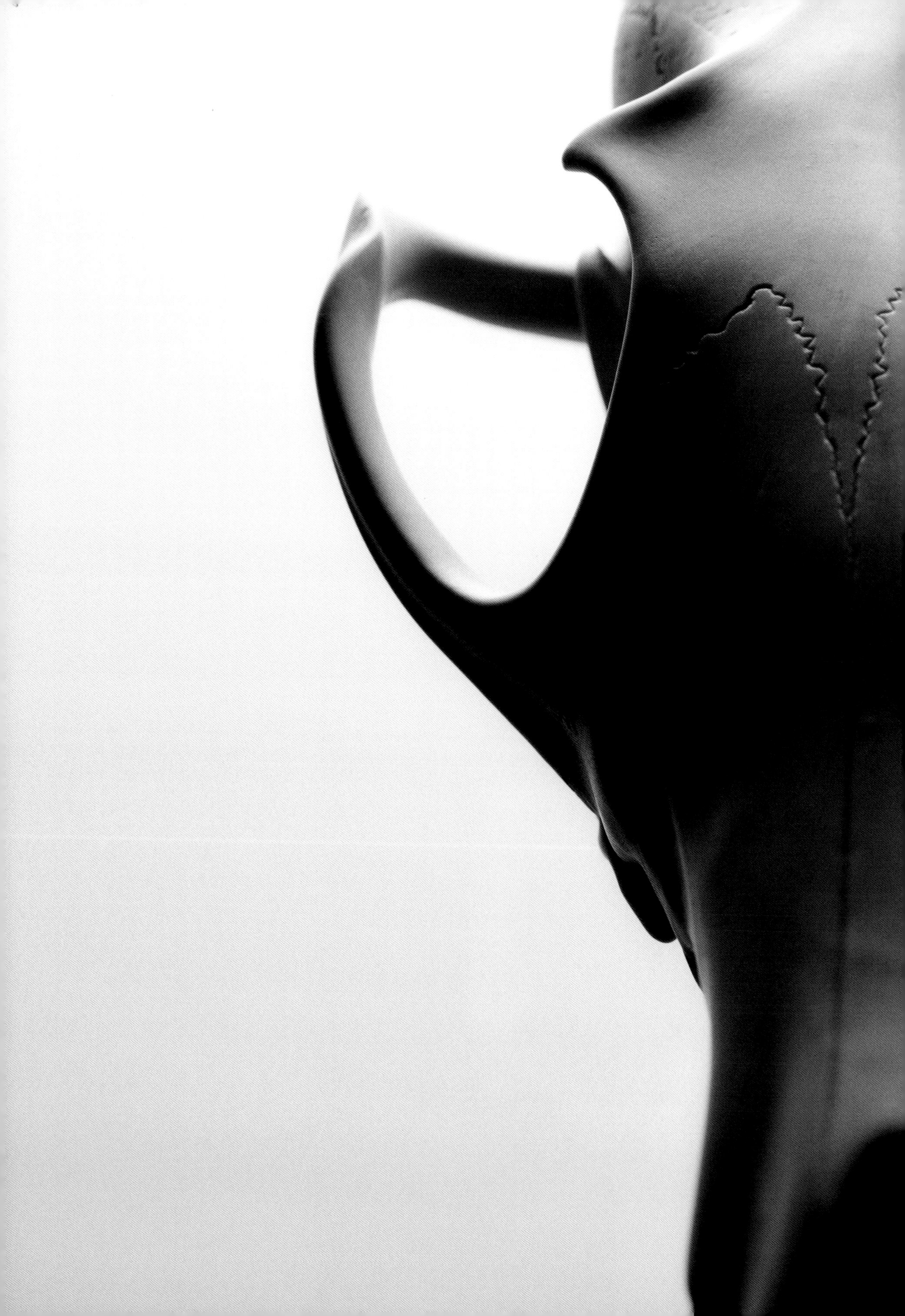

頭蓋骨　1998年

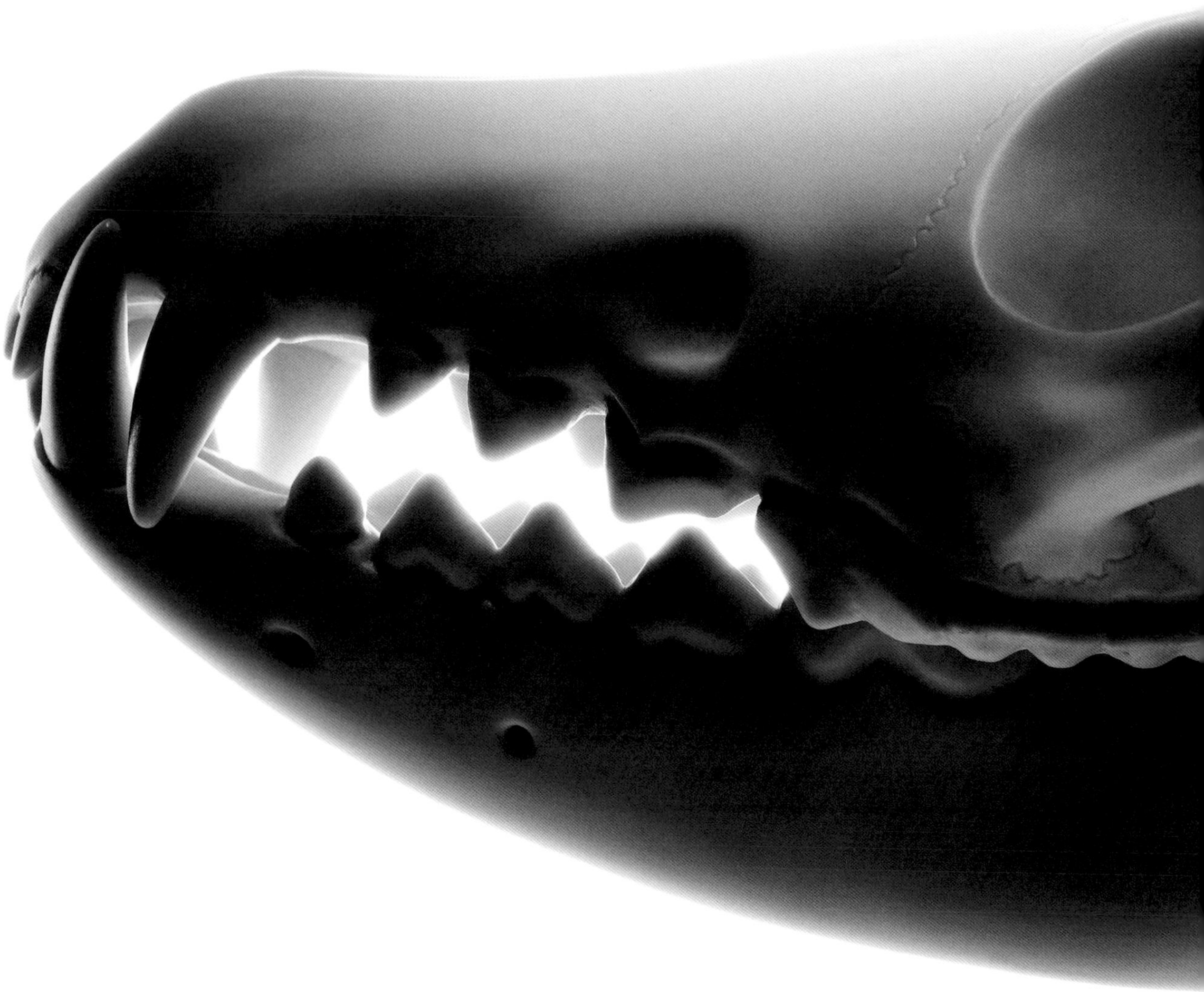

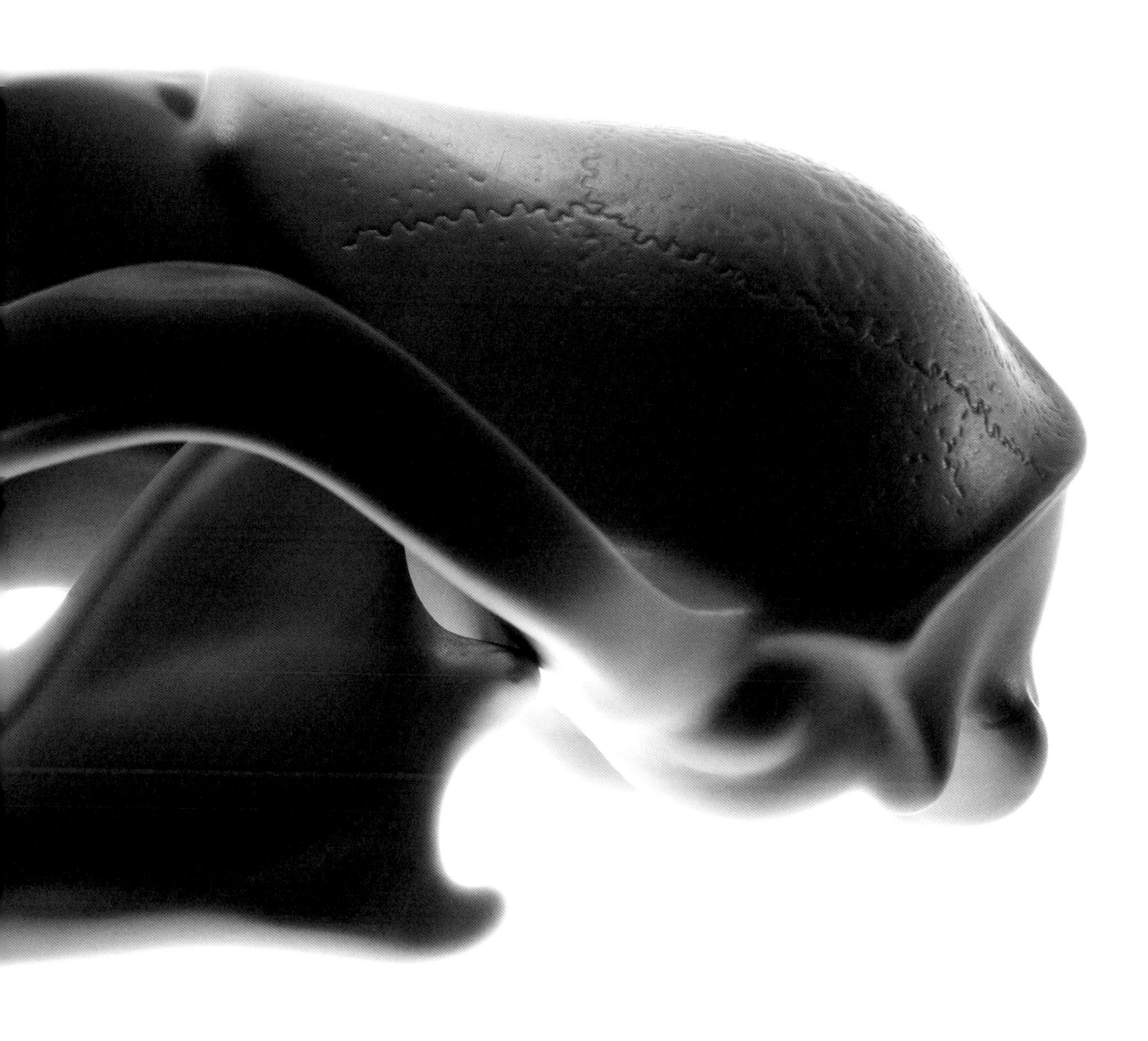

頭蓋骨　1998年
一時期、熱帯魚を飼っていたことがある。色鮮やかな魚たちが水草の間を気ままに泳いでいるのを見ているうちに、ふと「水槽に真っ白な骨を入れたらきれいだろうな」と思いついた。しかも頭蓋骨なら隠れ場所もたくさんあるからきっと魚たちのいい住処になる。とはいえ、骨は水に入れておけば溶けてしまうので、磁器でつくることにした。
これが思った以上に大変だった。狐の頭蓋骨をモデルに倍程度に拡大したのだが、複雑な形状を忠実に再現しようとしたら原形制作だけで1カ月もかかった。しかし、今なら写真をコンピュータに読み込めば簡単に再現できる。すごい時代になってきたものだ。

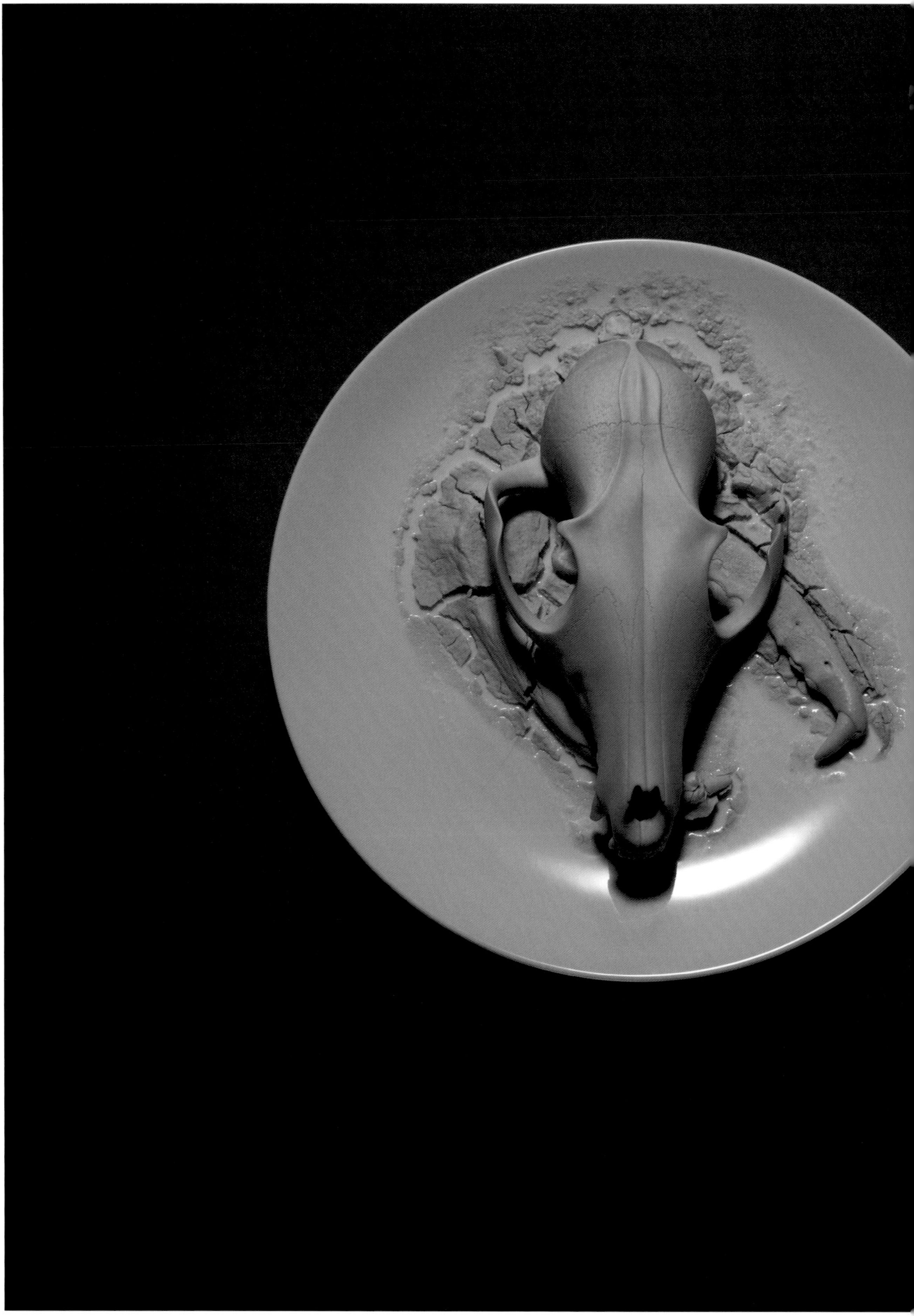

オブジェ　2000年
粘土は乾いていれば崩れないが、水分を含んだら最後、どんどん溶け出していく。ある日、何気なく放置していた作品が、底のほうから溶け始めているのを見つけた。たぶん置いた場所に少々水気があったのだと思う。二つの作品が微妙に溶けあっている姿に妙に惹かれてしまった。そこから発想して、溶けあう形をテーマにいくつか習作を制作した。

BALLOOON　1997年
針金でつくった骨格に、知り合いの職人さんにお願いしてガラスを吹き込んでもらったシャボン玉のような習作。

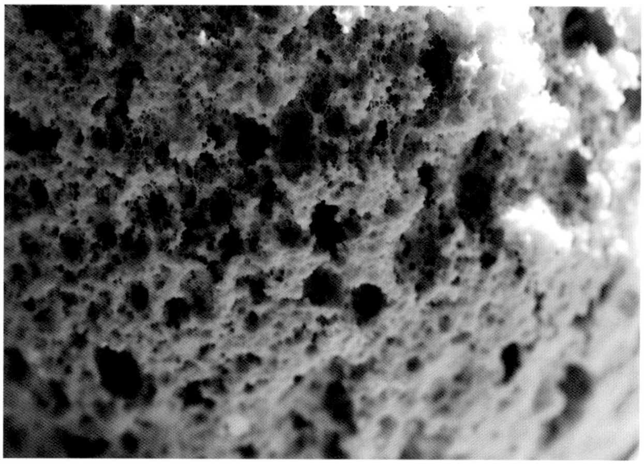

小松のひとりごと

物はいきなりできるわけではない。それを生み出す周辺が必ずある。特に物づくりでは制作環境が無意識のうちに影響を及ぼすので、できるだけ理想的な状態にしておくよう心掛けている。

まずは十分な時間、材料、道具、場所と快い空気、音楽。さらに良い香りが加われば申し分ない。しかし、それだけではまだまだ不十分だ。なにより重要なのは面白いものをつくろうとする強い気持ちで、そのきっかけとなるものがなければならない。たとえば生活空間にはいつも目にするところに気になる物や好きな物、趣味で集めているコレクションがあってほしいし、常にそれらを面白がって遊んでいたいと思う。

そんなわけで、私の手元にはいろいろな物が集まっていった。人形もあれば石ころもある。草木の根のような、他の人からは「？」と思われるようなものまでコレクションとなった。

そのひとつが釣りの浮子で、海外研修で長期間ヨーロッパに滞在した時に各地で集めた。国によって微妙な違いがあり、細かいところまできれいにできていて、しかも意外と安い値段だからコレクションにはもってこいだった。たくさん集まったので、そのうち標本箱にでも並べてみようと思っている。さぞかしカラフルで楽しいことだろう。

遊び心はいつも大事だ。本気で遊んでいるうちに、物をつくる気持ちが熟成されてくる。まさに、「もの好き」は物づくりの初めの一歩、好奇心おう盛に面白がることが、面白い物をつくる下地をつくってくれる。そこにお褒めの言葉や雑誌の掲載、コンペでの受賞など、自分をおだてる要素が加われば効果倍増、さらに面白い物が生まれてくるに違いない。

デザインに出会うまで

　小学生の夏休み、宿題の昆虫採集ではいつも蜂や甲虫ばかりを集めていた。立体的な塊のような虫が面白かったのが、周りからするときれいな蝶々に見向きもしない私はヘンな子に見えたと思う。標本箱は杉の柾目の菓子箱（たぶんカステラの箱）に、博物館の標本を手本にしてていねいにピンで固定して提出した。

　中学生のころ、いちばんの遊び相手は同級生だった酒屋の息子で、店の裏の空き地が遊び場だった。転がっていた酒や醤油を運搬する頑丈な木箱を積み上げて大きな小屋をつくっては、中で漫画を読んだり、お菓子を食べたりするのが楽しかった。

　ベーゴマでもよく遊んだ。酒屋さんにはつきものの大きな樽の蓋を外してゴムの雨合羽を被せ、まわりを紐で縛ってわずかにたるませてステージをつくり、ベーゴマを戦わせていた。そのうち、買ったばかりの新品はすぐに弾き飛ばされて負けてしまうことに気がついた。重心が低く回転力があり、しかも角があるほうが強いのである。そこで、竹の先に固定したベーゴマを学校の行き帰りに舗装道路の上をこすりながら歩いて改良を重ねた。万力や金ヤスリがあれば一手間ですむことも、道具がないと一筋縄ではいかない。子どもなりに知恵を絞って工夫していたが、精度が高いものができるわけでもなく、年上の子が持っていた重心の低いベーゴマにはね飛ばされては口惜しい思をした。ただ、そうやって手を加えること自体が大好きな遊びとなっていたように思う。

ひねくれていた高校時代

　そうして遊びに明け暮れていたら高校受験で失敗してしまった。望みの都立高校ではなく、もっとランクが低くて昔女子校だった学区内の高校に入ることになった私は、自らの学力が低いのを棚に上げ、豊かではない家庭状況を知りながらも私立学校に転校させてくれと駄々をこね、ずいぶん親を困らせた。

　反抗的になっていったのはこのころからだったように思う。家族との会話もせず、いつもふてくされていた。そのうえ入ったクラスが将来の就職にもっとも有利だとされていた理工科進学コースだったものだから、当然のことながら落ちこぼれることになった。ちょうどビートルズが日本でも人気が出始めていたなか、高校生にしては珍しく長髪にしていた私は「あいつらも同じような髪型しているじゃないか」と強がりばかり言っていたので、どんどん孤立していった。まあ、それほど悪いことはしなかったものの、不真面目だったのは間違いない。

　とにかく、とてもひねくれていた。学校をさぼって映画を観に行くことも多かった。フランスのヌーベルバーク作品「勝手にしやがれ」の、反抗的で退廃的なかっこよさにあこがれたのもこの時期だった。骨董品にも興味をもち、入りやすい古道具屋（立派な骨董品店ではないところがミソだ）に出かけては、時々安いものを手に入れていた。昼間から街をふらふらしているものだから職務質問をうけたこともあったが、悪い事をしているわけではなかったので補導はされなかったのがせめてもの救いだったような気がする。

親友のD君について

そんないいかげんな日々に、突然D君が現われた。D君は兄たちが遊びのたまり場にしていた親友の家の隣家の子で、兄たちとも顔見知りだったことから弟の私が同級生であると知ったらしい。消極的でひねていた私は、溌剌として元気のいいD君に突然声をかけられてびっくりしたが、彼はガリ勉ではないしちょっと面白そうに見えた。そこからD君と私は急速に親しくなっていった。

D君は私と違ってとても話し上手だった。芥川龍之介の本がいかに面白いかを会うたびに話してくれた彼のおかげで、活字恐怖症だった私も「小説でも読んでみるか」という気になることもできた。今でも滅多に本は読まないけれど、D君が書物への関心を植えつけてくれなかったらどうなっていただろうと思う。タバコを吸ったことや麻雀をやっていたのがばれて担任からお説教をくらうのも一緒、もちろん余計なこともいろいろ覚えた仲間だった。

高校卒業後も唯一の友人として交流は続いた。彼は大学に行かずに都庁に勤めた（その後、早稲田の夜間で哲学を勉強してちゃんと学位をとった）。稼ぎのある社会人となった彼は、学生だった私を連れてバーに行き、一気飲みを繰り返しては女の子たちを喜ばせ、興が乗ると丸山明宏のよいとまけの歌を表現力豊かに熱唱してまわりをうならせていた。新宿の音楽喫茶ACBや銀座の銀巴里でよくシャンソンを聴きに行き、夜を徹して飲みながら面白い話を聞かせてもくれた。とにかく私とは正反対、酒が強くて場を盛り上げるD君は、今も会うと元気をくれるありがたい人である。

同時に彼は、私のデザインや創作活動のたいへんな理解者となってくれた。その入れ込み方たるや半端ではない。家を新築しようと見学に行った住宅展示場で私がデザインした灰皿＜KUL＞がディスプレイされているのを発見し、その住宅建築会社に即決したほどだった。このいきさつを知った建築会社の担当者は相当びっくりしたそうだ。つい最近、この話を彼の奥さんから聞いた時にはじんときてしまった。友人とはありがたいものである。

母について

母は絵や物をつくることがとても上手だった。小学校低学年のころ、姉と3人でよく写生に出かけた。母の絵が正確に描かれていて、とてもうらやましかった記憶がある。今でも当時の母の絵が何枚か残っていて、楽しんで描いている様子が伝わってくる。姉とは2人で絵画教室に通っていたが、そのおかげだろうか、学校でも図画の成績だけはずっと良かった。

とにかくしょっちゅう直したり、繕ったりしている人だった。編んで、縫って、描いて、組み立てて、いつも手を動かしていた。家を建てる時にはチラシの裏に平面図のようなものを描き、庭仕事では瓦や木端を利用してきれいな花壇をこしらえていた。子どもの眼には、母の手が加わればなんでも素晴らしくなるように映っていた。

今でも思い出すのは夏休みの宿題だった昆虫採集だ。木の菓子箱を再利用してつくった標本箱に、母が最後の仕上げに透明なセロハン紙で表面を覆ってくれていた。霧を吹きかけて乾かすとピンと張りつめ、薄いガラスのようになる。それは見事な出来栄えで、子どもの私にはそれはまるで魔法使いの仕事のように見えた。最初に出会った物づくりの人だった母を、私は幼いながらも素直に尊敬していたように思う。

成長とともに徐々に反抗的になり、高校では何度も呼び出され、普通大学の進学は無理だと言われていた息子を唯一生かす道は図画工作だと見極め、デザインの世界へのレールを引いたのは母だった。おそらく母自身もデザインをやってみたいという気持ちを抱いていたような気がする。その後、デザインに夢中になっていった私を見て、きっと少しはほっとしてくれたのではないだろうか。

陶オブジェ　1967年
用途のあるものばかりつくっていると、時にオブジェもつくりたくなる。若いころは軽い気持ちでやってみたくなってつくったのだが、やはりオブジェというものは重い気持ちでやらないとどうもうまくいかないらしい。
ところで今回、久しぶりに眺めてみたら穴が開いていることに気がついた。この頃から"穴"が心のどこかに引っ掛かっていたのだろうか。

デザインの道へ

　遊んでばかりで勉強嫌いの高校生だった私が「デザイン」の道に入ったのは、母がきっかけだった。落ちこぼれの息子の行く末を心配した母は「どうしたらいいだろう」と仲良しのMおばさんに相談し、その時にデザインという新しい分野があることを教えてもらったようだ。「デザインを目指したら？」という母の言葉に、絵画や工作しか能がないと自覚していた私はすぐに飛びつき、Mおばさんが紹介してくれた寺島祥五郎デザイン事務所に週一回お邪魔させてもらうようになった。それが高校3年の時だった。

　寺島祥五郎さんは、戦後日本の産業の輸出振興のために、アメリカやヨーロッパへの市場調査に派遣されていた産業工芸試験所の人たちの一人だった。カナダ生まれのMおばさんとは、英語の翻訳や海外とのやり取りの手伝いを仕事にしていた関係で知り合ったらしい。初めて訪れた寺島デザイン事務所は、今まで見たこともないような白いモダンな空間だった。大きなオートバイが真ん中にドンと置かれた部屋には、窓際にある明るい机に向かって何人もの所員がグラフィックやインテリアなど幅広いデザインの仕事をしていた。

　デザインというとファッションか図案のことだと思っていた無知な若造にとってはまさに目から鱗の体験だった。新しい世界の空気が漂う事務所で海外の専門書や雑誌を見せてもらうだけでワクワクし、酔ったようにいい気持ちになっていた。アメリカの有名なデザイナーであるレイモンド・ローウィの『口紅から機関車まで』の翻訳本を読ませてもらったのもこの時だった。寺島所長は、デザインの対象が世の中に存在するあらゆるものであることを私に教え、自ら課題を出して翌週にその講評をしてくれることもあった。どうしようもなくひねくれていた高校生に、デザインの世界の面白さをわからせてくれた寺島所長には心からお礼を言いたいと思う。

大学受験、そして大学生へ

　デザインの道に進むことに決めた私は、他の志望者と同じく国立の東京芸術大学を受験した。しかし、倍率がものすごく高い時代だから簡単に受かるはずもない。いいところまでいったものの不合格となり、もう1年挑戦しようと予備校のお茶の水美術学園に籍を置いた。とはいえ、それほど真面目な予備校生ではなく、遅刻してデッサンする場所がなくなると神田の古本屋街をぶらついて、少しお金があるとパチンコをやっては損ばかりしていた。

　それでも模擬試験では高得点を取ることもあったせいでうぬぼれだけは強く、当時は大勢いた2浪3浪の人を差し置いて生意気な態度をとっていた。おかげで仲間もなくいつも孤立していたのだが、この性分は現在も変わってはいない。

　それでも2度目の受験失敗はかなりこたえた。浪人するほど家は豊かでないとわかっていたし、自活するほどの力があるわけでもない。そこでまだ願書を受け付けていた武蔵野美術大学の短期大学を受験し、工芸デザイン科に入学することになった。

大学のクラスは現役から4浪までいろいろな経歴の人がごちゃ混ぜで、吹きだまりのような雰囲気があった。各種のデザイン協会が設立され始めていたデザイン啓蒙期のような時期で、そうした活動に参加している30代の若い先生たちが大勢いる大学は活気に満ちていた。

私にとって大学生活はまさにパラダイスだった。物をつくったり描いたりはもちろん、あらゆることが楽しくてしょうがなかった。課題だけではもの足りなくて、年上のクラスメートといろいろな講演会や学会に足を運び、自分たちでデザイン研究会まで結成した。遊びも大事だと言う人たちもいたけれど、デザインの勉強をする事自体が遊びのようなものだったように思う。

陶芸専攻を選択して

1年間で基礎的なデッサンと彫刻、さらにデザインの平面構成、立体構成などを学んだ後は、木工（インテリア）、金工、陶磁、テキスタイルのうちのいずれかを選択し、希望する専攻に進むことができる。生活環境デザインの視点から陶磁を考えたかった私は、インテリアの勉強をしてから陶磁をやれば今までにない視点からデザインができるのではないかと思い、インテリアに進むかどうか迷った。結局、あと1年しかないので寄り道するのはやめようと陶磁を選ぶことに決めた。もっとも人数が少なかったのも理由のひとつとなった。

基礎課程は現在の大学がある小平市小川町鷹の台校だったが、専攻の授業は吉祥寺校となる。陶磁工房は地下の一室でろくろが5台、小さな電気窯一基と、ガス窯一基があった。今から思えばささやかな設備で恵まれない制作環境だったが、後々のことを考えれば自分で工夫していかなければならない状況はかえって良かったようにも思う。

初めての課題は先生がつくった見本と同じ物をたくさんつくることで、ろくろ成形の技術習得が目的だった。つばのある鉢は難しい形でとても苦労したが、そのぶん技術も向上できた。

次の課題はろくろによる花器のデザインと制作だった。ちょうど日本ではスカンジナビアデザイン展が都心の有名デパートでさかんに催されていたころで、私はフィンランドのアラビア社に所属するサルメンハーラ女史のろくろ成形の花器にとても影響を受けていた。シャモット（石の粒が混ざったザックリする土）を使った彼女の作品は、シンプルだが日本の陶磁にはない独特の形が新鮮で、一所懸命真似をしてつくってみたが、技術が未熟だから思うようにいかない。そもそも真似したものを提出することもできない。そこで気持ちを切り替えて基本に戻り、シンプルな卵の形にして釉薬を浸しがけにすることにした。それを加藤達美先生が気に入って、私の意図にしたがって釉薬を掛け分けてくださった。これはとてもうまく焼き上り、今でも大切に手元に残してある(P156)。

卒業制作の話

その後もろくろによる茶器セット、特定の建築物を想定した壁面タイルのデザ

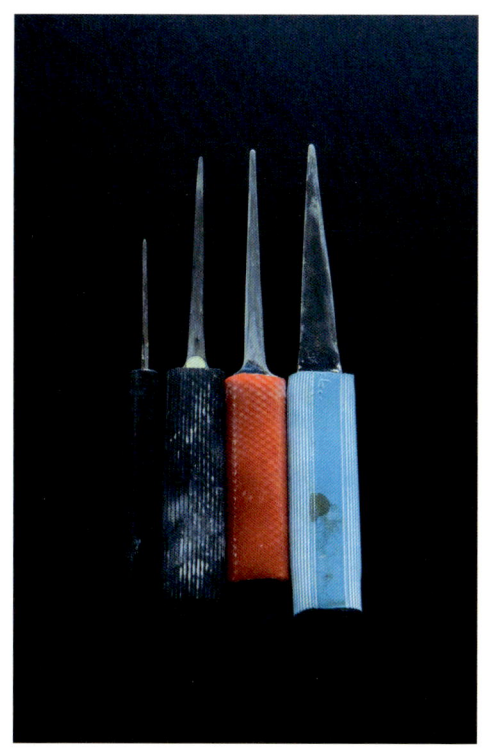

左／穴開け用のオリジナルナイフ。スウェーデン鋼のカナノコの刃を使って作成した。〈空シリーズ〉で大活躍する道具。
右／彫刻刀の両側面に刃をつけたオリジナル。石膏の鋳込み型など合わせ目を効率よく彫り込むことができる、とても便利な削り道具だ。

　インなど、いろいろな課題に取り組んだ。なかでも面白かったのが鋳込み成形だった。石膏型を用いて同じ物を量産する、陶磁器にしかない独特の技法だった。この時から鋳込み成型では手づくりにはない面白い表現の可能性があると感じ始めたように思う。

　そうしてあっという間に最後の卒業制作になった。提案性のある面白い物にしようと試行錯誤を重ねた末に、陶磁を主体に金属という異素材を組み合わせた作品をつくることにした。当時話題となっていたノーファニチャーのインテリア空間のための、床面を照らす照明器具である。1年足らずの経験ではなかなか思うようにはいかなかったが、ろくろ成型でできるだけ大きなものをつくった。同時に陶磁と金属を組み合わせたキャンドルスタンドも制作、こちらは小さいのでそれほど苦労せずに済んだ（P157〜P159）。

　ついこの間、この本に掲載したいと思いたち、大学の美術館に残っているかどうか問い合わせた。すると幸いなことに、その年唯一の優秀賞作品として大学が買い上げて保存しているという。約50年ぶりに対面した瞬間、若いころの気持ちがこみあげて、思わずつくり直してみたいという思いにとらわれた。半世紀を経てもなお、そこには拙いながらも伝わってくるものが確かにあった。

型のパーティングを決めるのに重宝するオリジナルの道具。一辺に鉛筆の芯を貼り付けた直角定規で、一辺を底にあてたまま対象物の周囲を滑らすと頂点となる地点に印を付けることができる。

　短大の2年間は短かったが、先生もカリキュラムも4年制と同じだったから凝縮して学べたような気がする。そう考えるとちょっと得した気分もする。とはいってもまだまだ勉強したいという思いは強かった。どうしたものかと思っていたら短大に専攻科が設置されることになったので、喜び勇んで第一期生になった。自由制作が基本の専攻科では自ら研究テーマを決めて取り組むことができる。時間もたっぷりあるので、美術館や画廊を見て回ることも多かった。

研究室の日々

　もうすぐ修了という頃、研究室に残らないかとの誘いを受けた。陶磁器産地のメーカーにでも就職してデザインの仕事で苦労してみたいと考えていたものだから迷ってしまった。結局、「研究室にいてもデザインの仕事はできる。教育現場における経験も有意義なものだ」と先生に説得されて残ることになった。

　肩書きは「技術指導員」だというので、急きょ春休みを利用して実習体験にいくことになった。実習先は加藤達美先生がデザイン顧問をしていた瀬栄陶器株式会社という大きな製造工場である。そこのデザイン室に勤めていたM先輩の宿舎に居候させてもらい、石膏原型制作部門、使用型制作部門、鋳込み制作部門で約1ヶ月間、実習することになった。量産陶器がどのようにできるのか、それに必要な石膏型をどうつくるのかを実体験で学べたのはなにより貴重な時間だっ

た。この時の経験がその後の鋳込み成形の仕事に大いに役立つことになった。また、ほのぼのとした人柄のM先輩は、やさしくて面倒見がよい人で、休日には古い時代の窯跡にも連れて行ってくれた。その当時製造されていた須恵器の発掘採集を経験できたこともいい思い出である。

　研究室の一員になった年、短大の専攻と学部の3〜4年生の実技実習も鷹の台校で行われるようになり、工房も新しく建てられた。工事現場のプレハブの建物内に設置された大きな重油の本焼き窯は、作品を「さや」という大きな容器の中に入れて積み重ねて焼く古い形式の窯だった。作業は大変だったが、独特の重油の匂いと焼成バーナーの音が焼いている実感を与えてくれる窯だった。

　研究室では実技実習の指導の多くをまかされていた。それが終わると自分の作品制作の時間となる。通勤時間がもったいないと工房に寝泊まりしながら、寝る間を惜しんで制作する日々が続いた。

大学からの旅立ち
　2年目、幸運にも「'67日本ニュークラフト展（現在の日本クラフト展）」のグランプリであるクラフト賞を受賞した（P160）。心配ばかりかけていた親をようやく少しは喜ばすことができたし、同期の仲間が高円寺のスナックを借り切って盛大な受賞パーティーを開いてくれた。松屋銀座内のクラフトのギャラリーで開催された受賞作品の展覧会では追加注文もたくさんもらった。賞金のほうはあっという間になくなってしまったけれど、展覧会のおかげで材料の資金調達ができて本当にありがたかった。

　このあたりから大学の学生数が増えて助手の仕事も忙しくなり、コンパでお酒を飲む機会も増えた。もともとビール一杯で真っ赤になるくらい弱いのに徹夜で飲むものだから、飲み過ぎて記憶がないこともしばしばだった。いろんな所でひっくり返っていたようで、救急車のお世話にならなかっただけでもラッキーだったのだろう。おかげでアルコールの限界もよくわかった。

　研究室での生活が4年目に入ったころ、急に世の中が騒がしくなった。隣の中国では文化大革命とやらで伝統文化が全否定され、日本でも学生運動が盛んになって既成のものを否定する空気が充満していた。なかでも全共闘による大学紛争は過激で、全国の大学に飛び火した。武蔵野美術大学も全学集会が頻繁に行われるようになり、先生たちは吊るし上げられて自己批判を迫られる日々が続いた。

　そうしてとうとう武蔵野美術大学も機動隊による学内封鎖を実行することになった。ただひたすら物づくりだけをしてきた私も、まったく違う視点から個人と組織のあり方を考えさせられた。大学の職員にもかかわらず反対の立場をとったのは、ノンポリの私にとっては精一杯の行動だった。こうして、任期を残しながら大学に辞表を提出せざるを得なくなった。

　大学を辞してゆっくりと考えた結果、再確認できたのは「自分は物づくりをやっていくしかない」ということだった。そこで、以前から強い影響を受けていた北欧のデザインをこの目で確かめに行こうと決心した。

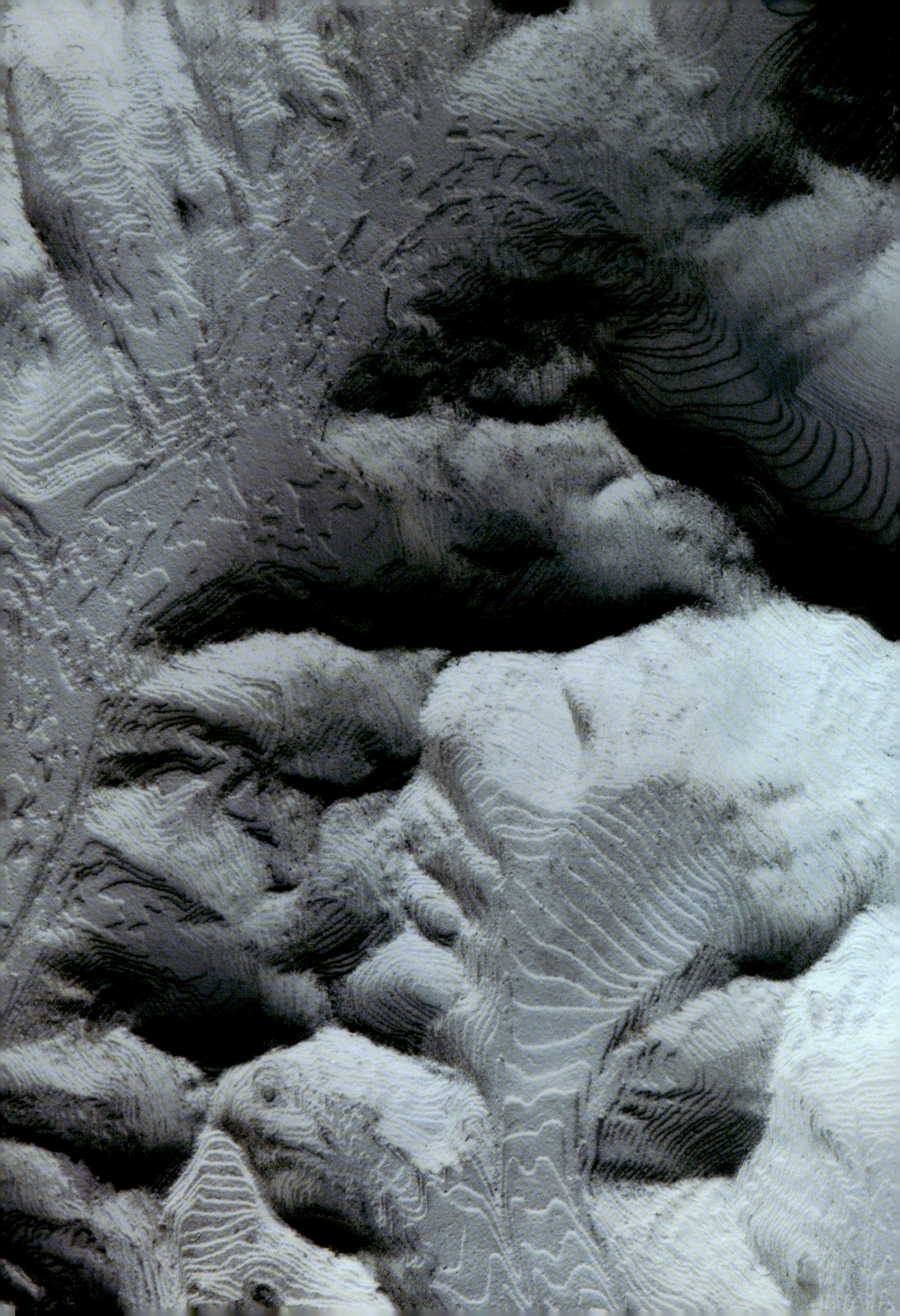

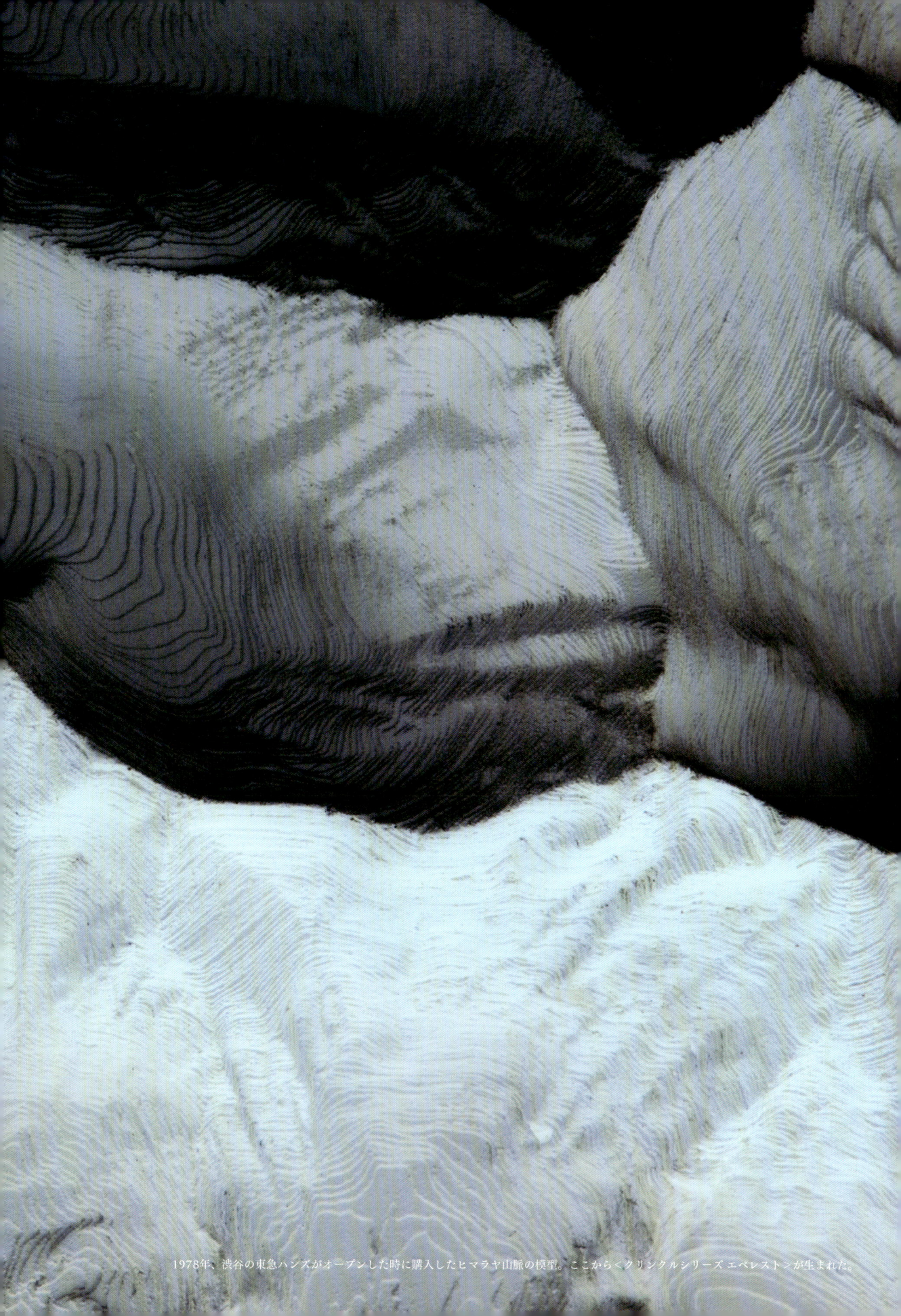

1978年、渋谷の東急ハンズがオープンした時に購入したヒマラヤ山脈の模型。ここからくクリンクルシリーズ エベレスト>が生まれた。

父について

　1960年代には多くの人がそうだったように、父もただひたすら会社のために働き、高度経済成長を支えていた。もちろん子どもの教育どころではなく、ほとんど母にまかせっきりで、触れあった思い出もあまりない。

　唯一思い出すのがトイレでのやりとりである。デザインの道を目指そうと決めた高校3年のころ、私は思いついたアイデアやスケッチをその場ですぐに書き留めることを習慣づけていて、トイレにまでメモ用紙を置いていた。ある日、父がそこにこう記していた。「芸術なんて少数の特権階級のもので、たいして役に立たないのではないか？」

　それに対して私は、「デザインというのは大衆という多くの人のために役立つ物を考えていくことだ」と書いた。その後、さらなる問いかけがあったのかもしれないが、私が無視してしまったのだろう。このやりとりが続くことはなかった。今なら、父にとって芸術もデザインも同じようなものだったのは仕方のないことだと察せるが、反抗期の真只中だった当時の私にはどうしても受け入れ難かった。結局、日常会話も無に等しいままだった。

　成人してから「たまには酒でも飲もうや」と父からたびたび誘われたが、私はことごとく拒否していた。晩年の父は60を過ぎたころから体調を崩し、私がスウェーデンに旅立つ前に亡くなってしまった。父にすればいろいろと話したい事もあったのだろう。今頃になってようやく「一緒に酒でも飲みたかったな」と思うようになったのだが、時既に遅し、である。そういえば諺にもあった。「孝行したい時に親はなし」。

スティグ・リンドベリにあこがれて

　北欧のデザインは、製品のデザインと同時にアートワークをして表現力を高めているのが特徴だ。興味を持つようになったのは、高校生のころである。

　当時、練馬に自宅があった私は、西武線の終点にある西武池袋本店が格好の遊び場だった。そこには、まだ目新しかったスカンジナビアデザインの売場があり、フィンランドのアラビア社の製品やスウェーデンのグスタフベリ社、ロールストランド社の製品に加えて、アートピースがたくさん並べてあった。美術館ではないので手にとって好きなだけ見ることができ、しかも新しい売り場なのでお客さんはまばらで邪魔にされることもない。売場の担当者は「またあの若いのが来ているな」と思っていただろうが、日本の古い陶磁器しか知らない高校生にはそのどれもがとても新鮮で、陶磁器の表現の可能性が一気に拡がったように思えた。

　なかでも惹かれたのがスウェーデンのスティグ・リンドベリだった。単にシンプルで美しいだけでなく、どのデザインにも独特のユーモアのセンスが表現されている。しかも陶磁器からテキスタイル、グラフィックと仕事の範囲も幅広い。「いつかこの人のもとで学びたい」という思いは、大学で陶磁の世界に入ってからも抱き続けていた。

　そんなわけで、大学を辞めるのを機にリンドベリに手紙を書いた。私が下書きをしたものを、母の友人のMおばさんがていねいな英語の手紙にしてくれた。一緒に送るポートフォリオでは、陶磁器に関する技術はすべて習得しているから

必ずお役に立てるとアピールした。手紙のやり取りを重ねて半年ほど経ったころ、心待ちにしていた返事を受け取った。大学で師事した先生がリンドベリの知り合いであったことや、彼が日本人に好感を持っていたことも功を奏したのだろうか、アシスタントとして雇ってくれるという。勤務先となるグスタフベリ社が身元保証人を引き受けてくれたおかげでスウェーデンの労働許可証も発行された。

シベリア鉄道に乗って

　今思えばかなり幸運なスタートで、それからはあわただしく準備した。いちばん安いルートで旅程も組んでいざ出発。まずは横浜からナホトカまでは船で、そこから列車でハバロフスクへ、そこから飛行機でモスクワまで飛んだ。振動が激しくてあらゆるボルトが緩むと言われる、悪名高きツポレフ機は、案の定乗り心地が悪く、機内サービスもぶっきらぼうで素っ気ない。モスクワに到着した時はようやくここまで来たという思いでいっぱいになった。

　モスクワで一泊した後は、長い鉄道の旅が始まった。そう、あの有名なシベリア鉄道である。五木寛之の『青年は荒野をめざす』がベストセラーになっていた時期だったから、小説に感化されて自分探しの旅をしている若者がたくさんいた。彼らはシベリア鉄道で北欧に行き、レストランなどで下働きしてお金を貯め、ヨーロッパを南下して行くのだ。税率の高い北欧では税金のかからない非合法の働き手は引く手あまただったこともあり、たくさんの日本の若者が店の裏で隠れて働いていたものだ。

　シベリア鉄道のコンパートメントでは、私を含めて3人の日本の若者とデンマークの婦人が同室になった。若者たちがあてのない旅をするように見えるのに対し、はっきりとした目的を持っている自分が少し誇らしかった。デンマークの婦人は理知的な雰囲気の方だった。私が「これからスウェーデンでリンドベリの助手として働く」と話すと、一人旅の私を気遣って自分の予定を変更し、一緒にストックホルムで途中下車してリンドベリに電話をしてくれた。もしかしたらリンドベリの名前を知っていたのかもしれないが、雪が舞う薄暗い冬の駅で迎えが来るまで一緒に待っていてくれたのは本当に心強かったし、ありがたかった。

　それなのに、小一時間ほどしてリンドベリ本人が愛車のシトロエンで現れた時には、私はそのことにびっくりして慌ててしまい、親切なデンマークの婦人に満足なお礼も伝えられないままに別れることになった。その後、その時のお礼を伝えようとコペンハーゲンまで出向いて自宅を訪ねたが、不在のため再会が叶わなかった。これは今もって悔いが残る思い出となった。

グスタフベリのアトリエ①　ミニアチュール

　グスタフベリ社はストックホルムから車で約30分、周囲にはそこで働く人たちの小さな町がある。リンドベリに最初に連れて行かれたのはアトリエだった。チーフはウルムの美術大学で勉強したドイツ人のハイコ・ニーチェだ。決まり事や仕事内容について教えてくれた彼を年上だと思っていたら、同い歳だと聞いて

ちょっとびっくりした。他に若い頃からリンドベリの片腕として働いているろくろ職人のスウェーデン人がダン・グリープと、デコレーション担当の女性が二人いた。総勢5名のアトリエだった。

　最初の仕事は新しいテーブルウェアの開発で、リンドベリが描いたアイデアスケッチをもとに実物モデルをつくることだった。正確につくるには、粘土ごとに違う収縮率（12 〜 15％）を見越し、さらに1300度近い高温で焼成中に軟化して歪むことを想定しなければならない。正確でていねいな仕事が要求されたが、急がされない環境でしっかり取り組むことができた。

　実物にしてデザインを確認していくのは、紙の上で考えるのとは異なり手間も時間もかかるが、確実に良い物へと繋がっていく。リンドベリの制作の姿勢は、その後の仕事で大いに参考になっている。

　次の仕事はミニアチュールというアートピースの制作だった。指先大から10cmぐらいの小さな器物をリンドベリが描いたスケッチを元に自由に発展させ、一品ものとしてろくろで制作していく仕事だ。彼の好むデザインにしながら、全部異なるものにするには工夫が必要で、良い勉強になった。

　この時、道具もいろいろつくった。もっとも大きなものは目線の高さで作業するためのろくろの上にのせる回転台だ。細い口をつくるために金鋸の刃を加工して極細いナイフにしたものや、針金や硬い木を加工した小さな壺の内側を整えるコテ、削り仕上げ用の小さなカンナもつくった。高台を仕上げる際の石膏の固定用台座も多種多様なものを用意した。

　一日に10 〜 15個が精一杯だったが制作数が決まっていない楽しい仕事だった。反面、小さな物だけに相当の集中力が必要で、なぜかしょっちゅう中耳炎になっていた。手ごろな値段だったから、北欧の住宅では窓辺等に飾って楽しむコレクターがたくさんいて、リンドベリの個展では真っ先に売れていた。日本でも銀座の和光で見かけたことがあることを考えると、日本にも何人かコレクターがいたようだ。

スウェーデンのろくろ

　日本以外の国では、ろくろの回転方向は反時計回りになっている。だからスウェーデンでは仕事を始める前にろくろを改造してもらった。座る部分も大柄な人の多いな北欧向けだから調整してもらわなければならず、作業台では台の上に乗って作業をすることになった。体格にこれだけ差があると、やはり何かと不便がつきまとう。

　粘土も日本とはずいぶん違う。とにかく固いから強い力が必要で、日本式の菊練りではすぐに疲れてしまう。そこで北欧の練り方を教わることになったのだが、これがまったく日本とは異なっていて、正確にいうと練るのではなく、針金で粘土を限りなく切っていきながら全体を均一にしていく方法で、このほうが少し硬めの粘土には有効だった。「郷に入れば郷に従え」というのは本当なのだ。

デンマークのカイ・ボイセン作のカバ（左）と、アフリカのドゴン族の人がつくった青銅製の魚（右）。

グスタフスベリのアトリエ ②　仲間たち

　壁面を飾る陶板も年に数日やっていた。シャモットが入ったザックリとした粘土を石膏型の中に打ち込んでつくる、かなりの力仕事だった。

　1m四方で厚さが4〜5㎝の大物を、砂が敷き詰められた大きな作業台でつくる砂型鋳込み技法も面白かった。砂に湿気を持たせて上から固いもので押してレリーフをつくり、そこに特別に調整した大物用の鋳込み粘土を流し込み、粘土が自然乾燥するまで放置しておく。2〜3週間後、固くなったころに力持ちの仲間たちに手伝ってもらいながら引っくり返して仕上げ、釉薬をかけて焼き上げる。たいへんだったが、独特のテクスチュアを持った面白いものができていた。

　とにかく仕事は楽しかったのだが、一方で仲間づきあいでは苦労もあった。リンドベリの指示通りに一所懸命やり過ぎるという日本人ならではの気質が嫌われたのだろう。要は「のんびりと仕事をやっているのだから、自分たちのペースを壊すな」というわけである。「あいつは真面目にやり過ぎる」と陰で文句を言われたこともある。しかもスウェーデン語はからきしダメ、英語もそれほどうまくないのだから意思疎通もできない。働き始めた当初は仕事仲間からはかなり浮いてしまい、冷やかな扱いを受けていた。

　そこで仕事の後にスウェーデン語の学校に通い始め、しばらくするとなんとか日常会話程度はできるようになった。同じ言葉で話せるようになると仲間意識も育ってくれるようである。私自身も「ここのペースでやろう」と決めて仕事をするようになっていくうちに、だんだんと意思の疎通もできるようになり、いい雰囲気になった。

　仲間たちとの楽しい時間も増え、上司の目を盗んで皆で遊ぶこともたびたびであった。大きな板をかぶせた砂型鋳込みの作業台で3国対抗卓球大会した時はかなり盛り上がったし、面白い釉薬をつくる競争をしたこともある。当時は50m

上の写真は、友人のハイコ・ニーチェ（左）、ポール・ホフ（右）の作品。下の写真は、ハンガリー、メキシコ、インド、アフリカ、スウェーデンなど、いろいろな国の鳥の置物。

ほどの長さの窯に台車で次々と送り込んで焼き上げるトンネル窯が稼働していて、小さな試験体を入れると20時間ほどで完成するのだ。この時、銅の入った釉薬を試し、還元焼成で赤や紫、青、緑など変化に富んだ調合をいっぱいつくることができた。

グスタフベリのアトリエ③　あの頃と現在

　1970年代のグスタフベリ社ではたくさんのデザイナーがアトリエを構えていた。もちろんトップはアートディレクターのリンドベリだ。ライバルだったベルント・フリーベリはいわゆる陶芸家で、ろくろから釉薬調合、焼成まですべて一

人で手掛けていた。シンプルな形にきれいな釉薬がかかったオーソドックスな作品で、スウェーデンの国内外でとても人気が高かった。先代の国王グスタフ4世アドルフもコレクターの一人で、時々会社にフリーベリを訪ねて来て、私も言葉をかけてもらったことがある。最近は日本でも人気が出て、価格がどんどん上がっているようである。

現在、人形や動物が日本で大人気の女性デザイナー、リサ・ラーソンのアトリエもあった。当時からとても魅力的な仕事をして人気があった彼女はリンドベリのお気に入りで、外部から招かれたという。現在でもグスタフベリ社の生産部門には彼女のものを量産するラインだけが唯一存在している。

他にはカーリン・ビヨルクヴィスト、ブリット・ルイス・スンデール、マルガレータ・ヘンニックスという3人の女性デザイナーと、若い男性デザイナーのポール・ホフ、その他数人の特別の技能を持ったデザイナーがアトリエを持っていて、ほとんどが自由に制作していた。

アトリエで磨かれた感性を量産品のデザインに反映させるという方針だったグスタフベリ社には、デザイナーにとっては楽園のような制作環境が存続していた。これも社を支える建築設備部門、特に衛生陶器部門が好調だったからで、1975年頃から欧州全体の建築界が不景気になると維持することが困難になっていったようである。その後は経営者が交代して吸収合併を繰り返し、会社そのものがなくなってしまった。

1973年に帰国したので、私はもっともいい時期に勉強させてもらったことになる。2006年に再訪した時には陶磁器美術館とリサ・ラーソンの生産ライン、何軒かの過去の製品を売るショップのみが営業していた。かつてのアトリエは貸し工房となり、たくさんの若い陶芸家が制作をしていた。

スウェーデンでの生活① 食生活

この時期の暮らしにはたくさんの思い出がある。宿舎は会社の近くの小高い丘の上にある木造家屋で、トイレ、キッチン付きの約15㎡のワンルームだった。ベッド以外の家具はなかったので、自分でつくることにした。町のスーパーマーケットにはしっかりした道具類が並んでいて、グスタフベリ社はもちろん、フィンランドのアラビア社の食器まで置いてあった。さすが北欧である。日本人には必需品の調味料キッコーマンの醤油も、あの有名なGKデザインの赤いキャップの卓上瓶で売られていた。

炊事は面倒だしほとんどやる気がなかった私は、10時の朝食（始業時間は8時だった）と12時の昼食は食堂でオープンサンドを買って済ませていた。とはいえ、夕食は外食したくてもスーパー付属の軽食堂しかないので自分でつくるしかない。日本とよく似た丸くて短いお米を売っていたのでご飯を炊いた。いちばん苦労したのはおかずで、口に合うものがなかなか見つからず、ようやく見つけた冷凍食品の「スプリングロール（春巻き）」をいつも食べていた覚えがある。

それにしても、北欧の人たちの食事はとてもシンプルだ。夕食もお弁当も主食

はジャガイモ、ソーセージやハムまたは煮込まれた豆を付け合わせるほか、保存食のハードブレッド（いわゆる乾パン）にバターやチーズ、ハムやレバーペストをのせて食べている。ほとんどの家庭が共働きのため、手の込んだものはつくらないのだそうだ。

　一方、スウェーデンならではの美味にも出会った。そのひとつが夏の風物詩、ザリガニである。スウェーデンではあちこちに湖があって夏の数日間だけザリガニ漁が解禁になる。皆、事前に申し込んで漁業権を買い、指定された日に釣っては皆で食べていた。竹の棒の先に生魚の切り身を置いた直径40㎝ほどの網をぶら下げて水の中にしばらく入れておき、ザリガニが網に乗ったところを見計らって引き上げる。簡単な仕掛けで1時間もするとバケツ一杯になるほど獲れる。一晩浴槽に入れておき、翌日、ビールで煮ると鮮やかな緋色になる。ディルという香りのよい葉を添えると格段においしい。白夜の貴重な珍味である。

スウェーデンの生活②　釣り

　スウェーデンで迎えた初めての7月、夏休みの週末にフランスに住んでいた日本の友人N夫妻が遊びに来た。私の家は狭くて泊まれないからと、避暑に出かけている仕事仲間の家を借りることにした。湖に面した一軒家である。

　それではそろそろ食事の用意を…、と買い出しに行くと店がみんな閉まっている。スウェーデンでは週末の午後は皆閉店だということを知らなかった私は、なんとか食料を調達しようと一か八か湖で釣りを始めた。初めてのルアーキャスティングだ。そんなに簡単にうまくいくはずがないと何回かトライしてあきらめかけたその時、竿がぐっと重くなった。まさに偶然！　釣れたのは約50cmの「イェッダ」。本来は海に住むカマスが湖に閉じ込められて淡水魚となった白身の魚だった。バターでソテーにしたらとてもおいしくて、思いがけない楽しい食事になった。その時の竿はスウェーデン製のABU、リールは有名なアンバサダー6000C、今でも時々取り出しては当時を懐かしく思い出している。

　ところで、スウェーデンでは釣りと言えばルアーや疑似餌のような人工的な仕掛けで、生の餌は邪道らしい。それでも昔から慣れ親しんだミミズを餌に簡単な竿で釣る浮子釣りのほうが好きな私は、ミミズを捕まえては海釣りに出かけていた。自宅から自転車で15分、絶好の岩場もある。しかもビックリするほどよく釣れた。考えてみれば日本よりも広い国土に人口は日本の12分の1、人口密度は19分の1なのだから、釣人の密度も相当低いのだろう。しかも磯釣りをする人が少ないのだから、釣れるのも当然かもしれない。　ちなみに、いちばん釣れたのは大きいものでは30cmほどにもなるフナに似た魚で、こちらでは小骨が多いからとあまり食べないらしい。地元でもおいしいと人気の、縞のあるアッボーレもよく釣れた。

スウェーデンの生活③　夏休み

　最初の年の夏休み、一人旅に出かけた。宿がなくて駅で寝ることもたびたびあ

るような貧乏旅行で北部の町、ウメオ、ヨックモック、ルレオ、北極圏のキルナと巡り、ノルウェーのナルヴィクに着いた。ここから船でノルウェー沿岸を南下。あの時のフィヨルドの景色はまさに絶景だった。

　それにしても、北欧の人たちは夏になるととても陽気になる。夏至の頃は各地で音楽祭が開かれ、伝統的な曲があちこちで演奏され、誰もが民族衣装をまとい、短い夏の明るい太陽を精一杯満喫しようと集まってくる。

　彼らは海も大好きで、ヨットかモーターボートで海に繰り出しては、たくさんある無人島に上陸して何日も自然の生活を楽しんでいる。仕事仲間のハイコも何人も寝泊まりできるクルーザー・ヨットを持っていて、私もよく彼の家族と航海に出た。おだやかな日はとても気持ちが良いのだが、風の強い日などはかなり傾くので慣れていないと相当に怖い。海図をたよりに目指す島に上陸して、炊事のためにたきぎを集め、食料にする魚を釣る。食後は持ち寄った楽器で即興演奏だ。2年ほどインドにいたことがあるハイコは打楽器や弦楽器をいくつも持っていて、私はギターでセッションするのだが、これが時々うまい具合に噛み合っていい時間を過ごすことができた。

　要するに、彼らは水辺が大好きなのだ。仕事仲間の愛車シトロエン2CVで小旅行に出かけた時には、湖を見つけた途端に皆があっという間に真っ裸になって湖に飛び込んだのにはさすがにびっくりした。

　サウナ好きも半端ではない。湖の近くに夏の別荘を持っていれば必ず水辺にサウナ小屋を建てるのも彼らの習慣だ。サウナで熱くなると湖に飛び込み、またサウナに入っては湖に…、と何度も繰り返しては楽しむらしい。お客さんを招けばまずはサウナでの裸の付き合い。初めてハイコの家に招かれた時は、すすめられてサウナにいたら、友人の若い美女たちが一緒に入って来た時にはさすがに目のやり場に困った。北欧の人たちは開放的なのである。

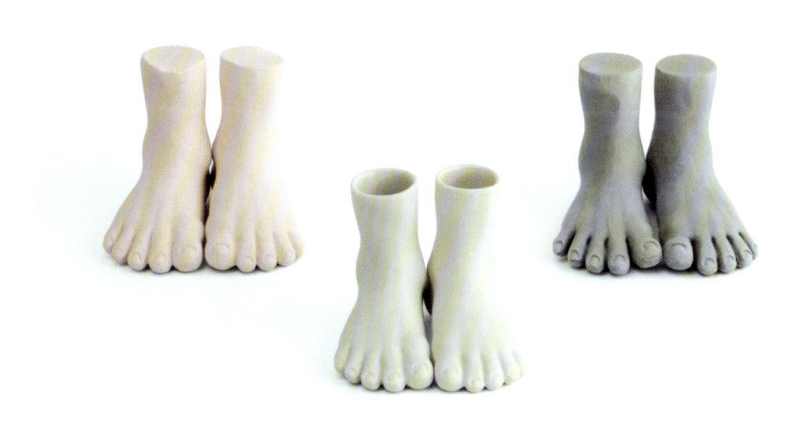

＜マグリットへのオマージュ＞の原形。

世界各地で集めた浮子のコレクション。

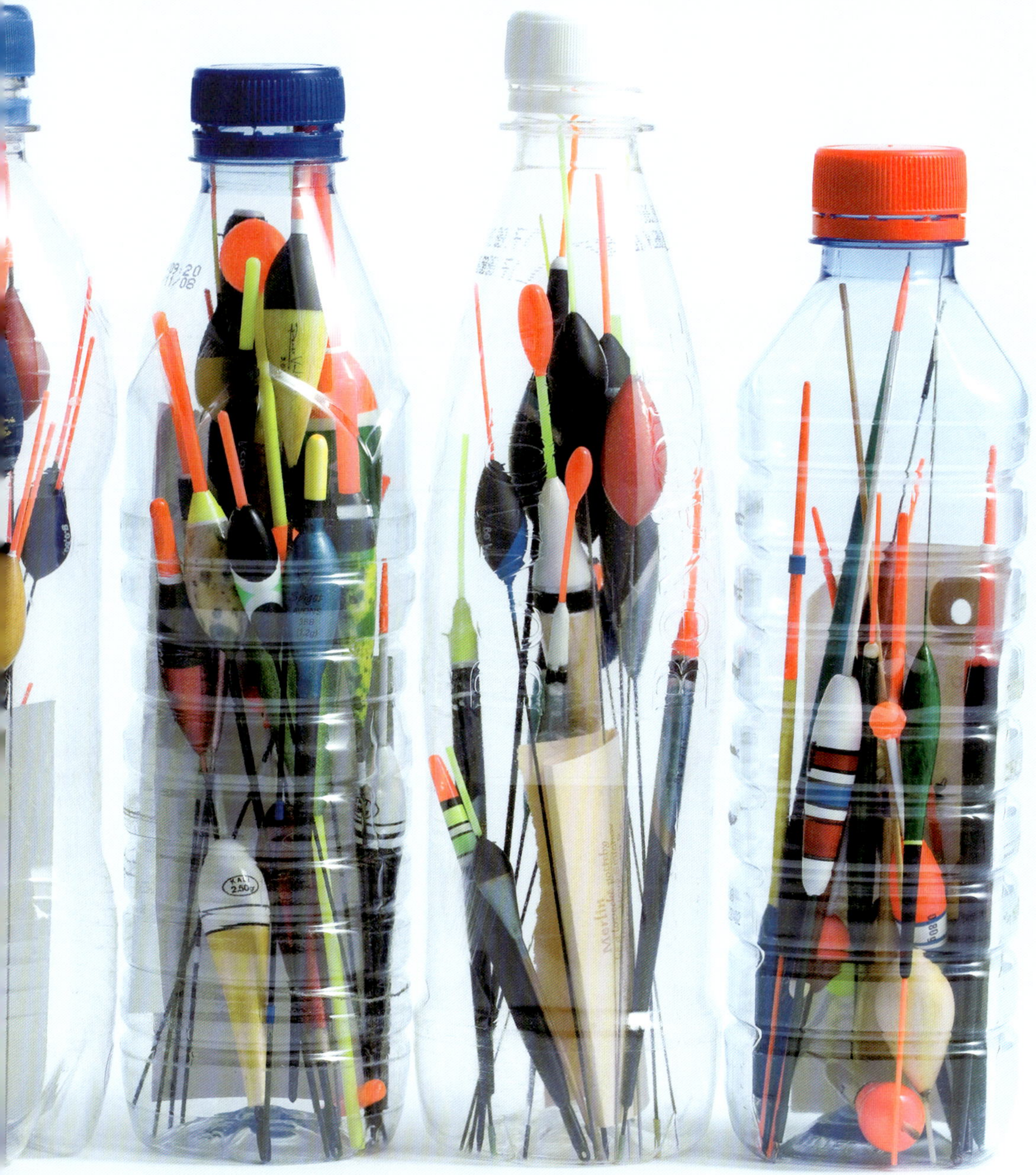

スウェーデンの生活 ④　結婚

　スウェーデンでの生活も2年目、だいぶ慣れて来た頃に日本から女性が単身訪ねて来た。その大胆な行動に驚かされはしたものの、「この人と一緒になりたい」という気持ちは一気に固まった。それが現在のかみさんである。

　それからはあっという間だった。彼女のご両親に手紙を書いて了解を得て、ビザや諸々の手続きをして彼女を呼びよせる準備に追われた。以前から目をつけていたおとぎ話に出てきそうな湖のそばの小さな教会で結婚式を挙げたいと思い、友人に相談すると、どちらかがクリスチャンでなければ式は挙げられないという。途方に暮れていると、異教徒でも式を挙げられる場所を探してきてくれた。

　そこはなんと有名なストックホルム市庁舎の一室だった。ラグナル・エストベリ設計のナショナル・ロマンティシズム建築の傑作で、ノーベル賞の記念晩餐会が行われる場所でもある。しかも、司祭から通訳まで諸々の費用も無料だという。独身でも所得の40%を納税するという高い税率の国は違うなあと納得した。立会人はハイコと奥さんのアンソフィーが務めてくれた。

　結婚式は10分ぐらいで終了、その後、仲間が私たちのアパートに集まってお祝いをしてくれた。事前に近隣の住民には騒がしくなると断りを入れていたのだが、何度もうるさいとお叱りを受け、最後は警察を呼ぶとまで言われてしまった。それほど騒々しくもなかったと思うのだが、どちらにしても今となっては楽しい思い出となっている。

　結婚後しばらくして、女性デザイナー、ブリット・ルイス・スンデールのアシスタントだったドイツ人のペーテルが辞めることになり、代わりにかみさんが働くことになった。大学で陶磁専攻だったのが役に立ったのだ。ただし語学が苦手で黙々と仕事をやるものだから、一日分の仕事が半日で終わってしまうと困っていた。つまり前任者はそれだけのんびりと仕事をしていたということだろう。会話はあまりなくても上司との関係はとても良好だったようで、よく自宅に招かれてはおいしい料理を御馳走になった。日本では珍しい食材に出会うこともしばしばで、アボカドやアーティチョークも彼女の家で初めて体験した。

スウェーデンの生活 ⑤　再び食生活

　料理が得意なかみさんのおかげで、結婚後は食生活がガラリと変わった。ある時、発酵してはちきれるほどパンパンに膨らんだ缶詰を見つけた。実はこれが世界で三本指に入る臭い食べ物として有名な、イワシを発酵させた「シューストロンミング」だった。そんなこととは露知らず二人でワクワクしながらキッチンで穴を開けた瞬間、ものすごい勢いで匂いが吹き出した。それはもうクサヤも真っ青のものすごさで、キッチンは何日経っても臭いし、壁に着いたシミはとれないし、大変な目にあった。後日、仲間たちに訊ねると、「シューストロンミング」はウォッカなどの強い酒を飲みながら風の強い日に戸外で食べるものだと言って笑われた。

　食材も、ストックホルムの中心にある中央市場に出かけてはいろいろ手に入れ

るようになった。イタリアやスペインの移民が多いせいか、北欧の人が食べないイカやタコも売っている。購入すると決まって「どう料理するのか」と質問された。

近所の原生林も恰好の食材の調達場だった。自宅から５分ほどのところにある原生林に近い森では、春先にたくさんのワラビが自生して日本と変わらない味が楽しめた。ただ、仲間に振る舞おうとすると、植物園に電話して「日本人がこんなものを食べているけど大丈夫か」と聞く始末で、怖がって食べてもらえなかった。秋になると森には沢山のキノコが出た。一見毒キノコのような鮮やかな黄色の「カンタレル」は地元の人も大好きな秋の味覚で、店では高い値段で売られていた。会社への道すがら、ゴボウらしきものを発見して食べてみたら、まさにゴボウでビックリしたこともある。

この国には美味しいものがないと思っていたけれど、かみさんのおかげでたくさんおいしいものに出会うことができた。つまるところ、食材は料理次第でどうにでもなる。そんな発見もできた海外生活だった。

Mおばさん

カナダで生まれたMおばさんは、1941年、日米開戦と同時に日本に帰国した人で、日本語より英語が堪能な人だった。どういう経緯で私の母と友人になったのかは今となっては知る由もないが、戦時中に母がおばさんをかばうように面倒を見ていたことが親密になったきっかけらしい。巻き舌で日本語をしゃべるMおばさんは、きっと皆に白い目で見られていたのだと思う。二人は終戦後もとても親密だった。

高校時代に落ちこぼれた時に母が心配して相談したのもおばさんだったようで、物づくりの世界でデザインがとても重要になるという情報を教えてくれたのも、デザインと触れ合う最初のきっかけとなった寺島祥五郎デザイン事務所を紹介してくれたのもMおばさんだった。

スティグ・リンドベリのところに行けたのも、おばさんの力が大きかったと思う。リンドベリに送った手紙は皆、私が日本語で書いたものをおばさんが英語に訳してくれていたからだ。どうやら私が思った以上のことを書いてくれていたようで、スウェーデンに行って初めてリンドベリに会った時、最初に「お前の手紙には感動した」と言われた。あんなに素晴らしい手紙を送ってきたから、これはいろいろ話ができると期待していたらしく、英語ができないことがわかって相当ガッカリしていた。

スウェーデンから帰国後も折につけて力を貸してもらっていた。＜クリンクル＞シリーズがアメリカでも反響を呼んだ際のやりとりをはじめ、マイアミのデザインショップ「ARANGO」への輸出取引、ニューヨーク近代美術館のパブリックコレクション選定でのキュレーターとのやりとり、ミュージアムショップへの輸出納品業務、ニューヨークのセントラルパーク近くのデザインショップ「SOINTU」のオーナー、キップ・トラフトンとの交流等、数々の仲立ちをしてもらった。世界各国の美術館でのパブリックコレクション選定や展覧会への出品ではいつもお世話になったおばさんは、海外との交流で無くてはならない人だった。

Mおばさん、ほんとうにありがとうございました。

この工房には、約40年前に建てた時の配線が残っている。昔の電線は2本別々に屋内へ入り、ジョイントに磁器の碍子（がいし）が使われていた。焼きものはこんなところでも活躍していた、という例。

スウェーデンから帰国して

　仕事が思うようにいけばずっとスウェーデンにいてもいいと思っていたが、結局、語学力が壁となった。日常会話はこなせても、仕事をやっていけるだけの語学力が身につかなかったのだ。いつになっても仲間と議論では理解するのが精一杯で、自分の意見を言うまでにはなれなかった。語学の才能のなさを痛感した私は、3年で区切りをつけてリンドベリに別れを告げ、帰国した。

　とはいえ、日本に帰ってもすぐに仕事があるわけではない。製麺業を営むかみさんの実家に居候して午前中だけ働かせてもらい、午後は独立工房のための準備にあてる生活をしばらく続けた。土、釉薬、焼成と工房の準備は山ほどあったし、製麺所の隣の土地を分けてもらって住居と工房を建てることになったのでプランも練らなければならなかった。

　施工は地元の大工さんにお願いするのだし、資金もたいしてあるわけではない。シンプルでつくりやすいローコスト住宅を心がけたが、木造であること、漆喰の壁といぶし瓦の屋根、板張の床にはこだわろうと決めた。生活環境は無意識のうちに人に影響を与えていく。生活環境を快適にするためのデザインを目指す身としては、限られた状況であっても自分の環境を整えるために最善の努力をすべきだと思うが故のこだわりだった。最終的には高額な漆喰はあきらめてモルタルに

白の塗装仕上げにしたが、他はしっかりと初志貫徹。居間の壁一面に40㎝平方の棚を特別につくって作品や収集品をたくさん並べたら、物づくりにふさわしい雰囲気を出すこともできた。

　住居と一体化した工房は、木造の漆喰風仕上げに瓦屋根、内装はベニヤ板に白の塗装、天井は貼らずに梁を見せた。電気の配線は昔風の白い磁器の碍子（がいし）を使い、特別の電線を張ってもらった。制作室の大きな机や作業台、サンプル棚など、ほとんどの什器は手づくりだった。その後、母屋は建て替えたが、工房は今も当時のままである。

　しばらくは土もので石膏型打ち込みの灰皿をつくったり、近所の産婦人科の待合室の壁面タイルなどを手掛けたりしながら環境や気持ちを整えた。翌年、本体をろくろで引いて鋳込み成型の手の部分と組み合わせた、磁器の＜手のシリーズ＞を発表した（P173〜P175）。松屋銀座のクラフトギャラリーで個展ができることになり、下痢になるほど集中して仕上げたこのシリーズはユーモアがあって微笑ましいと好評を博した。個展での売れ行きもとても良く、工房の定番商品としてしばらくつくり続けることになった。

FAMプロダクトの挑戦

　1975年、独立工房で仕事を続ける一方で、自分たちが気に入ったデザインを開発して流通させようと、気の合う仲間とデザイングループ「FAMプロダクト」を設立した。ただし資金はほとんどない。あれやこれやと試行錯誤した結果、まずは開発費がそれほどかからない陶磁器のデザインをすることになった。

　私のデザインで最初に製品化されたのが灰皿の＜KUL＞だ（P110）。タバコを吸うのが当たり前だった自分のために発想したデザインで、タバコを置くパーツと灰と吸い殻を受けるパーツが別々になっていた。最初に取り扱ってくれた表参道のフジエテキスタイルのショップ「ハート アート」は、当時もっとも面白いデザインショップで、納品してもすぐに無くなるほど売れ行きが良かった。宅配便などなかったので、納品するのは自分たちの仕事となる。1ダース12個ともなると「手持ちで運ぶのはしんどい！」と、嬉しい悲鳴をあげていた。松屋銀座内の「デザインコレクション」でも扱ってくれて、両方の売り上げでFAMグループのアパートの家賃をかなり稼ぎ出してくれていた。

　しかし、実績の無いデザイングループにそうそう仕事が舞い込むはずもない。自分たちの考えと表現を知ってもらおうと、展覧会「FAMプロダクトの建築素材展」を松屋銀座のギャラリーで開催、いくつかの専門誌に記事が掲載されたが具体的な仕事には結びつくには至らなかった。結局、各自が費用を工面しながら3年はなんとか維持したものの、資金不足が致命的となって解散することになった。理想だけでは成立しないことを痛感し、マネジメントの重要性を知ることになったプロジェクトだった。

　ちょうどこのころ、長女、長男を授かった。つくったものは少しずつ売れてはいても収入は少なく家計は苦しく、かみさんは実家の援助をかなり受けていたようだ。

化石づくりと遊び心

「いちばん好きなことは？」と聞かれれば、今も昔も答はきまって「焼きもの」だ。学生時代はダンパ（ダンスパーティ。当時の合コンのようなもの）や飲み会に行くよりも工房にいるほうが心が躍り、麻雀やパチンコよりも窯に火入れをする方がエキサイティングに感じていた。その後の長い人生の中で楽しいことや面白いこと、興味を惹かれることにも多々出会ってきたけれど、焼きものが私にとって最高の「遊び」であることは変わらない。

なかでもお気に入りだったのがどろどろの粘土を染み込ませて焼く「遊び」である。スウェーデンから帰国してしばらく経った頃だろうか。ある日、ろくろ掃除の後に放っておいてカチカチになったスポンジを見つけ、冗談半分に焼いてみた。するとスポンジがそのまま焼きものになって、まるで物がそのまま化石になったかのように見えた。写真の立体版のように形が定着されるのが無性に面白くて、それからは雑巾、手ぬぐい、軍手、Tシャツと、水がしみこむ手近なものを思いつくままに焼いてみるようになった。「焼きものにおける遊びの探求」とでも言えばカッコもいいが、要は楽しかったのだ。

この「遊び」の視点はその後、物のサーフェスを写し取る＜クリンクルシリーズ＞へもつながっていった。やはり物づくりに遊び心は欠かせない。

紐に磁土を染み込ませて焼いた＜紐の化石＞。

自作のビニール袋で制作した石膏原形。

＜クリンクルシリーズ＞の誕生

　それからしばらくして、いろいろな素材がつくるしわやひだの表情を写し取ることを思いつき、1mmほどの極薄の磁器のタンブラーをつくった。＜クリンクルシリーズ＞の誕生だった（P38）。発表するや、つくる端から売れるほどの反響があって、一時期は発注をこなすために夕食の後も夜中まで仕事をする日が続いた。

　とにかく握ると壊れそうなほどに極薄のタンブラーで、釉薬をかけるのも一筋縄ではいかない。まず内側に釉薬をかけて全体を乾かし、外側はスプレーガンを操作して垂れる寸前で止めなければならない。手のかかる仕事だが、面白がって

オブジェ 1975年
布に磁土を染み込ませ、ぶら下げて乾かした
＜布の化石＞。

買ってくれる人がいることが嬉しくてたまらず、買ってくれる人の事を思ってできるだけていねいな仕事を心がけていた。必死に働きながら、なんとかやっていけそうだと感じ始めていた。

　タンブラーの次に発表した紙袋はさらに反響が大きかった。作品写真を撮ったF氏の紹介で『家庭画報』に大きな写真が掲載された途端、「どこで買えるのか」「作品を扱いたい」と一般客から業者まで各方面から問い合わせが殺到した。(P44)

　こうなるともはや自分の手に負えない。しかも大きさは4種類、形状もしわのないタイプやビニール袋など4種類もあるから一人ではつくりきれない。そこで、以前に灰皿＜KUL＞の製造をお願いした愛知県瀬戸市のメーカー、セラミック・ジャパンとライセンス契約を結び、製造を委ねることにした。

　その後、磁器のタンブラーもセラミック・ジャパンにお願いすることになった。素材は酸化マグネシア磁器、セラミック・ジャパンの社長S氏のおかげで当時の日本三大製陶メーカーの技術を使えることになり、真っ白で強度があるファインセラミックスで製造できることになったのだ。10種類だったデザインを5種類に絞り込み、ボーンチャイナのように一度高温で焼き締め、表面を研磨して透明釉をかけて焼くという手間のかかる製法でつくられたタンブラーは、これまでに無かった白さが大きな反響を呼んだ。S氏はその後、日本全国、一都市一店舗を目標に歩き回り、人脈を拡げ流通網を開拓してくれた。

デザイン展に次々と

　1986年、アジアで初めて国際陶磁器展の公募展が開催されることになったが、「審査員が気に入らないから出品しない」と強がっていた。すると応募締め切り間近のある日の飲み会で、「お祭りなのだから参加しよう」と言うS氏に乗せられ、酒の勢いで一気に盛り上がってしまった。そこからは大急ぎでデザインを仕上げ、

数年ごとに開催される公募展「デザインフォーラム」（日本デザインコミッティー主催）は当時、あらゆるデザイン分野から応募できる唯一の展覧会だった。1976年には＜セラミック家＞で銅賞を、1979年には＜線・面・量＞で銀賞を受賞、次は絶対に金賞をと狙っていたのだが、その後開催されなくなって久しい。
これはその時のトロフィーで森正洋さんのデザインだ。2つも持っている人はあまりいないらしく、自慢の宝物になっている。

セラミック・ジャパンとその仲間の職人さんたちが仕事そっちのけで頑張って、なんとか締め切りに間に合うことができた。

出品作は＜POTS＞、ステンレスのパイプを陶器に差し込むという以前から用いていた手法を発展させた、しょう油注しとコーヒーポット、ティーポットのシリーズだった（P113）。液垂れやパーツの接合部などへの配慮や、搬入展示のプレゼンテーションへの気配りなどの諸々が功を奏したようで、見事グランプリを受賞した。代表者としてＳ氏は取材攻めにあい、新聞の「時の人」にも取り上げられ、授賞式の後の祝杯はこれ以上はないというほど盛り上がった。

良いことは続くもので、日本陶磁器意匠センター主催の「陶磁器デザインコンペティション」の30回記念公募展「陶磁器と異素材」でもグランプリを受賞した。受賞作品の＜カップキット＞はゴムの台座とジョイントに長さも素材も異なるさまざまな丸棒を、使う人が自由に組み合わせて楽しむ器である（P117）。大学時代から陶磁器と異素材の組み合わせをテーマの一つにしていたこともあり、この受賞は喜びもひとしおだった。

この年はグランプリのダブル受賞で賞金もたくさん入り、有頂天になった年だった。『美術手帖』でも大きく取り上げられたし、「毎日デザイン賞」の候補にもなった。ただ「毎日デザイン賞」ではグラフィックデザイナーのＭ氏と最後まで競り合い、惜しくも次点。Ｍ氏の仕事は質、量、ともに圧倒的なものがあったので、納得するしかなかったが、やはりちょっと残念だった気もする。

ガラス素材への挑戦

＜クリンクルシリーズ＞を発表して間もない頃、ガラスでもつくりたいと木村ガラス店のＫ社長から申し出があった。以前から他の素材にも興味があった私はすぐに快諾、喜び勇んで石膏原形をつくった。ところができあがった試作品はイ

初めて『国際デザイン年鑑』に載った時の感動は、今でも昨日のことのように鮮明だ。掲載をきっかけに海外の国から引き合いが来て、ニューヨーク、スイス、ドイツなどの美術館のコレクションとなっている。

素遊子　1986年
家を新築する時に玄関のドアに焼きもののドアハンドルをつけたくて＜素遊子＞が生まれた。ラバーや木、石、金属、漆などさまざまな素材を季節や使用場所ごとに自由に組み合わせることができる。

　メージとはまるで違う。心待ちにしていただけにがっかりだった。
　失敗の原因は素材の性質を把握しきれなかったことだった。ガラスと磁器では当然ながら性質が違うから、「写し取り」も同じようにはいかない。特にガラスの粘性が強いブロー成型は繊細なしわの再現が困難で、もっと大胆な形にすべきだったと思い知った。
　しかし、高価な金型を「やり直してほしい」などと言えるわけもない。どうしたものかと悩んでいたら、K社長はあっさりと言った。「つくり直せばいいじゃない？」。細かいしわを気にせず歪みを大胆に強調した原形は、イメージ通りの出来栄えとなった（P56）。
　その後、いろいろとアイテムも増えた。こんなに次々とつくっていいのだろうかとビクビクしたが、K社長は私がつくりたいと言うと二つ返事でどんどんつくらせてくれた。もちろん、全部がうまくいくわけではなく、たくさんの金型を無駄にした。なかでも高さ40cmの巨大な紙袋形の花器を吹き込みガラスでつくった時は、底の部分の角に充分な肉厚がつかずに脆いものになることが判明、相当高価な金型だったからさすがに冷や汗ものだった。
　陶磁器の＜クリンクルシリーズ＞に対し、＜クランプルシリーズ＞と名づけたガラス製品のいくつかはニューヨーク近代美術館のパブリックコレクションにも選定され、発表当時はかなりの反響があった。特に＜オールドファッション＞というタンブラーは私が今までデザインした物の中でいちばんデザインロイヤリティを稼ぎだし、製造を始めてから30年経った今ではその総額はハイクラスのメルセデスベンツが買えるほどになった。現在は売れ行きが以前ほどではないにもかかわらず、ずっとつくり続けてくれているのは本当にありがたいと思う。細く長くをモットーにもっと寿命を延ばしてもらい、ロングライフデザインの仲間に入れてもらえたら…、と密かに期待している。

〈空シリーズ〉の焼成時の台座。

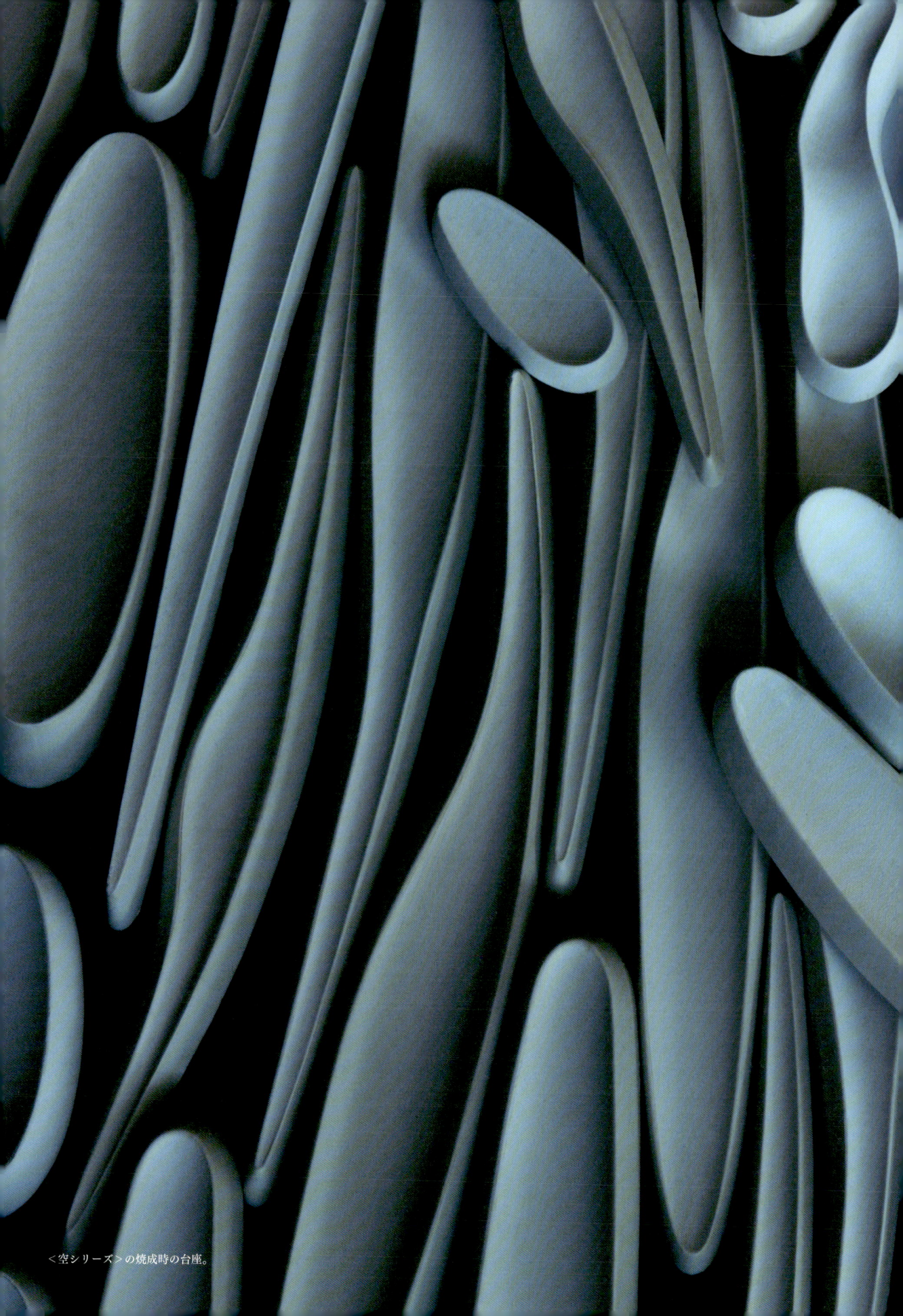

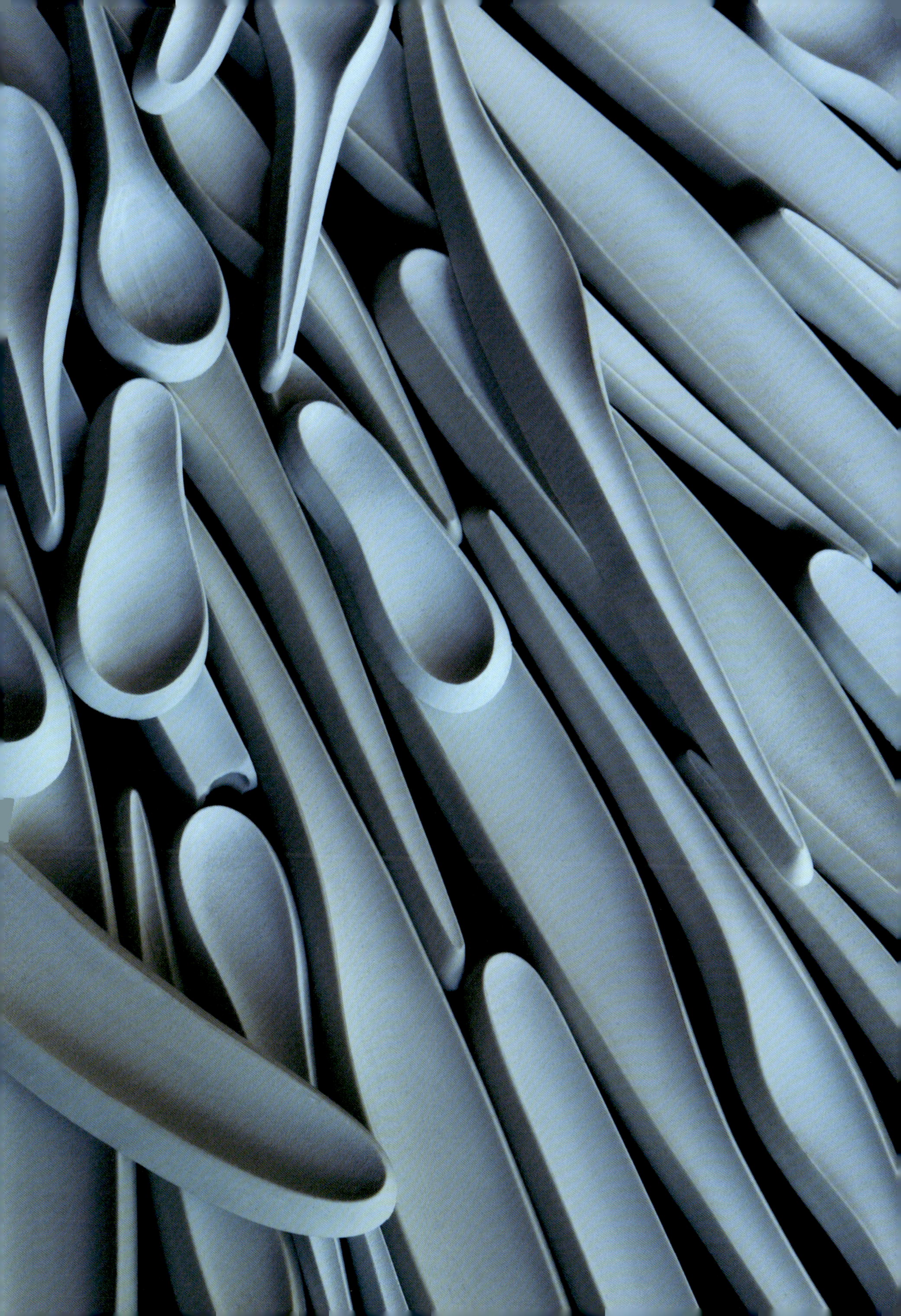

創作者として、指導者として

　もともと口下手で物づくりの世界を選んだくらいだから、講演や指導などは依頼をいただいてもなるべく避けるようにしていた。しかし仕事が世の中に認められてくると断ってばかりもいられなくなる。スライド中心という条件付きで講演を引き受けることも少しずつ増えていった。

　石川県の九谷焼技術研修所では1984年の創立時から非常勤講師として定期的に指導している。石膏原形による鋳込み成型を生かしたデザインと制作を課題に、発想力・表現力・技術力と、作品を発表するプレゼンテーションをポイントにした。苦手とはいえ、やっていると慣れてくるものである。各地でのデザイン指導や新製品開発などの機会はとても多くなっていった。

　母校である武蔵野美術大学の大学院生対象の特別講義を引き受けたのは1992年頃だったように思う。何年か経つうちに、次の指導者になる意思はないかと打診を受けるようになった。仕事にも恵まれ、工房の制作もデザインの仕事も順調で忙しく過ごしていた私は、教師として安泰な生活をするよりも創作だけで生きていく厳しい姿勢を貫くほうがカッコいいとも思っていた。それに、創作でもっとも大事な精神のようなものは教えられるものではない。大学側からの申し出を固辞し続けていた。

　ところが思わぬ事態が発生してしまう。1995年にガンが見つかったのだ。幸いなことに比較的初期の段階で、直腸を30㎝ほど切除するだけで難を逃れた。この一件によって命について深く考えさせられた私は、限りある命の使い道として若い人たちに物づくりのコツを伝授したいと思うようになった。ただ、教師になるとしても創作は論理的に教えていけるものではない。創作者としての制作や生き方を伝えていこうと、あらためて創作活動に集中する覚悟を再確認し、1998年、工芸工業デザイン学科の非常勤講師に、翌年には専任の教授に就任した。

　当時は短期大学部も一緒で学生数も多く、しばらくは慣れるだけで精一杯だったが、陶磁専攻としての方針を早急に出さなければならない時期も迎えていた。東京では東京芸術大学、多摩美術大学、武蔵野美術大学の三校に陶磁専攻があり、東京芸術大学は伝統を生かした工芸制作、多摩美術大学は土を素材とした彫刻的な表現を目指していた。

　そこで武蔵野美術大学では日常生活のための新しい器のデザインを目標に、機能性を持ったものとオブジェ制作を交互に実習するという特徴あるカリキュラムを組み立てた。使える物をつくろうとすると制約が増えて表現がつまらなくなるので、同時にオブジェ制作で表現力をつけて可能性を拡げようという意図があった。使えるものと使えないものを交互に学習することはデザインとアートの違いを考えることにもなり、日常性と非日常性を対比させることで物事もわかりやすくなる効果的なカリキュラムだったように思う。

　専任になって14年、多少の手直しをしつつも大きな変更をすることもなかったが、世の中の状況もだいぶ変わってきている。若い人たちが引き継ぎながらも時代に即したカリキュラムを考え、さらに充実した内容にしてくれることを願っている。

自作のビニール袋に石膏を流し込んでつくった原形。

在外研究の旅 ①　ニューヨーク

　大学には5年間勤続すると1年間有給で研究期間の申請ができるという在外研究という制度がある。2006年度に運良く取得することができた私は、世界各国の陶芸の状況の調査をテーマに渡航した。

スタートはアメリカのニューヨークである。ニューヨーク近代美術館（MOMA）のパブリックコレクションに選定された私の作品がどうなっているかも知りたかった。1980年の選定時にはいくつか展示されていたけれど、膨大なコレクションを誇るMOMAのこと、現在展示されているかどうかわからなかったからだ。

2004年に建築家、谷口吉生の設計で新しく生まれ変わったMOMAへの初めての訪問である。新美術館は評判もよく見学者で大にぎわいで、長蛇の列が美術館を取り巻いていたが、パブリックに選定された時にMOMAがくれたカードを提示したら簡単に入ることができた。以前に比べて展示面積は大幅に増え、吹き抜けが生かされた素晴らしく豊かな空間になっていた。

早速、建築、デザイン部門の展示室に行って作品を探したが見当たらない。ガッカリしていたら特別展示のブースに目をやると、「注ぐ器」がテーマの展示に＜クランプルシリーズ＞のガラスピッチャー＜ポーセ＞を発見した（その後、2012年には通常の展示ブースに＜クリンクルシリーズ＞の＜スーパーバッグK-2＞と＜KNS-2＞が展示してあったそうだ／P58,44,49）。

ニューヨークでは私立美術学校、プラット・インスティテュートを訪問、スライドレクチャーを行った。現在の私の家を設計してくれた建築家F氏のお嬢さんがこちらに住んでいて、堪能な英語で通訳をしてくれたこともあり、とてもうまくいった。この大学は独立した陶磁器のコースはないが、工業デザイン専攻の学生が鋳込み成型による製品のデザイン制作をしていた。今までにない独創的なデザインを重視して指導していると聞いた。

フィラデルフィアにあるユニバーシティー・オブ・ジ・アーツでもスライドレクチャーを行った。ここには陶磁器の専門のコースがあり、二人の専任の教授がいて、機能性を持ったデザインというよりは粘土という素材による自由な造形表現に主眼を置いて指導していた。もう一校、陶磁器コースで世界的に有名なアルフレッド大学にも行きたかったのだが、車で6～7時間かかると聞き、あきらめることにした。

ベトナムで日常的に使っている15cmくらいの小さな包丁。大小さまざまな種類があるようだが、これがとても気に入っている。一本何十円かで売っていると聞き、そういう包丁を使っている現場を見に行きたいと思いながらもまだ実現していない。

在外研究の旅②　ロンドン

　一週間ほどニューヨークに滞在してからイギリスのロンドンに渡り、長期滞在できる下宿を拠点にイギリス各地に旅をした。まずは私の作品がコレクションされているヴィクトリア アンド アルバート博物館（V&A）の陶磁器部門を訪ねるつもりだった。ところが最近展示物が盗難にあって閉鎖されているという。すると事情を知った宿のご主人がV&Aに掛け合ってくれて特別に見せていただけることになり、陶磁器部門のキュレーター、R氏の案内で確認の記念写真を撮ることができた。さらに月に一回の特別公開日に見学できることになり、無事に陶磁器部門の膨大なコレクションを3時間半ほどかけて堪能した。工芸美術の素晴らしいコレクションを有するV&Aは各部門がたいへん充実しているので、その後も幾度か訪れてゆっくり鑑賞した。

　他にもロンドンには素晴らしい大きな美術館がたくさんあり、その多くが無料で鑑賞できる。大英博物館のコレクションは質、量ともに充実していて、すべて見るのに何日もかかった。近現代美術館のテイト・モダンは、かつて発電所だった巨大な空間を生かした入り口が実に印象的だった。

　イギリス各地の美術大学での講座は、スコットランド在住のガラスアーティストM女史が手配をしてくれた。手始めは、彼女自身も学んだことがある大学院大学ロイヤル・カレッジ・オブ・アート（RCA）でのスライドレクチャーである。ステータスも学費も高いことで有名な大学院で、驚いたことに日本人が3人在籍していて、そのうちの一人が通訳をしてくれた。ロンドンの中心地のビル街という立地のせいか、各工房はそれほど広くないが所狭しと設備が並び、専門の技術指導員がいる。陶磁器・ガラス工房では石膏、印刷、材料の指導員が毎日学生の作品制作を手伝っていた。個人面談に時間をかけてじっくりと指導していくチュートリアル制度が特徴で、何時間も先生と話しこんでいる学生を見かけた。

　その後、スコットランドでは建築家マッキントッシュが設計したグラスゴー美術大学とエディンバラ美術大学、ドイツのハレ大学やイタリア国立陶芸学校など、各国の美術大学でもスライドレクチャーを行った。

海外でレンタカー初体験

　イギリスでは、多くの陶芸家が名を成すにつれて都心から田舎に移動し、辺鄙な場所に工房を構える。ウェールズ地方で多くの陶芸家の元を訪ねた時は、足を確保するために、海外で初めてレンタカーを借りることにした。

　とはいえ、運転は決して得意ではない。しかもこちらのレンタカーはほとんどがマニュアル車だという。日本と同じ左側通行とはいえかなり緊張していたが、借りた車がたまたまオートマチック車だったこともあり、走り出すとどうにか気持ちも落ち着いてきた。慣れてみればラウンドアバウト（交差点）も行き先が確認できて便利だし、やはり車の移動はなにかと便利だ。人通りの少ない郊外では迷っても道を聞くことができずに困ったが、海外のドライブ体験は旅のまたとない思い出となってくれた。

イギリスの下宿屋

　2006年の武蔵野美術大学在外研究でイギリスで拠点にしたのはロンドン、イーリング駅近くの下宿だった。実は事前にインターネットで予約した宿がパソコン上で見たイメージとは大違いで、急きょロンドン在住の知人に長期滞在できる宿をと探してもらったのだが、これが実に居心地の良い下宿だった。

　ご主人のKさんは元フィギュアスケート日本代表の女性で、イギリス人と結婚してお子さんもいる元気のいいおばさんだった。ご主人に先立たれ、生計を立てるために日本人女性を対象に下宿屋さんを始めたという。私は女性ではないが危険はないと判断され、長期滞在を許された。

　同宿はバレエの勉強に来ている二十歳前の学生さんと、30歳前後のキャビンアテンダントの方で、キッチンとお風呂、冷蔵庫は共同使用だった。下宿生活も初めてではなかったのですぐに慣れた。幸いこの地区は日本人が多く住んでいたから日本の食材を売る店もあり、納豆、豆腐、みそ汁やインスタント食品が豊富に揃っていた。Kさんが車で買い出しにいく時に同行させてもらいながら、なかなか快適な下宿生活を送らせてもらった。

在外研究の旅③　イギリス郊外

　5月初旬、イングランドの西コーンウォール半島に出かけた。海に面した風光明媚なセント・アイヴスには、世界的に有名な女性彫刻家バーバラ・ヘップワースや日本でも有名な陶芸家バーナード・リーチをはじめ、数多くの芸術家がアトリエを構え、ロンドンの美術館、テイト・モダンの分室や多くのギャラリーがある。特にバーバラ・ヘップワースのアトリエは生前のまま公開されていて、数々の名作を生み出した制作の環境を目の当たりにすることができる。制作と制作環境の相関関係にとても興味のある私にはいい刺激となった。

　今回の旅ではティーポット収集ももう一つの目的だった。紅茶の国・イギリスにはティーポットをつくる陶芸家がたくさんいる。他のヨーロッパ諸国の日常食器はその多くを工業製品が担っていて手づくりによる陶芸作品の食器の需要は少ないのだが、イギリスだけは例外で、しかも芸術作品と違って日常的に使うティーポットは値段もそれほど高価ではないのが魅力だ。

　特にウェールズ地方には多くの陶芸家が住んでいた。その一人が尊敬するウォルター・キーラーで、慣れないレンタカーで道に迷いながらもようやく到着した時、彼はアトリエで作業をしていた。ろくろをまわしているのになんでこんなに静かなのかと不思議だったが、見ると彼が使用しているのは電動ロクロではない。実は特別につくった性能の良い蹴りロクロで、自分のつくったティーポットとの物々交換で手に入れたのだと教えてくれた。ちょうどティーポットのパーツをつくっていたところで、私が購入予約をしておいた作品のつくり方を黙って見せてくれた。

　キーラーは助手や弟子をおかずにすべて一人でやっていて、いくつかの工房を作業内容によって使い分けているようだった。敷地は広く羊はいないのだが牧場もあり、大きな池にはコイが悠々と泳いでいた。豊かな自然環境につつまれた十分の広さを持つ恵まれた制作環境で、淡々と静かに確かな仕事をしているのが印

CWVG　2008年
磁土で形をつくって部分的に水分を含ませ、トントントンと振動をあたえるとそこだけがフニャッとく崩れてくる。ワークショップで面白い実演をしようと思いついたアイデアだ。しわの「写し取り」に似ているように見えるが、実は異なる流れにある。

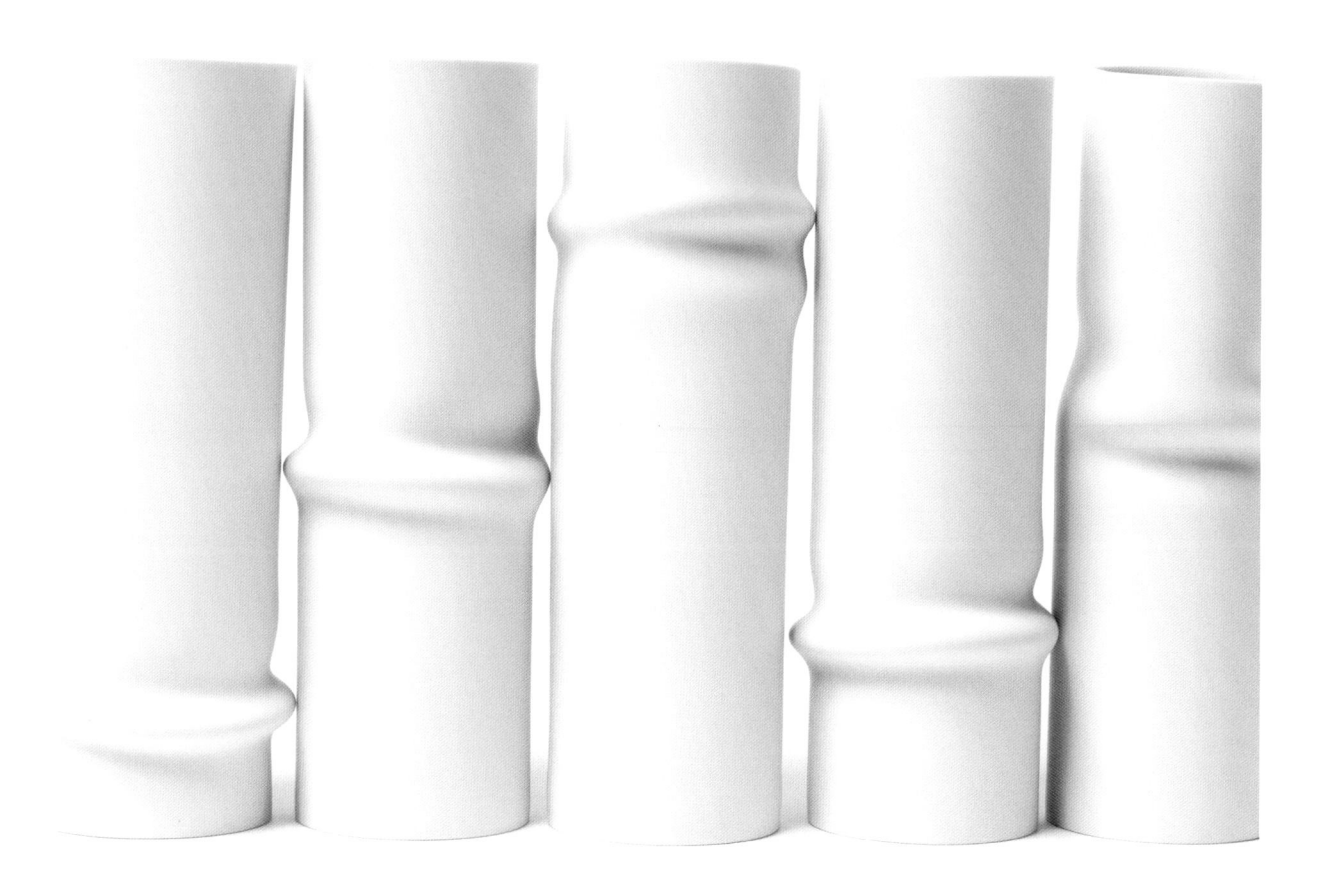

象的だった。前から気に入っていた青い塩釉のティーポットも手に入れることができ、お土産に持参した私の小品のお返しに作品までいただいた。

　在外研究の1年間で訪問した国は欧米諸国16カ国、アジア諸国2カ国の計18カ国にのぼり、他国の陶芸と日本の陶芸を俯瞰する、とても良い機会になった。

　日本の日常生活では家庭用・営業用を問わず、工場生産された陶磁器だけでなく、少量生産されたクラフト作品や手づくりの一品作品が混在して使われている。また、自分用の飯茶碗、湯呑み、マグ、ぐい飲みがあるのも、日本独特の食文化で、和・洋・中とあらゆる種類の食器を備える日本の家庭は世界のどこよりも陶磁器を所有している国である。正確に調べたわけではないが、陶芸家の人口密度も世界でいちばん高いと思われる。

　1万6千年前から縄文土器をつくり続けてきた日本人には、そのDNAに器としての陶器にたいする親しみが擦り込まれているように思う。親しみがあるから需要もあり、供給がある。この旅は日本が陶芸王国である事を再認識するまたとない機会となった。

〈空シリーズ〉の原形群。

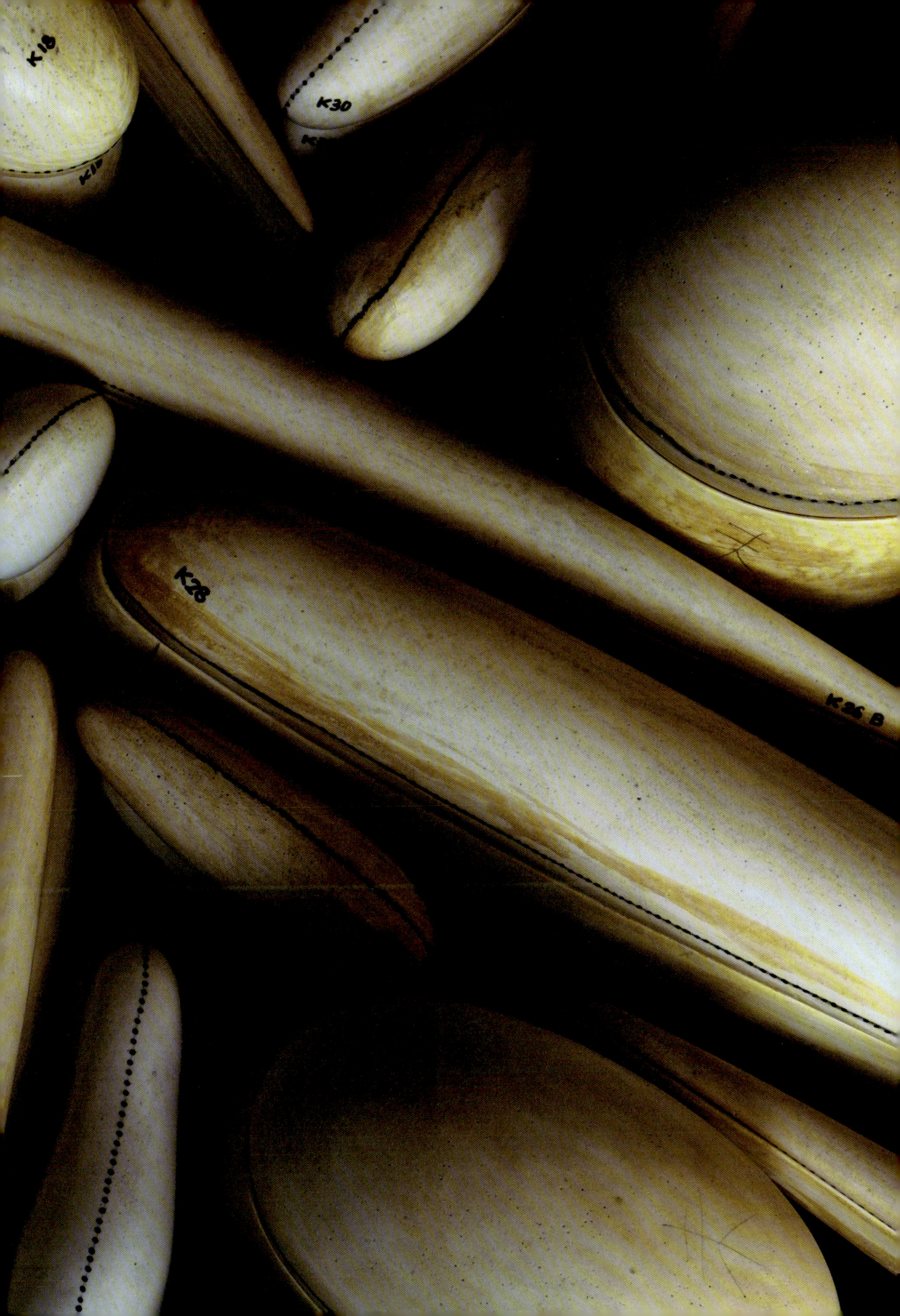
K18
K30
K28
K26 B

東京国立近代美術館で個展を開き…

2008年10月28日から12月の21日までの約2ヶ月間、個展「小松誠デザイン＋ユーモア」を東京国立近代美術館のギャラリーで開催した。今思い返しても「本当にこのような事があったのだろうか」と信じられない出来事だった。

2007年の11月のある日、突然、東京国立近代美術館の工芸課長K氏が訪ねて来た。なんと美術館本館のギャラリーで個展をやってほしいと言う。思ってもいなかった申し出に唖然としてしまった。このギャラリーで過去に個展をした人は森正洋、イサム・ノグチ、河野鷹思、渡辺力、柳宗理とデザイン界の大御所ばかりで、どのような経緯で私が指名されたのかははっきりとはわからないが、またとない機会なので快く引き受けることにした。

ここでは、いわゆる一品制作の作品を主にする陶芸家の個展は分室工芸館で開催され、本館のギャラリーではデザインと建築関係の展示が行われている。私の場合、工場生産としての陶磁器のデザインをフリーランスの立場で手がけているのが功を奏したのか、本館ギャラリーで開催することになった。昔から懇意のキュレーターM氏が個展の担当というのも心強く、やるからには大御所に負けない良い展覧会にしたいと、気持ちもぐんぐんと高揚した。

展示作品はこれまでにデザインした製品や自身の工房で制作した作品を中心にいくつかの新作を加え、「デザイン＋ユーモア」というキーワードで整理した。展示ディスプレイは大学の同僚、芸術文化学科の主任教授K氏にお願いしたところ、爽やかなシンプルで見やすい設計をしてくれた。

ポスター、図録、案内状、招待状などのグラフィック関係も良い物をつくりたいと思った。そこで、少し冒険とは思ったが、陶磁専攻を卒業しながらグラフィックデザイン事務所に勤めていた若いT君にお願いすることにした。快諾してくれたT君は、限られた予算、制約の中でいろいろと苦労があっただろうがとても良い仕事をしてくれたと思う。ポスターは新鮮な感覚のものになり、図録は白を基調にしたハードカバーの立派なものになった。特に、私がつくった磁器の「＋」マークがはめ込まれた書状が紙袋型の封筒に入った招待状は凝ったデザインが効果的だった。

近代美術館発行のニュース「現代の眼」に執筆してくれた大学の同僚N氏、立派なコメントを寄せてくれた古くからの友人Y女史など多くの人の力を借りながら最後まで、展覧会は盛況のうちに無事に終了した。多くの仲間の協力には本当に感謝している。こうして創作活動に一つの区切りをつけられた展覧会が実現した。

2013年春、私は武蔵野美術大学を定年退任した。この15年近く、創作活動と若い人たちの指導という二つの世界に携わってきたが、創作活動一本の生活へと戻ることになる。ある意味では人生の新たな幕開けでもあるが、これまでと変わることなく日々を過ごしていきたいと思う。もちろん、日々、物づくりに向き合いながら。

小松誠　略年譜

1943　　　　東京・大森生まれ

1965　　　　武蔵野美術短期大学工芸デザイン学科卒業

1965 - 69　　武蔵野美術大学工芸デザイン科研究室勤務

1967　　　　'67日本ニュークラフト展（日本クラフトデザイン協会主催、松屋銀座）出品 ＜コロナA、B＞
　　　　　　クラフト賞受賞

1970 - 73　　スティグ・リンドベリのアシスタントに採用され、グスタフスベリ社デザイン室勤務

1973　　　　帰国、埼玉県行田市に工房をかまえる

1974　　　　第15回暮しを創る'74クラフト展出品 ＜灰皿＞

1975　　　　第16回暮しを創る'75クラフト展出品 ＜カップ＞
　　　　　　個展「手のシリーズ」開催（松屋銀座クラフトギャラリー）
　　　　　　個展開催（池袋西武）
　　　　　　デザイングループ「Famプロダクト」に参加する

1976	第17回暮しを創る'76クラフト展＜Crinkle Series 角皿＞ほか
	デザインフォーラム'76（日本デザインコミッティー主催、松屋銀座）出品＜SQ調味料セット＞銅賞受賞
1977	第18回暮しを創る'77クラフト展出品＜テーブルウェア＞
1978	第19回暮しを創る'78 クラフト展出品＜クリンクル タンブラー＞
1979	個展「クリンクルシリーズ」開催（松屋銀座デザインギャラリー）
	第20回暮しを創る'79クラフト展（松屋銀座）出品＜もの入れ"紙袋"（Crinkle Series スーパーバッグ K3、同 KV-3）＞出品
	デザインフォーラム'79出品＜Crinkle Series outline＞＜Crinkle Series metal＞銀賞受賞
	ファエンツァ国際陶芸展（イタリア・ファエンツァ国際陶芸博物館）出品
	第7回国井喜太郎産業工芸賞（財団法人工芸財団主催）受賞 「地場産業との協調による陶磁器デザイン新生面の開拓」
1980	「ジャパン・スタイル」展（イギリス・ヴィクトリア＆アルバート美術館）招待出品
	バレンシア国際陶磁器ガラスデザイン展（スペイン）出品
	個展「小松誠のワイングラス」開催（西武池袋本店オーマイダイニング食器スタジオ）
1981	「メタル・スカルプチュア」展（日本デザインコミッティー主催、銀座・ミキモト本店）出品
	＜Crinkle Series metal pouch＞
	大阪デザインセンター20周年記念特別展出品
1982	「オン・ザ・テーブル」展（日本デザインコミッティー主催、銀座・ミキモト本店）出品
	現代日本のクラフト展（国際交流基金主催、東南アジア各地を巡回）招待出品
	ファエンツァ国際陶芸展出品
	視覚サーカス Illusion 展（松屋銀座）出品
1983	「Design Message from Japan」展（アメリカ）出品
	朝日現代クラフト展（阪急うめだ本店）出品
1984	「Arango Design Competition」展（アメリカ）出品
	個展「小松誠の大道具・小道具」開催（松屋銀座）
	個展「インフィニティ」開催（西武池袋本店クラフトギャラリー）
1985	「現代日本美術の展望―生活造形」展（富山県立近代美術館）招待出品

1986	第1回国際陶磁器展美濃'86（多治見市、同特別展覧会場）出品 ＜POTS＞デザイン部門グランプリ受賞
	第30回陶磁器デザインコンペティション「陶磁器と異素材」（名古屋・日本陶磁器意匠センター）出品＜カップキット＞グランプリ受賞
1987	個展「Joint」開催（松屋銀座デザインギャラリー）
	個展「花のうつわ」開催（東京湯島・COMギャラリー）
1988	「East Meets West」展（アメリカ）出品
1990	「A Perspective on Design」展（カナダ）出品
	個展開催（有楽町西武デザインギャラリー）
1991	「The Message of 91」展（アメリカ・Gallery 91 New York）出品
1993	「現代陶芸"うつわ"考」展（埼玉県立近代美術館）招待出品
1995	「Today's Japan Design Sampling 95」展（日本デザインコミッティー企画、カナダ・モントリオール）出品
1997	ファエンツァ国際陶芸50周年記念「世界のデザイナー10人」展（イタリア・ファエンツァ国際陶芸美術館）出品
	デザインフォーラム'97出品
1998	「Domestic Object」展（スイス・ローザンヌ装飾美術館）出品
1999	武蔵野美術大学工芸工業デザイン学科教授就任
	「開館記念 現代陶芸の百年」展（岐阜県現代陶芸美術館）招待出品
	デザインフォーラム1999展出品
2000	韓日陶芸文化大学参加（韓国）
2001	「Outline」展（イギリス・Flow Gallery）出品
2002	「暮らしのうつわ―デザインとクラフト―小松誠 平川鐵雄 佐藤剛」展（茨城県陶芸美術館）招待出品
	個展「KUUシリーズ」開催（東京吉祥寺・MONOギャラリー）
	「和美」展（アイルランド・Clotworthy Arts Centre）出品
	韓中日国際陶芸ワークショップ（韓国・WOCEF）参加

2003	国際陶芸シンポジウム（ノルウェー）参加
	「デザイナーによる「用と美」のプロジェクト」展（愛知県陶磁資料館）出品
	「デザインとアートの挑戦」展（岐阜県現代陶芸美術館）出品
2004	「NATUR GANZ KUNST」展（ドイツ）出品
	東亜国際陶芸交流展（中国・北京中国美術館）出品
2005	現代茨城陶芸展（茨城県陶芸美術館）出品
2006	「注ぐ器」特別展示（ニューヨーク近代美術館）
	高岡クラフトコンペ20回記念展招待出品
	IAC国際陶芸アカデミーシンポジウム（ラトビア）参加
2007	第4回世界陶磁器ビエンナーレ展（韓国）招待出品
	日韓中国国際陶芸展（東京藝術大学大学美術館）出品
2008	世界現代陶芸展（中国・上海工芸美術博物館）出品
	国際ビエンナーレ現代茶器展（中国・上海工芸美術博物館）出品
	「WA-現代日本のデザインと調和の精神」展（国際交流基金ほか主催、フランス・パリ日本文化会館）出品
	個展「小松誠デザイン＋ユーモア」展開催（東京国立近代美術館）
2009	「反復する形：部分から全体へ」展（茨城県陶芸美術館）出品
	「ゆかいなかたち」展（岐阜県現代陶芸美術館）出品
	「山のシューレ2009」ワークショップ（アートビオトープ那須）
2010	「輝くわざと美」展（香川県立ミュージアム）出品
	ARCTICLAY国際陶芸シンポジウム（フィンランド）参加
	「アート＆デザイン石川」（金沢21世紀美術館）講演
2011	MAU Vol.1 展（ギャラリーマミサイト表参道）出品
	Japan ; Tradition,Innovation 展（カナダ文明博物館）出品
2012	「ポップ」展（岐阜県現代陶芸美術館）出品
	「日本近現代工芸の精華」（フィレンチェ・イタリア）出品
	国際陶芸ワークショップ（デュビ市・チェコ共和国）講演、展示

註　作品名、施設・組織等の名称は、原則として当時のものを記載しています。

作品年表

a. 作品名 / Title
b. 年代
c. サイズ（H:高、幅×奥行き、単位cm）
d. 素材
e. 製造
f. 所蔵 / Collection
g. 発表展覧会

略称 / Abbreviation
MOMA：ニューヨーク近代美術館（アメリカ）/ The Museum of Modern Art, NEW YORK
V&A：ヴィクトリア アンド アルバート博物館（イギリス）/ Victoria and Albert Museum
MOMAT：東京国立近代美術館 / The National Museum of Modern Art, TOKYO
MMCAG：岐阜県現代陶芸美術館 / Museum of Modern Ceramic Art, Gifu
MADM：モントリオール装飾美術館（カナダ）/ Musée des arts decoratifs de Montréal
ICAM：茨城県陶芸美術館 / Ibaraki Ceramic Art Museum
MIC：ファエンツァ国際陶芸美術館（イタリア）/ Museo Internazionale delle Ceramiche di Faenza
WOCEF：世界陶磁博覧会財団 WOCEF（韓国）/ World ceramic Exhibition Foundation, KOREA
MUDAC：ローザンヌ装飾美術館（スイス）/ Musée de design et d'arts appliqués contemporains
MKG：ハンブルグ美術工芸博物館（ドイツ）/ Museum für Kunst und Gewerbe Hamburg
CNAA：中国芸術研究院（中国）/ Chinese National Academy of Arts
CMC：カナダ文明博物館（カナダ）/ Canadian Museum of Civilization
CMOG：コーニングガラス美術館（アメリカ）/ Corning Museum of Glass
ICCM：PENTIK国際コーヒーカップ博物館（フィンランド）/
　　　　The International Coffee Cup Museum (Pentik-mäki Culture Centre)
SMAC：上海工芸美術博物館（中国）/ Shanghai Museum of Arts and Crafts
JEP：J.E.P大学美術デザイン学部 美術デザイン学科（チェコ）/ Faculty Art and Design J.E.P University
MAU：武蔵野美術大学美術資料図書館 / Musashino Art University Museum & Library
AFM：愛知県立芸術大学 / Aichi Prefectural University of Fine Arts and Music
IPIKP：石川県立九谷焼技術研修所 / Ishikawa Prefectural Institute For KUTANI Pottery
TMS：天童木工本社ショールーム / Tendo mokkou Co.,Ltd Show room

a. 花器 / Vase
b. 1964
c. H15.0, 12.0×12.0
d. 陶器
e. 小松誠
f. 個人蔵 / Private Collection

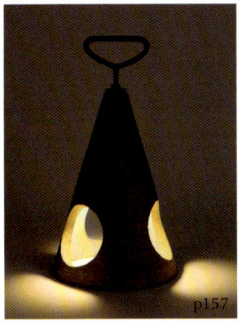

a. 照明具 / Lighting
b. 1964
c. H46.0, 26.0×26.0
d. 陶器・鉄
e. 小松誠
f. MAU

a. キャンドルスタンド / Candle stand
b. 1964
c. H25.0, 13.0×13.0　H24.5, 14.0×14.0
d. 陶器・鉄・真鍮
e. 小松誠
f. 個人蔵 / Private Collection

a. コーヒーカップ / Coffee cup
b. 1966
c. H8.0, 13.0×10.0
d. 陶器
e. 小松誠
f. 個人蔵 / Private Collection

a. 緑釉蓋物 / Canister with green glaze
b. 1967
c. H11.0, 15.0×15.0
d. 陶器
e. 小松誠
f. 個人蔵 / Private Collection
g. クラフト賞受賞記念展

a. 陶盤 コロナ / Compote "CORONA"
b. 1967
c. H5.0, 45.0×45.0
d. 陶器
e. 小松誠
f. TMS
g. ニュークラフト'67展 クラフト賞受賞（日本クラフトデザイン協会）

a. 陶オブジェ / Objet
b. 1967
c. H26.5, 12.0×12.0
d. 陶器・木
e. 小松誠
f. 個人蔵 / Private Collection

a. 陶オブジェ / Objet
b. 1967
c. H13.0, 7.0×10.0
d. 陶器・木
e. 小松誠
f. 個人蔵 / Private Collection

a. 茶器 / Tea pot
b. 1969
c. H16.0, 12.5×17.0
d. 陶器
e. 小松誠
f. 個人蔵 / Private Collection

p162

a. 茶器 / Tea pot
b. 1969
c. H18.0, 15.0×19.0
d. 陶器
e. 小松誠
f. 個人蔵 / Private Collection

p172

a. 花器 / Vase
b. 1972
c. H22.0, 8.0×9.0
d. 陶器
e. 小松誠 Gustavsberg社
f. 個人蔵／ Private Collection

a. オブジェ / Objet
b. 1972
c. H12.0, 30.0×30.0
d. 陶器
e. 小松誠 Gustavsberg社
f. 個人蔵 / Private Collection

p168

a. 灰皿 / Ashtray
b. 1973
c. H3.5, 19.0×19.0
d. 陶器
e. 小松工房
f. 個人蔵 / Private Collection

p169

a. 灰皿 / Ashtray
b. 1973
c. H2.5, 13.0×13.0
d. 陶器
e. 小松工房
f. 個人蔵 / Private Collection

p146

a. 玉子のSP / Egg of salt & pepper
b. 1973
c. H8.0, 6.5×6.5
d. 磁器
e. 小松工房
f. 個人蔵 / Private Collection
g. 日本クラフト展

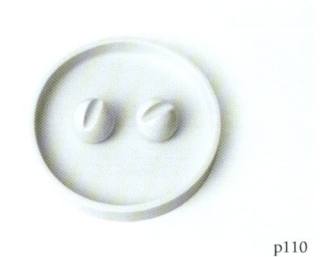

p110

a. Kul 灰皿 / Ashtray "Kul"
b. 1974
c. H2.5, 18.2×18.2　H3.1, 4.2×4.2
d. 磁器
e. セラミック・ジャパン
f. MOMAT, ICAM

a. 灰皿 / Ashtray
b. 1974
c. H2.3, 15.3×15.3　H3.1, 4.2×4.2
d. 磁器
e. 小松工房
f. 個人蔵 / Private Collection

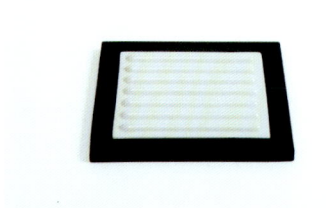

a. 鍋敷 / Pot stand
b. 1974
c. H1.5, 15.0×15.0
d. 磁器・合成ゴム
e. 小松工房
f. 個人蔵 / Private Collection

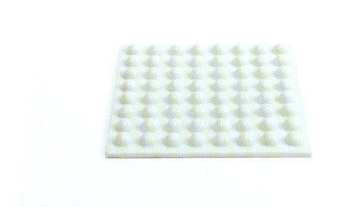

p116

p106

p174

a. 朝の皿 / Morning plate
b. 1974
c. H2.0, 20.0×20.0
d. 磁器
e. 小松工房
f. 個人蔵 / Private Collection

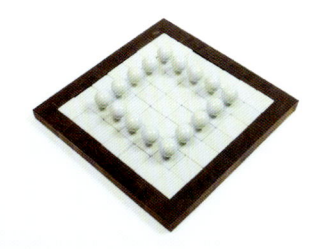

a. 盛器 / Compote
b. 1974
c. H8.0, 43.0×43.0
d. 磁器・チーク
e. 小松工房
f. 個人蔵 / Private Collection

a. 手のシリーズ マグカップ / Series of hand, mug cup
b. 1975
c. H7.6, 12.5×8.5
d. 磁器
e. 小松工房
f. 個人蔵 / Private Collection
g. 個展 松屋銀座クラフトギャラリー

p173

a. 手のシリーズ 花器 / Series of hand, vase
b. 1975
c. H22.5, 27.0×18.0
d. 磁器
e. 小松工房
f. 個人蔵 / Private Collection
g. 個展 松屋銀座クラフトギャラリー

a. クリンクルシリーズ 盛器 / Crinkle series, compote
b. 1975
c. H4.5, 26.0×26.0
d. 磁器
e. 小松工房
f. MAU
g. 個展 松屋銀座デザインギャラリー

a. クリンクルシリーズ タンブラー / Crinkle series, tumbler
b. 1975
c. H7.0, 8.5×8.5
d. 磁器
e. セラミック・ジャパン
f. MOMA, MMCAG
g. 個展 松屋銀座デザインギャラリー

p44

a. クリンクルシリーズ スーパーバッグ K2 / Crinkle series, super bag K2
b. 1975   c. H25.0, 18.0×9.0
d. 磁器
e. セラミック・ジャパン
f. MOMA, V&A, MOMAT, MMCAG, ICAM, MAU
g. 第20回暮しを創る '79クラフト展

a. クリンクルシリーズ 丸花器 / Crinkle series, round vase
b. 1975   c. H25.0, 13.0×13.0
d. 磁器
e. 小松工房
f. MAU
g. 第20回暮しを創る '79クラフト展

a. クリンクルシリーズ 角花器 / Crinkle series, square vase
b. 1975   c. H22.0, 12.0×12.0
d. 磁器
e. 小松工房
f. MAU
g. 第20回暮しを創る '79クラフト展

a. 壁面タイル / Wall tile
b. 1975
c. H2.0, 19.0×19.0
d. 陶器
e. 小松工房
f. 個人蔵 / Private Collection

a. 幼稚園の壁面プラン / Plan for wall of preschool
b. 1975
c. 12.0×24.0
d. 紙
e. 小松工房
f. 個人蔵 / Private Collection

p214

a. オブジェ / Objet
b. 1975
c. H2.0, 28.0×19.0
d. 磁器
e. 小松工房
f. 個人蔵 / Private Collection

a. ワインカップ / Wine cup
b. 1976
c. H17.0, 10.0×10.0   H17.5, 7.5×7.5
d. 磁器
e. 小松工房
f. 個人蔵 / Private Collection

p104

a. 調味料セット / Spice set
b. 1976
c. H9.0, 5.5×35.0   H2.0, 16.0×40.0
d. 磁器・ステンレス スチール
e. 小松工房
f. 個人蔵 / Private Collection
g. デザインフォーラム'76 銅賞（日本デザインコミッティー）

a. SQ 調味料セット / Spice set "SQ"
b. 1976
c. H9.0, 19.0×13.5   H9.0, 13.5×13.5
   H9.0, 8.5×13.5
d. 磁器
e. セラミック・ジャパン
f. 個人蔵 / Private Collection

p70

a. クリンクルシリーズ スーパーバックV1 / Crinkle series, super bag V1
b. 1976   c. H31.0, 26.0×17.0
d. 磁器
e. 小松工房
f. MOMA
g. 個展 松屋銀座デザインギャラリー

a. 句集「野」/ Anthology of Haiku
b. 1976
c. H3.0, 11.5×21.5
d. 紬・磁器
e. 小松工房
f. 個人蔵 / Private Collection

a. 星螢カップ / Cup with transparency star
b. 1977
c. H12.5, 8.0×8.0   H13.0, 8.5×8.5
d. 磁器
e. 小松工房
f. 個人蔵 / Private Collection

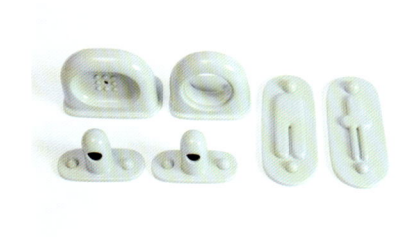

a. 洗面用具 / Tools of bath room
b. 1977
c. H10.5, 12.0×8.0   H10.5, 15.0×8.0
   H1.5, 7.0×10.5
d. 磁器
e. 小松工房
f. 個人蔵 / Private Collection
g. 陶磁器デザインコンペ銀賞（日本陶磁器意匠センター）

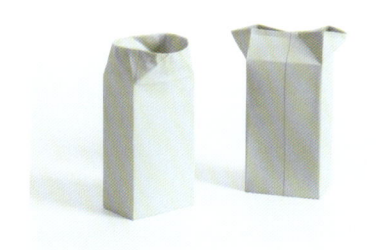

a. クリンクルシリーズ スーパーパッケージF、SP-1 / Crinkle series, super package F, SP-1
b. 1977
c. H20.3, 9.2×10.5   H21.0, 15.0×7.0
d. 磁器
e. 小松工房
f. 個人蔵 / Private Collection
g. Gallery 91 New York

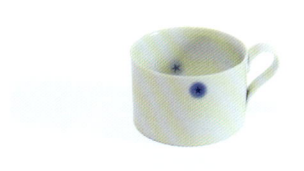

a. 星蛍紅茶碗 / Tea cup with transparency star
b. 1977
c. H5.5, 7.5×11.0
d. 磁器
e. 小松工房
f. 個人蔵 / Private Collection

p144

a. カップ / Cup
b. 1977
c. H7.0, 6.0×6.8   H6.0, 7.0×9.5
d. 磁器
e. 小松工房
f. 個人蔵 / Private Collection

a. クリンクルシリーズ スーパーバッグ K3.S / Crinkle series, super bag K3, metallic silver
b. 1977
c. H17.0, 13.0×9.5
d. 磁器
e. 小松工房
f. 個人蔵 / Private Collection

a. フォトフレーム / Photo frame
b. 1978
c. H22.0, 5.0×18.0   H10.0, 3.5×10.0
d. 陶器
e. セラミック・ジャパン
f. 個人蔵 / Private Collection

a. 花器 / Vase
b. 1978
c. H16.5, 9.0×5.5   H11.5, 9.0×5.5
d. 磁器
e. 小松工房
f. 個人蔵 / Private Collection

a. 花器 / Vase
b. 1978
c. H18.5, 13.5×6.5
d. 磁器
e. 小松工房
f. 個人蔵 / Private Collection

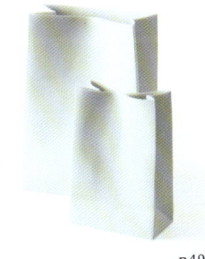

p49

a. クリンクル シリーズ スーパーバッグ KNS-2、KNS-3 / Crinkle series, super bag KNS-2, KNS-3
b. 1979   c. H25.0, 18.0×9.0   H18.0, 12.0×7.0
d. 磁器
e. 小松工房
f. MOMA, MOMAT, ICAM, MAU
g. デザインフォーラム'79銀賞（日本デザインコミッティー）

p46

a. クリンクル シリーズ 紙袋「線」/ Crinkle series, outline of paper bag
b. 1979 c. H30.5, 21.5×10.5
d. 銅線
e. 小松工房
f. MOMAT
g. デザインフォーラム'79 銀賞（日本デザインコミッティー）

p58,59

a. クランプルシリーズ ポーセ / Crumple series, tumbler "POSE"
b. 1979
c. H12.5, 9.0×7.0 H9.5, 10.5×8.0
d. ガラス
e. 木村硝子店
f. MOMA

a. クリンクルシリーズ 紙袋「量」/ Crinkle series, aluminum casting paper bag
b. 1979 c. H11.0, 7.5×4.5
d. アルミニウム
e. 小松工房
f. MOMAT
g. デザインフォーラム'79 銀賞（日本デザインコミッティー）

p132

a. 石ころグラス / Pebble glass
b. 1979
c. H16.0, 5.7×5.7
d. ガラス・磁器
e. 小松工房
f. MAU
g. 西武池袋本店オーマイダイニング食器スタジオ

p60

a. クランプルシリーズ パッペル / Crumple series, tumbler "PAPER"
b. 1980
c. H20.0, 8.0×8.0 H9.7, 8.5×7.0
d. ガラス
e. 木村硝子店
f. 個人蔵 / Private Collection

p56

a. クランプルシリーズ タンブラー、ワイングラス / Crumple series, tumbler, wineglass
b. 1980
c. H8.5, 8.0×8.0 H8.0, 6.0×6.0
d. ガラス
e. 木村硝子店
f. MOMA, MOMAT, CMOG, MAU

p42

a. クリンクル シリーズ スーパーバッグ NSB1 / Crinkle series, super bag NSB1
b. 1980
c. H19.5, 14.0×8.0
d. 磁器
e. セラミック・ジャパン
f. MMCAG, MIC

a. 茶器 / Tea pot for green tea
b. 1980
c. H9.5, 16.0×13.0
d. 磁器
e. 小松工房
f. 個人蔵 / Private Collection

a. 茶器 / Tea pot for green tea
b. 1980
c. H10.0, 14.0×12.0
d. 磁器
e. 小松工房
f. 個人蔵 / Private Collection

a. 調味料注器 / Pitcher for soy sauce
b. 1980
c. H10.5, 7.0×7.0　H10.5, 8.0×8.0
d. 磁器・ステンレスパイプ
e. 小松工房
f. 個人蔵 / Private Collection

a. 調味料注器 / Pitcher for soy sauce
b. 1980
c. H9.0, 9.0×9.0
d. 磁器・ステンレスパイプ
e. 小松工房
f. 個人蔵 / Private Collection

p41
a. クリンクルシリーズ スーパーバッグ COM / Crinkle series, super bag COM
b. 1981
c. H14.5, 14.0×6.5
d. 磁器
e. 小松工房
f. MAU, IPIKP

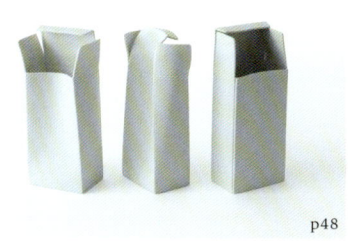

p48
a. クリンクルシリーズ スーパーパッケージ PB 1、2、3 / Crinkle series, super package PB 1,2,3
b. 1981
c. H25.0, 10.0×5.0
d. 磁器
e. 小松工房
f. 個人蔵 / Private Collection

a. 石盃 / Pebble sake cup
b. 1981
c. H20.0, 6.0×6.0　H14.0, 6.0×6.0
d. 磁器・石
e. 小松工房
f. 個人蔵 / Private Collection

a. 石燭台 / Candle stand with stone
b. 1981
c. H27.0, 10.0×8.5　H28.0, 10.0×9.0
d. 石・真鍮
e. 小松工房
f. 個人蔵 / Private Collection
g. 個展 松屋銀座

p133
a. 石燭台 / Candle stand with stone
b. 1981
c. H25.0, 8.5×7.0　H16.0, 5.5×3.5
d. 石・真鍮
e. 小松工房
f. 個人蔵 / Private Collection
g. 個展 松屋銀座

p73
a. クリンクルシリーズ オブジェ / Crinkle series, objet
b. 1981
c. H8.0, 15.0×17.0
d. ステンレス
e. 小松工房
f. 個人蔵 / Private Collection
g. メタル・スカルプチュア展 銀座・ミキモト本店

a. クリンクルシリーズ オブジェ / Crinkle series, objet
b. 1981
c. H5.2, 18.0×13.7　H2.7, 11.5×8.0
　 H1.7, 6.4×4.0　H3.0, 11.3×8.0
d. アルミニウム・ブロンズ・真鍮・ステンレス
e. 竹中製作所
f. 個人蔵 / Private Collection
g. メタル・スカルプチュア展 銀座・ミキモト本店

a. 石盃 / Pebble sake cup
b. 1981
c. H7.0, 6.0×6.0
d. 磁器・石
e. 小松工房
f. 個人蔵 / Private Collection

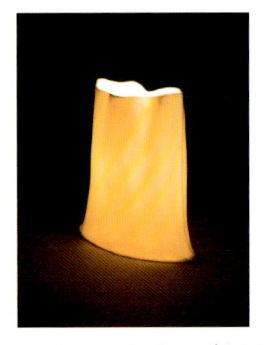

p136

a. クリンクルシリーズ ランプ / Crinkle series, lamp
b. 1982   c. H17.5, 16.0×10.0
d. ボーンチャイナ・磁器
e. 小松工房
f. 個人蔵 / Private Collection
g. 「オン・ザ・テーブル」展（日本デザインコミッティー主催、銀座・ミキモト本店）

a. クリンクルシリーズ ランプ / Crinkle series, lamp
b. 1982   c. H17.0, 15.0×9.0
d. ボーンチャイナ・磁器
e. セラミック・ジャパン
f. IPIKP
g. 「オン・ザ・テーブル」展（日本デザインコミッティー主催、銀座・ミキモト本店）

p45

a. クリンクルシリーズ スーパーバッグ メッシュランプ / Crinkle series, super bag mesh lamp
b. 1982   c. H35.0, 25.1×12.0
d. ステンレス   e. 小松工房
f. 個人蔵 / Private Collection
g. 「オン・ザ・テーブル」展（日本デザインコミッティー主催、銀座・ミキモト本店）

a. 卵 / Egg
b. 1982
c. H8.0, 10.0×10.0
d. 磁器
e. 小松工房
f. 個人蔵 / Private Collection

a. クリンクルシリーズ 金彩皿 / Crinkle series, gold plate
b. 1983
c. H1.5, 17.5×17.5
d. 磁器
e. 小松工房
f. 個人蔵 / Private Collection
g. 個展 小田急ハルクギャラリー

a. クリンクルシリーズ 金彩皿 / Crinkle series, gold plate
b. 1983
c. H2.0, 24.0×24.0
d. 磁器
e. 小松工房
f. 個人蔵 / Private Collection
g. 個展 小田急ハルクギャラリー

p64

a. クリンクルシリーズ 黒皿 / Crinkle series, black plate
b. 1983
c. H2.5, 12.5×12.5
d. 磁器
e. 小松工房
f. 個人蔵 / Private Collection
g. デザインショップ SOINTU（ニューヨーク）

a. クリンクルシリーズ コーヒーカップ&ソーサー、クリーマー / Crinkle series, coffee cup & saucer, creamer
b. 1983
c. H7.0, 8.6×6.5   H2.3, 14.2×14.2
   H7.5, 7.0×5.3
d. 磁器
e. セラミック・ジャパン
f. MOMA, ICAM, MAU

242

p54

a. オブジェ / Objet
b. 1983
c. H8.0, 15.0×15.0
d. 磁器
e. 小松工房
f. 個人蔵 / Private Collection

p50

a. クリンクルシリーズ 壁の花器 / Crinkle series, wall vase
b. 1983
c. H8.0, 11.0×17.5
d. 磁器
e. 小松工房
f. 個人蔵 / Private Collection

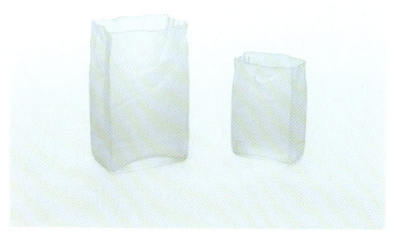

a. クランプルシリーズ 花器 / Crumple series, glass, paper bag vase
b. 1983
c. H17.0, 13.0×6.0　H13.0, 9.0×5.0
d. ガラス
e. 木村硝子店
f. 個人蔵 / Private Collection

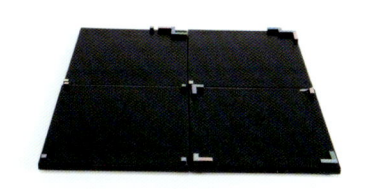

p118

a. 平皿 / Plate
b. 1983
c. H4.0, 15.0×15.0
d. 磁器
e. 小松工房
f. 個人蔵 / Private Collection

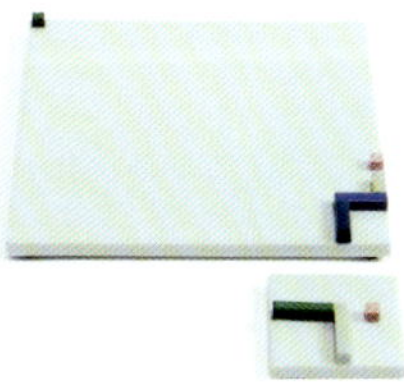

a. 平皿 / Plate
b. 1983
c. H4.0, 15.0×15.0
d. 磁器
e. 小松工房
f. 個人蔵 / Private Collection

p114

a. インフィニティシリーズ ボール / Infinity series, bowl
b. 1984
c. H14.0, 33.0×27.0 〜 H5.0, 9.0×8.7
d. 磁器
e. セラミック・ジャパン
f. MOMAT, ICAM, MAU
g. 個展 西武池袋本店クラフトギャラリー

a. インフィニティシリーズ マグカップ、コーヒーカップ＆ソーサー / Infinity series, mug cup, coffee cup & saucer
b. 1984　c. H8.0, 11.5×8.5　H6.8, 10.0×8.0　H2.0, 14.3×12.7　d. 磁器　e. セラミック・ジャパン
f. マグカップ / mug cup : MAU,
　コーヒーカップ＆ソーサー / coffee cup & saucer
　: 個人蔵 / Private Collection
g. 個展 西武池袋本店クラフトギャラリー

p170

a. 土鍋 / Earthen ware pot
b. 1984
c. H20.0, 30.0×32.0
d. 耐火陶器
e. 小松工房
f. 個人蔵 / Private Collection

p122

a. MAARU デカンター、ブランデーグラス / MAARU series, Decanter, brandy glass
b. 1984
c. H22.0, 13.0×13.0　H10.0, 8.5×8.5
d. ガラス・合成ゴム
e. 木村硝子店
f. MOMA

a. タンブラー N&D / Tumbler "N&D"
b. 1984
c. H13.5, 7.5×6.8　H5.9, 9.0×8.0
d. ガラス
e. 木村硝子店
f. MOMA, MAU

a. クランプルシリーズ 皿 / Crumple series, plate
b. 1984
c. H2.5, 18.0×18.0　H2.2, 13.0×13.0
d. ガラス
e. 木村硝子店
f. 個人蔵 / Private Collection

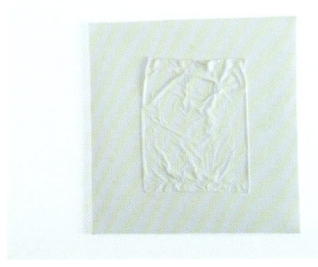

p72

a. クリンクルシリーズ レリーフ / Crinkle series, relief
b. 1985
c. H1.0, 25.5×25.5
d. 磁器
e. 小松工房
f. 個人蔵 / Private Collection

p55

a. 石 / Ceramic stone with stamp
b. 1985
c. H2.0, 6.0×9.0　H2.0, 5.0×7.0
d. 磁器
e. 小松工房
f. 個人蔵 / Private Collection

a. 石のカレンダー / Calendar of ceramic stone
b. 1985
c. H2.0, 8.0×6.5　H2.0, 6.0×4.0
d. 磁器
e. 小松工房
f. 個人蔵 / Private Collection
g. カレンダー展 タチカワギンザギャラリー

a. 石のカレンダー / Calendar of ceramic stone
b. 1985
c. H3.0, 9.0×12.0
d. 磁器・ステンレス線
e. 小松工房
f. 個人蔵 / Private Collection
g. カレンダー展 タチカワギンザギャラリー

p134

a. 漆盃 / Sake cup with Japanese lacquer
b. 1985
c. H8.0, 5.0×5.0
d. 磁器・漆
e. 小松工房
f. 個人蔵 / Private Collection

a. POTS / Tea Pot with stainless steel
b. 1986
c. H21.0, 27.5×25.0
d. 磁器・ステンレス
e. セラミック・ジャパン
f. CCMG
g. 第1回国際陶磁器展 美濃'86 グランプリ（多治見市、同特別展覧会場）

p113

a. カップ キット / "Cup kit"
b. 1986
c. H17.0, 8.2×8.2　H15.0, 8.2×8.2
d. 磁器・ガラス・ステンレス・ゴム
e. 磁器：小松工房、ガラス・ステンレス：木村硝子店
f. 個人蔵 / Private Collection
g. 第30回陶磁器 デザインコンペ グランプリ（日本陶磁器意匠センター）

p117

p217

a. 素游子 ドアハンドル / Changeable grip for door lever handle "SOYUSHI"
b. 1986
c. H6.0, 17.0×5.5
d. 磁器・ゴム・金属
e. 東洋シャッター OHS 事業部
f. AUAM
g. 個展「Joint」松屋銀座デザインギャラリー

p217

a. 素游子 ドアハンドル / Changeable grip for door lever handle "SOYUSHI"
b. 1986
c. H6.0, 17.0×5.5
d. 木・石・漆・金属
e. 東洋シャッター OHS 事業部
f. 個人蔵 / Private Collection
g. 個展「Joint」松屋銀座デザインギャラリー

a. オーブンウエア / Oven ware
b. 1987
c. H5.0, 16.0×21.5
d. 炻器
e. セラミック・ジャパン
f. 個人蔵 / Private Collection

a. コーヒーカップ / Coffee cup
b. 1987
c. H10.0, 6.0×6.0
d. 磁器
e. 小松工房
f. 個人蔵 / Private Collection

a. コーヒーカップ プレート / Coffee cup plate
b. 1987
c. H4.0, 35.0×18.0 H12.0, 12.0×12.0
d. 磁器
e. 小松工房
f. 個人蔵 / Private Collection

p112

a. カップ キット / "Cup kit"
b. 1987
c. H17.0, 8.2×8.2
d. ガラス・合成ゴム・ステンレス
e. 木村硝子店
f. 個人蔵 / Private Collection

p10

a. Q 花器 / Vase "Q"
b. 1987
c. H8.0, 13.0×11.0
d. 磁器
e. 小松工房
f. MAU
g. 個展 COM ギャラリー

p126

a. TANGO 花器 / Vase "TANGO"
b. 1987
c. H30.0, 5.0×5.0
d. ガラス・合成ゴム
e. 木村硝子店
f. MAU
g. 個展 COM ギャラリー

a. ARCH 花器 / Vase "ARCH"
b. 1987
c. H20.0, 16.0×9.0 H10.0, 16.0×9.0
d. ステンレス
e. 東洋シャッター OHS 事業部
f. 個人蔵 / Private Collection
g. 個展 COM ギャラリー

a. Q 花器 / Vase "Q"
b. 1988
c. H9.0, 14.0×11.0   H8.5, 11.0×8.5
d. 陶器
e. 小松工房
f. 個人蔵 / Private Collection

a. 花器 / Vase
b. 1988
c. H10.0, 10.0×10.0
d. 磁器
e. 小松工房
f. MUDAC
g. 個展 COMギャラリー

a. オブジェ / Objet
b. 1989
c. H12.0, 27.0×9.5
d. アルミニウム
e. 竹中製作所
f. 個人蔵 / Private Collection

p65

a. コースター / Coaster
b. 1989
c. H0.5, 10.0×10.0
d. アルミニウム
e. 竹中製作所
f. 個人蔵 / Private Collection

a. 花器 / Vase
b. 1989
c. H25.0, 34.0×10.5
d. 磁器
e. 小松工房
f. 個人蔵 / Private Collection

a. クリンクルシリーズ スーパーバッグ / Crinkle series, super bag
b. 1989
c. H8.5, 6.0×3.5
d. アルミニウム
e. 竹中製作所
f. 個人蔵 / Private Collection

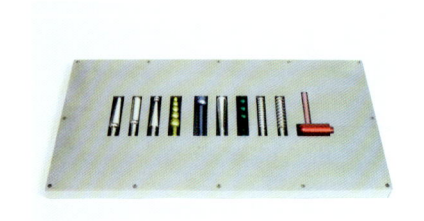

p120

a. SPIN ドアハンドル / Changeable grip for door lever handle "SPIN"
b. 1989-90
c. H5.0, 35.0×70.0
d. アルミニウム
e. 東洋シャッター OHS事業部
f. 個人蔵 / Private Collection

a. SPIN ドアハンドル / Changeable grip for door lever handle "SPIN"
b. 1989-90
c. H7.8, 13.0×5.5
d. アルミニウム
e. 東洋シャッター OHS事業部
f. 個人蔵 / Private Collection
g. 個展 有楽町西武デザインギャラリー

p130

a. ホットクッカー / Pot "HOTCOOKER"
b. 1990
c. H18.3, 33.0×24.0   H14.8, 23.0×17.5
d. 耐熱陶器
e. セラミック・ジャパン
f. MAU

a. カトラリー / Cutlery
b. 1990
c. H3.5, 22.0×5.0
d. ステンレス
e. 木村硝子店
f. MAU

p92
a. 化石シリーズ TSUNO / Fossil series "TSUNO"
b. 1991
c. H13.0, 9.0×13.0
d. 磁器・石
e. 小松工房
f. 個人蔵 / Private Collection
g. 個展 松屋銀座

p98
a. 化石シリーズ 枯れ木 花咲かじじい / Fossil series dead trees "HANASAKA ZIZII"
b. 1991　c. H15.0, 50.0×50.0
d. 磁器・樹脂
e. 小松工房
f. MADM, MUDAC, MKG, MAU
g. Gallery 91 New York

a. 枯れ木 B / Dead tree B
b. 1991
c. H15.5, 17.0×33.0
d. 磁器
e. 小松工房
f. WOCEF
g. 第4回世界陶磁器 ビエンナーレ展（韓国）

p150
a. 遊器 徳利、ぐい呑 / You-ki series, Sake decanter, sake cup
b. 1993
c. H13.5, 9.5×8.5　H4.7, 6.0×5.5
d. 磁器
e. セラミック・ジャパン、小松工房
f. MOMA, CNAA, MAU

a. 鉢 / Bowl
b. 1994
c. H11.5, 16.5×18.0
d. ガラス
e. 木村硝子店
f. 個人蔵 / Private Collection
g. 高岡クラフト展

p140
a. 茶ポット / "Cha-pot"
b. 1994
c. H10.5, 10.0×18.0　H10.5, 10.0×15.5
d. 磁器
e. セラミック・ジャパン
f. 個人蔵 / Private Collection

a. 葉皿 / Leaf plate
b. 1995
c. H5.5, 30.0×28.5
d. 陶器
e. セラミック・ジャパン
f. 個人蔵 / Private Collection

p86
a. 葉皿 / Leaf plate
b. 1995
c. H3.0, 37.0×10.0
d. 陶器
e. セラミック・ジャパン
f. 個人蔵 / Private Collection

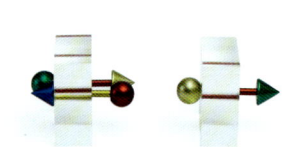

p108

a. 把手 / Pull of drawer
b. 1995
c. H4.8, 6.0×4.8
d. アルミニウム・樹脂
e. 収納ギャラリー
f. 個人蔵 / Private Collection
g. とってつけた展 ギャラリー収納

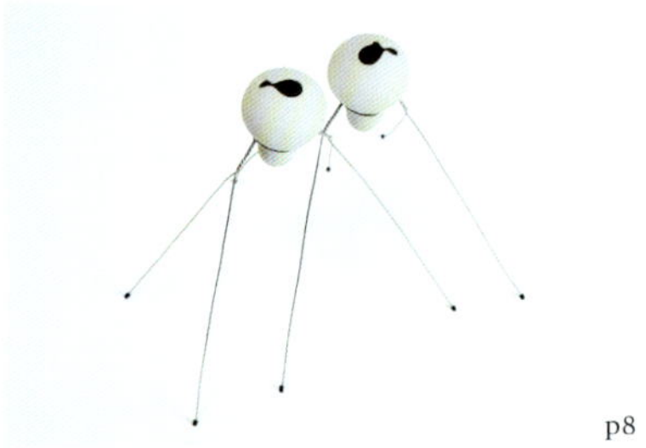

p8

a. 花器 / Vase
b. 1995
c. H8.0, 5.0×5.0　H25.0, 20.0×20.0
d. 磁器・ステンレス線
e. 小松工房
f. MIC
g. 個展 高岡クラフトギャラリー

p96

a. TETRA 花器 / Vase "TETRA"
b. 1996　c. H16.0, 17.0×17.0
d. 磁器
e. 小松工房
f. MIC, MUDAC, MAU
g.「Domestic Object」展（スイス・MUDAC）、「世界のデザイナー10人」展（イタリア・MIC）

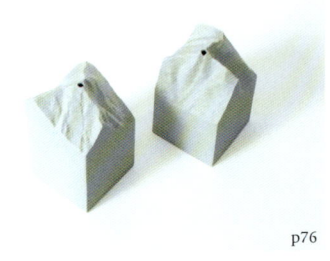

p76

a. クリンクルシリーズ エベレスト / Crinkle series, Everest
b. 1996
c. H26.0, 14.5×14.5
d. 磁器
e. 小松工房
f. MIC, MAU
g.「世界のデザイナー10人」展（イタリア・MIC）

p52

a. クリンクルシリーズ スーパーバッグ 1997 / Crinkle series, super bag 1997
b. 1997　c. H23.0, 17.0×16.0
d. 磁器　e. 小松工房
f. MOMAT, MMCAG, ICAM
g.「開館記念 現代陶芸の百年」展（MMCAG）、韓日陶芸文化大学展（韓国）、個展 東京国立近代美術館

a. ストライプタンブラー / Stripe tumbler
b. 1997
c. H9.0, 8.5×8.5　H17.0, 8.0×8.0
d. ガラス
e. 木村硝子店
f. 個人蔵 / Private Collection

p74

a. クリンクルシリーズ ミニエベレスト / Crinkle series, mini Everest
b. 1997
c. H6.5, 5.5×5.5
d. 磁器
e. 小松工房
f. 個人蔵 / Private Collection
g. マミフラワーデザインスクール ギャラリー表参道

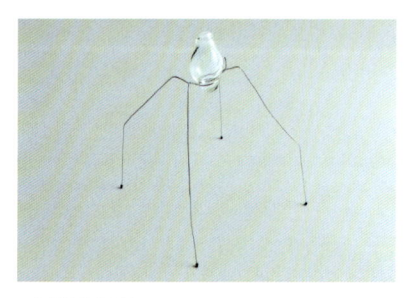

a. BALLOOON
b. 1997
c. H28.0, 20.0×20.0
d. ガラス・ステンレス線
e. 木村硝子店
f. 個人蔵 / Private Collection
g. BALLOOON展 COMギャラリー

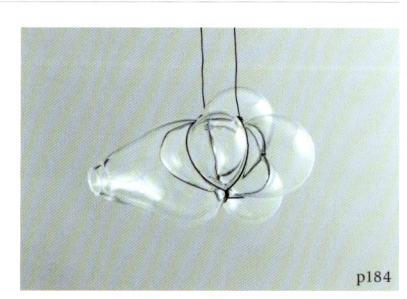

p184

a. BALLOOON
b. 1997
c. H11.0, 17.0×11.0
d. ガラス・銅線
e. 木村硝子店
f. 個人蔵 / Private Collection
g. BALLOOON展 COMギャラリー

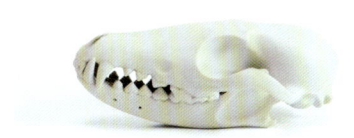

p178-181

a. 頭蓋骨 / Skull
b. 1998
c. H8.0, 21.0×21.0
d. 磁器
e. 小松工房
f. 個人蔵 / Private Collection

p80-83

a. CERATIUM 花器 / Vase "CERATIUM"
b. 1999
c. H14.5, 19.5×17.0
d. 磁器
e. 小松工房
f. MOMAT, MAU
g. デザインフォーラム1999展

p142

a. 紅茶器 / Pot for English tea
b. 2000
c. H22.0, 17.8×14.5   H22.0, 17.8×14.5
d. 磁器・ポリカーボネイト樹脂
e. 小松工房
f. SMAC, MAU
g. 国際ビエンナーレ現代茶器展（中国・SMAC）

p182

a. オブジェ / Objet
b. 2000
c. H6.5, 32.0×32.0
d. 磁器
e. 小松工房
f. 個人蔵 / Private Collection

a. オブジェ / Objet
b. 2000
c. H4.0, 32.0×32.0
d. 磁器
e. 小松工房
f. 個人蔵 / Private Collection

a. ドキドキ時計 / Clock
b. 2000
c. H10.5, 20.0×20.0
d. アルミニウム・ステンレス線・時計
e. 小松工房
f. 個人蔵 / Private Collection
g. 時計展 AC ギャラリー

a. CWVG
b. 2002
c. H8.5, 8.0×7.0
d. 磁器
e. 小松工房
f. 個人蔵 / Private Collection
g. 個展 MONO ギャラリー

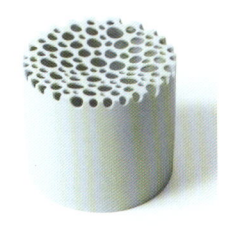

p12

a. 空シリーズ / KUU Series
b. 2002
c. H10.0, 11.5×11.5
d. 磁器
e. 小松工房
f. 個人蔵 / Private Collection
g. 個展 MONO ギャラリー

p22

a. 空シリーズ / KUU Series
b. 2002
c. H16.0, 12.0×5.5
d. 磁器
e. 小松工房
f. 個人蔵 / Private Collection
g. 個展 MONO ギャラリー

p16（右）、p18（左）

a. 空シリーズ / KUU Series
b. 2002
c. H6.0, 80.0×3.5   H6.0, 80.0×3.5
d. 磁器
e. 小松工房
f. 個人蔵 / Private Collection
g. 個展 MONO ギャラリー

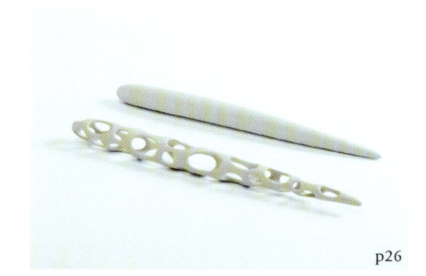

p26

a. 空シリーズ / KUU Series
b. 2002
c. H2.5, 30.0×2.5
d. 磁器
e. 小松工房
f. 個人蔵 / Private Collection

a. 空シリーズ / KUU Series
b. 2002
c. H5.5, 5.5×7.0
d. 磁器
e. 小松工房
f. 個人蔵 / Private Collection

p149

a. 遊器 マグカップ / You-ki series, mug cup
b. 2003
c. H7.8, 11.0×9.2
d. 磁器
e. セラミック・ジャパン
f. 個人蔵 / Private Collection

p125

a. 舎利器 / Container for bone
b. 2003
c. H13.0, 8.5×8.5   H7.5, 5.0×5.0
d. 磁器
e. 小松工房
f. 個人蔵 / Private Collection
g. 舎利器展 松屋銀座

p14

a. 空シリーズ / KUU Series
b. 2003
c. H3.0, 9.0×8.0
d. 磁器
e. 小松工房
f. 個人蔵 / Private Collection

p13

a. 空シリーズ / KUU Series
b. 2003
c. H5.0, 7.0×5.0
d. 磁器
e. 小松工房
f. 個人蔵 / Private Collection

p152

a. 遊器 しょう油差し / You-ki series, pot for soy sauce
b. 2006
c. H10.8, 10.0×7.0   H9.0, 7.5×6.7
d. 磁器
e. セラミック・ジャパン
f. CMC

p101

a. トライアングル / Glass with legs
b. 2006
c. H12.0, 12.0×12.0   H12.0, 11.0×11.0   H9.0, 9.5×9.5
d. ガラス
e. 木村硝子店
f. 個人蔵 / Private Collection

250

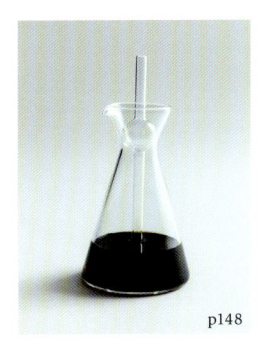

a. ドレッシングポット / Pot for dressing
b. 2006
c. H15.5, 7.5×7.5
d. ガラス
e. 木村硝子店
f. 個人蔵 / Private Collection

a. 茶器 / Pot for green tea
b. 2007
c. H17.5, 16.5×12.0
d. 磁器
e. 小松工房
f. SMAC
g. 個展 東京国立近代美術館

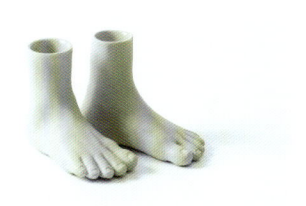

a. マグリットへのオマージュ / Homage to Magritte
b. 2008
c. H5.0, 3.0×5.0
d. 磁器
e. 小松工房
f. 個人蔵 / Private Collection
g. 個展 東京国立近代美術館

a. ROOTS 花器 / Vase "ROOTS"
b. 2008
c. H22.0, 10.0×10.0
d. 磁器
e. 小松工房
f. 個人蔵 / Private Collection
g. 個展 東京国立近代美術館

a. CWVG
b. 2008
c. H24.0, 8.5×8.5
d. 磁器
e. 小松工房
f. 個人蔵 / Private Collection
g. 個展 東京国立近代美術館

a. トーキングカップ / Talking cup
b. 2008
c. H7.5, 10.5×8.0
d. 磁器
e. セラミック・ジャパン
f. 個人蔵 / Private Collection
g. 個展 東京国立近代美術館

a. クリンクルシリーズ コーヒーカップ / Crinkle series, coffee cup
b. 2009
c. H9.0, 9.0×9.0
d. 磁器
e. セラミック・ジャパン
f. ICCM
g. ライフスタイル展 ビックサイト

a. クリンクルシリーズ マグカップ / Crinkle series, mug cup
b. 2009
c. H9.5, 13.0×7.0
d. 磁器
e. セラミック・ジャパン
f. ICCM
g. ライフスタイル展 ビックサイト

a. 空シリーズ / KUU Series
b. 2009
c. H16.0, 18.0×7.0
d. 磁器
e. 小松工房
f. 個人蔵 / Private Collection

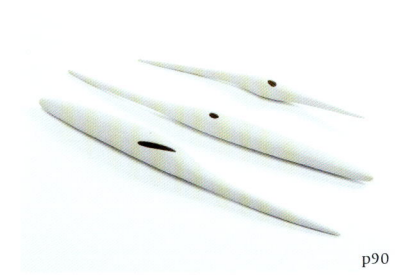

p90

a. 壁の花器 / Wall vase
b. 2009
c. H2.5, 35.0×2.5 H2.0, 27.0×2.0
d. 磁器
e. 小松工房
f. JEP
g. マミフラワーデザインスクール ギャラリー表参道

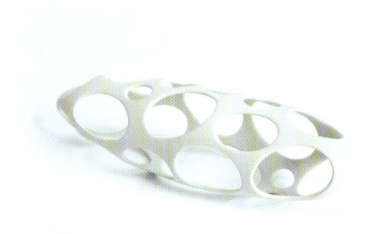

p30

a. 空シリーズ / KUU Series
b. 2010
c. H5.0, 17.0×6.0
d. 磁器
e. 小松工房
f. 個人蔵 / Private Collection

p24

a. 空シリーズ / KUU Series
b. 2010
c. H3.0, 4.0×3.0
d. 磁器
e. 小松工房
f. 個人蔵 / Private Collection

p28

a. 空シリーズ / KUU Series
b. 2010
c. H3.0, 5.0×3.0
d. 磁器
e. 小松工房
f. 個人蔵 / Private Collection

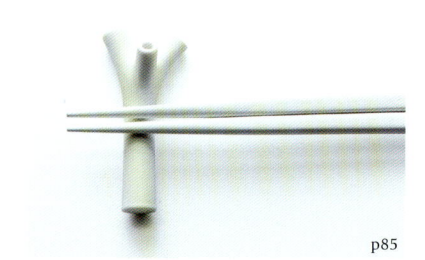

p85

a. 枝の箸置 / Chopstick rest
b. 2010
c. H2.5, 7.0×3.5
d. 磁器
e. 小松工房
f. 個人蔵 / Private Collection
g. マミフラワーデザインスクール ギャラリー表参道

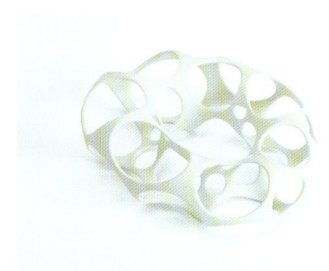

p32,33

a. 空シリーズ / KUU Series
b. 2011
c. H7.5, 22.0×16.5
d. 磁器
e. 小松工房
f. 個人蔵 / Private Collection

p27,34

a. 空シリーズ / KUU Series
b. 2011
c. H10.0, 21.0×28.0
d. 磁器
e. 小松工房
f. 個人蔵 / Private Collection

p124

a. 漆器 / Japanese lacquer ware
b. 2011
c. H7.0, 14.5×10.0
d. 木漆
e. 浄法寺漆器
f. 個人蔵 / Private Collection

p94

a. 花器 / Vase
b. 2012
c. H17.0, 5.0×5.0
d. 磁器
e. 小松工房
f. JEP
g. 国際陶芸ワークショップ（チェコ）

252

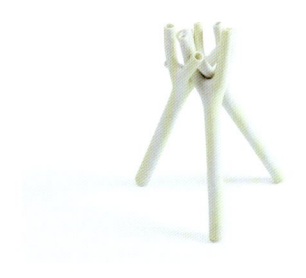

p97

a. 花器 / Vase
b. 2012
c. H17.0, 13.0×13.0
d. 磁器
e. 小松工房
f. JEP
g. 国際陶芸ワークショップ（チェコ）

註　本文に掲載の作品の一部は、作品年表に未掲載のものがあります。ご了承下さい。

あとがき

人前で話したり、ものを書いたりすることが苦手だから、物づくりの道を選んで半世紀がすぎました。以前は、おもしろい物をつくることがすべてで、それで何かが伝わっていくと考えていました。しかし、それだけでは伝わりにくいこともようやく解ってきました。当たり前のことですが、他人に何かを伝えるもっとも有効な手段は言葉です。この本をつくるにあたり、一念発起してありのままを綴ることにしました。

なによりもここまで、好きな事を続けてこられたのは、陶磁器製造会社（株）セラミック・ジャパンの今は亡き杉浦豊和さんと、ガラス製造会社（株）木村ガラス店の木村武史さんのおかげです。お二人の理解と援助があってこそ、私のデザインが製品となり世の中で評価され現在に至り、それがデザイン活動の根幹となって、さらにいろいろな仕事に繋がっています。デザインの仕事は製造現場の人たち、問屋さん、小売店の人、バイヤーさん、ギャラリーの人、出版社の人、購入する人など、多くの人の協力によって成り立っています。いろいろな人たちの力の総和によってデザインが生きていきます。

この本を出版するにあたり、アートディレクションは東京国立近代美術館の個展の時、良い仕事をしてくれた（THINKA inc.の）竹林一茂さんにお願いしました。その仲間である、編集、撮影、デザイン、印刷、に関わってくれた多くの人たち、この本を発行してくれるADP社の久保田啓子さん、出版の助成をしてくれた武蔵野美術大学、本当にありがとうございます。
最後に、私を支えてくれた皆様と妻、子どもたちと犬のタック（スウェーデン語で"ありがとう"の意）に感謝するとともにこの本を捧げます。そして、また新しい一歩を踏み出したいと思っています。

2013年3月　小松 誠

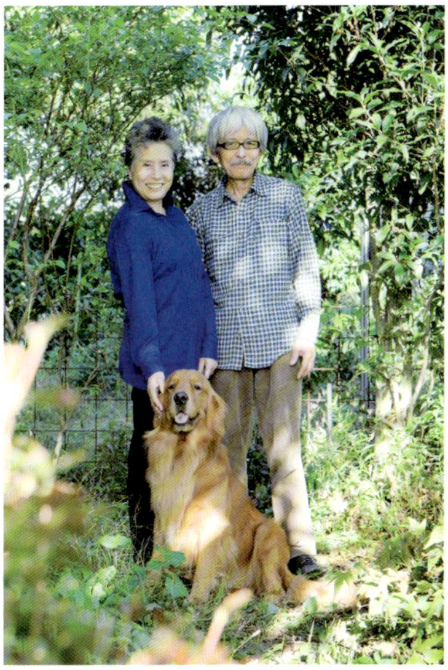

小松の本

発行日	2013年3月16日
著者	小松 誠
アートディレクション	竹林一茂（THINKA inc.）
ブックデザイン	靏沢咲子（WALTZ.）
撮影	井上佐由紀
	岡崎恒彦
	本多康司
フォトレタッチ	桜井素直（scab.）
編集・インタビュー・文（P6-184）	吉原佐也香
撮影協力	外山輝信
制作進行	三浦ミエ（THINKA inc.）
プリンティングディレクション	浦 有輝（株式会社 アイワード）
発行人	久保田啓子
発行所	株式会社ADP｜Art Design Publishing
	東京都中野区松が丘2-14-12　〒165-0024
	tel. 03-5942-6011　fax. 03-5942-6015　http://ad-publish.com
	振替 00160-2-355359
印刷・製本	株式会社 アイワード

©2013 MAKOTO KOMATSU
Printed in Japan
ISBN978-4-903348-32-2 C0072

本書の無断複写（コピー）は著作権法上での例外を除き、禁止されています。